瑞士专利局
是我构思最精彩想法的
那个世俗的修道院。

　　　　　A. 爱因斯坦

Das Berner Patentamt war das
weltliche Kloster, in dem ich meine
schönsten Gedanken ausbrütete.

The Swiss Patent Office was the
worldly cloister where I hatched my
most beautiful ideas.

　　　　　A. Einstein.

不只是
$E=mc^2$

[匈] 约瑟夫·伊利（József Illy）著

方在庆 何钧 雷煜 译

爱因斯坦的
实用探索和奇趣发明

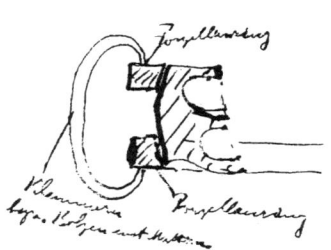

上海科学技术出版社

图书在版编目（CIP）数据

不只是E=mc2：爱因斯坦的实用探索和奇趣发明 /（匈）约瑟夫·伊利著；方在庆，何钧，雷煜译. 上海：上海科学技术出版社，2024. 12. -- ISBN 978-7-5478-6926-0

Ⅰ. K837.126.11

中国国家版本馆CIP数据核字第20246UB322号

First published in English under the title
The Practical Einstein: Experiments, Patents, Inventions
By József Illy
Copyright © 2012 Johns Hopkins University Press
All rights reserved. Published by arrangement with Johns Hopkins University Press, Baltimore, Maryland through Chinese Connection Agency

上海市版权局著作权合同登记号　图字：09-2021-0760号

不只是$E=mc^2$——爱因斯坦的实用探索和奇趣发明

［匈］约瑟夫·伊利（József Illy）　著
方在庆　何钧　雷煜　译

上海世纪出版（集团）有限公司
上海科学技术出版社　出版、发行
（上海市闵行区号景路159弄A座9F-10F）
邮政编码201101　www.sstp.cn
常熟市华顺印刷有限公司印刷
开本 889×1194　1/32　印张 10.5
字数 230千字
2024年12月第1版　2024年12月第1次印刷
ISBN 978-7-5478-6926-0/N·289
定价：98.00元

本书如有缺页、错装或坏损等严重质量问题，请向印刷厂联系调换

内容简介

阿尔伯特·爱因斯坦最出名的形象，可能是那个发明相对论的、有着银丝头发的古怪物理学家，但相对论只是这位天才对人类知识和现代科学所做贡献的一个方面。本书有力地表明，爱因斯坦也有非常专注实用的一面。

年轻时，爱因斯坦在他父亲和叔叔拥有和经营的电器供应厂里是个不折不扣的工匠。他第一份有薪水的工作是担任专利审查员。后来，爱因斯坦对许多发明做出了贡献，包括冰箱、麦克风和航空仪器。在发表的论文中，爱因斯坦经常提出方法来检验他的理论和他那个时代的科学界的基本问题。他深入研究了各种技术创新（其中最引人注目的是陀螺仪），并在专利案件和其他法律问题上为工业界提供咨询。爱因斯坦还解释了现实世界中常见的现象，如河流的蜿蜒曲折。这些和其他从爱因斯坦论文中摘录的实践案例，展示了爱因斯坦很喜欢离开抽象的理论世界，去探究日常生活中的问题。

虽然我们可能喜欢把爱因斯坦看成是一个迷恋超维空间的天才，超凡脱俗到了连袜子都不想穿的地步，但《不只是$E=mc^2$——爱因斯坦的实用探索和奇趣发明》提供了充分的证据，表明这种描述既不全面，也不公平，爱因斯坦喜欢在理论和实践中探索自然的错综复杂。

中文版序言

尊敬的中国读者：

数十年前，《爱因斯坦全集》(The Collected Papers of Albert Einstein)的编辑组向大家汇报了他们的进展。每位编辑都选择了一个与自己专业相关的主题来谈论。当时我还是个新手[①]，所有有趣的科学话题都被我的同事们占据了。其中一位安慰我说："爱因斯坦不仅仅只有相对论！"

哦，是吗？我翻阅爱因斯坦的档案，寻找任何与"不仅仅是相对论"有关的内容。一步一步地，这位理论天才的另一面展现出来：他在实践问题上的才能。

我希望你们在阅读这本书时也能体验同样的惊喜。

我不得不自豪地提一下，你们会在书中遇到三个我的匈

[①] 本书作者约瑟夫·伊利（József Illy），1933年出生于匈牙利，2024年已91岁。作为一名科学史工作者，他曾参与《爱因斯坦全集》多卷的编辑工作，主要负责为爱因斯坦的通信和各种科学著作作注释，尤其擅长与爱因斯坦的专利工作有关的内容。——译者注

牙利同胞：莱奥·齐拉①、约翰·冯·诺伊曼②和斯蒂芬·布鲁诺尔③。

你们可能会问，爱因斯坦对实践问题的兴趣只是在与矩阵、四元组和其他的物理学中很少使用的数学工具打交道的辛苦工作之余放松自己的一种爱好吗？不，不是的。这是其研究的有机组成部分。例如，他花在工厂测试陀螺罗盘的时间也带来科学成果：启发自己去测量安培的分子电流，并萌生了一个大胆的想法——将地球的磁场归因于其自转。④

这本书由中国科学院享有盛誉的科学史学家方在庆教授领导的团队翻译成你们的母语。我感谢他将我和这本书介绍给这个伟大国家的读者。

约瑟夫·伊利

布达佩斯，2024年4月1日

---

① 莱奥·齐拉（Leó Szilárd, 1898—1964）：匈牙利裔美国物理学家、分子生物学家和作家。在他的提议下，爱因斯坦给罗斯福总统写了一封信，敦促美国开展核研究。齐拉参与了美国第一颗原子弹（曼哈顿计划）的制造。然而，在原子弹成功制造后，他强烈建议不要在战争中使用它，并试图与其他物理学家合作阻止。正是他与爱因斯坦合作提出了冰箱专利。——译者注
② 约翰·冯·诺伊曼（John von Neumann, 1903—1957）：匈牙利裔美国数学家。他在数理逻辑、泛函分析、量子力学和博弈论方面做出了重大贡献，被认为是计算机科学之父之一。——译者注
③ 斯蒂芬·布鲁诺尔（Stephen Brunauer, 1903—1986）：匈牙利裔美国化学家、政府科学家和大学教师，主要从事固体表面的吸附和化学吸附方面的研究。日本偷袭珍珠港后，布鲁诺尔调到美国海军。在那里，他领导炸药开发部门。正是他的运作，美国海军以每天25美元的薪酬聘请爱因斯坦担任顾问。在麦卡锡时代，布鲁诺尔发现自己无法反驳关于他对美国不忠的匿名指控，因而愤然辞去了美国海军的职务。——译者注
④ 参见 Illy J. "Einstein's Gyros". *Physics in Perspective*, 2019, 21: 274-295. ——原注

献给

马西与 I+Sz

目 录

前　言　i

导　论　001

第一章　思考　009
　　弗莱特纳船　010
　　河流为什么会蜿蜒曲折　015

第二章　实验　023
　　独立构想迈克耳孙-莫雷实验和厄缶实验　024
　　电子质量　026
　　安培分子电流　029
　　气体反应速率　037
　　一种可能的地球电机模型　038
　　光：是波还是粒子　041
　　解释超导性　053

第三章　专家意见　057

　　专利局　058

　　陀螺罗盘　060

　　混合管　074

　　起飞便利的飞艇　075

　　白炽灯用钨丝　076

　　放大用三极管　078

　　空气和水中的声音方向测量　080

　　从飞艇上勘探矿石和水　083

　　铆钉机和打桩机　085

　　高压气体的制备　086

　　"电声钢琴"　087

　　航拍立体摄影　090

　　低电导率磁芯　092

　　观察白昼近日现象的望远镜　093

　　化妆镜　095

　　平衡圆锥轴承滚子　096

第四章　欧洲的发明　101

　　"小机器"　102

　　求积仪　107

　　猫背翼型　109

　　陆上、海上和空中罗盘　122

　　过滤病毒　143

冰箱专利系列　144

声音的磁致伸缩再现　177

助听器　186

第五章　美国的发明　191

测高仪　192

防水透气的衣服　196

隔热容器　198

用静电方法过滤液体　199

测量数据的自动校正　200

飞机地平指示器　202

静电麦克风　206

液位指示器　216

光强自调整照相机　222

钢带录音　225

飞机速度表　226

计时器　230

曼哈顿计划的前夜　231

鱼雷兵爱因斯坦　235

注　释　253

索　引　287

译后记　307

前　言

从阿尔伯特·爱因斯坦（Albert Einstein）参与的实验、对专利的鉴定以及各个发明的范围之广就可以看出，他的活动丰富多彩，深入参与寻找各种技术解决方案，在他借以闻名的领域之外拥有广博的物理知识。

我不是第一个探讨这个话题的人；第一本专门介绍爱因斯坦实践思想的书是维克托·弗伦克尔（Victor Frenkel）和鲍里斯·亚韦洛夫（Boris J. Yavelov）的记述。[1]沃尔夫冈·格拉夫（Wolfgang Graff）的论文则关注爱因斯坦移民到美国之前的发明。格拉夫是最合适探讨爱因斯坦与莱奥·齐拉（Leó Szilárd）冰箱发明的历史学家人选，因为他自己就是冷却技术专家。[2]米夏埃尔·埃克特（Michael Eckert）对第一次世界大战前后的航空技术进行了广泛介绍，[3]约布斯特·布勒尔曼（Jobst Broelmann）也对陀螺罗盘的发展进行了介绍，这是爱因斯坦展示才能的另外两个领域。[4]迪特尔·洛迈尔（Dieter Lohmeier）和伯恩哈特·舍尔（Bernhardt Schell）通过发表和注释爱因斯坦与赫尔曼·安许茨-肯普费（Hermann Anschütz-Kaempfe）及其同事的通信，分析了他对陀螺罗盘的发展做出的贡献。[5]最后，马修·特雷纳（Mathew Trainer）选出爱因斯坦的若干发明，以此为内容发表了一篇简略的报告。[6]

本书文献资料的主要信息来源是耶路撒冷希伯来大学的阿尔伯特·爱因斯坦档案。这个档案和一般的档案一样，可以检索通信者的名字和日期，但很少能搜索到文件的内容。如果在技术问题方面与爱因斯坦合作的人很有名，如莱奥·齐拉、古斯塔夫·布基（Gustav Bucky）或鲁道夫·戈尔德施密特（Rudolf Goldschmidt），倒是没有什么困难。然而，爱因斯坦有时候是在与朋友或家人往来的信件中提出一项实验或被征求意见，只有系统地阅读这些文件才能了解其内容。对1879—1922年期间的此类文献已被系统编辑，其结果发表在《爱因斯坦全集》中。有了这套丛书，本书和几十年前出版的爱因斯坦传记才得以收录这一早期阶段的丰富信息。

关于一些没有详细讨论的意见、实验和创造性想法的线索可能存于不同地方。例如，爱因斯坦的亲密朋友和同事弗里茨·哈伯（Fritz Haber）鼓励通用化学工业有限公司（Allgemeine Gesellschaft für chemische Industrie）的董事会成员I. 罗森贝格（I. Rosenberg），就康拉德·库比尔施基（Konrad Kubierschky）涉及光学和物理化学现象的解除契约诉讼案征求爱因斯坦的专家意见。[7]爱因斯坦欣然同意为此撰文，[8]并在1919年6月19日之前写好了一篇专家意见，但是这篇意见文稿没被找到。库比尔施基在20世纪的前几十年里拥有蒸馏塔、吸收冷却、加热和其他发明的一些专利，但都没有发现关于爱因斯坦在其中所起作用的有用信息。

在赫尔曼·安许茨-肯普费致爱因斯坦的信中有一句简短的

话，指出爱因斯坦曾提议使用两个朝相反方向旋转的陀螺仪为飞机和船舶制造人工地平。[9] 他致埃尔莎·爱因斯坦（Elsa Einstein）的信中的另一句话则谈到了一个实验，爱因斯坦是这个实验的提出者，而彼得·塞曼（Pieter Zeeman）是实施者。[10] 肯普费在另一封信中谈到设想一项与瓦尔特·科塞尔（Walther Kossel）在基尔大学（University of Kiel）合作进行的实验。[11]

间接文献多次提到，爱因斯坦与一位画家和一位牙医一起参与一台复制艺术画作的仪器的开发。这是否属实，画家是否是埃米尔·奥尔利克（Emil Orlik），牙医是否是约瑟夫·格林贝格（Josef Grünberg），这些问题的答案可能还深藏在爱因斯坦的档案中。不过，他们之间不多的往来信件并没有提到这样的发明。

然而，本书最严重的局限在于，我不是爱因斯坦所积极涉猎的任一领域的工程师。因此，我欢迎任何批评意见、建议或发现的新文件。请将它们发送至我的邮箱：illy@einstein.caltech.edu。

书中许多引文的英文翻译来自《爱因斯坦全集》文献版所配套的英译平装版，以及《爱因斯坦、安许茨和基尔陀螺罗盘》[12] 和《玻恩–爱因斯坦书信集（1916—1955）》。[13]

我感谢约翰斯·霍普金斯大学出版社的前任主编特雷弗·利普斯科姆（Trevor Lipscombe）提出这个题目，并感谢他在文体方面给予的全面的纠正。与助理组稿编辑格雷格·尼科尔（Greg Nicholl）和米切勒·卡拉汉（Michele Callaghan）合作也很愉快。我深深感谢文字编辑布赖恩·麦克唐纳（Brian MacDonald）的贡献。因为这些文字出自非英语母语人士之手，他一丝不苟的修改工作格外烦琐。

我衷心感谢"爱因斯坦文稿项目"的主任和总编辑黛安娜·布赫瓦尔德（Diana Buchwald）的鼓励以及使用"爱因斯坦文稿项目"设施的许可。

简·迪特里希（Jane Dietrich）的批评意见帮助我更清楚地表达本书的主旨。她还以自己的技巧和多年的经验对手稿的语法和措辞做了编辑。衷心感谢我的同事丹尼尔·肯尼菲克（Daniel Kennefick）在一些计算问题上给予帮助。我的同事奥西克·摩西（Osik Moses）、卡罗尔·查普林（Carol Chaplin）、珍妮弗·诺拉（Jennifer Nollar）和莱尔尼克·瓦尼安（Lernik Ohanian）在原始资料获取方面给我援助。

在寻找和讨论文件方面，我感谢慕尼黑（Munich）的德意志博物馆的约布斯特·布勒尔曼、米夏埃尔·埃克特、威廉·菲斯尔（Wilhelm Füßl）和埃娃·A.迈林（Eva A. Mayring）；塞克什白堡林业学院（Forestry College Székesfehérvár）的富托·拉斯洛（Futó László）；位于格丁根（Göttingen）的德国宇航中心的海因茨·菲特雷尔（Heinz Fütterer）；位于华盛顿特区（Washington, D.C.）的美国大学妇女协会（American Association of University Women）全国基金会下属的艾丽斯·安·莱德尔图书馆（Alice Ann Leidel Library）暨马里恩·塔尔博特档案馆（Marion Talbot Archives）的斯科特·J.吉尔伯特（Scott J. Gilbert）；位于克拉科夫（Cracow）的雅盖隆大学（Uniwersytet Jagiellonski）的索菲娅·戈翁布-迈尔（Zofia Gołąb-Meyer）；位于斯德哥尔摩（Stockholm）的伊莱克斯公司（AB Electrolux）的戴维·莱登博里（David Leidenborg）；位于伊利诺伊州埃文斯顿（Evanston,

Illinois）的西北大学（Northwestern University）的罗伯特·迈克尔森（Robert Michaelson）；位于马里兰州科利奇帕克（College Park, Maryland）的美国国家档案馆的吉恩·莫里斯（Gene Morris）和巴里·L. 泽里（Barry L. Zerry）；位于慕尼黑的欧洲专利局的弗洛里安·罗姆（Florian Rohm）；位于基尔的雷神·安许茨公司的伯恩哈特·舍尔和马丁·里希特（Martin Richter）；柏林技术博物馆（Deutsches Technikmuseum）的约尔格·施马尔富斯（Jörg Schmalfuß）；任职于《发明与技术》杂志（*Invention and Technology*）的弗雷德里克·D. 施瓦茨（Frederic D. Schwarz）；马里兰州伯顿斯维尔（Burtonsville）的小罗纳德·史密斯（Ronald Smith Jr.）；位于马萨诸塞州波士顿（Boston, Massachusetts）的波士顿大学（Boston University）的约翰·施塔赫尔（John Stachel），以及位于加利福尼亚州帕萨迪纳（Pasadena, California）的加州理工学院（California Institute of Technology）的耶龙·特龙普（Jeroen Tromp）。

我还要感谢耶路撒冷希伯来大学（Hebrew University of Jerusalem）阿尔伯特·爱因斯坦档案馆馆长罗尼·格罗斯（Roni Grosz）；位于格丁根的德国宇航中心中央档案馆的耶西卡·维希纳（Jessika Wichner）；以及位于华盛顿特区的国会图书馆乔治·格兰瑟姆·贝恩收藏部（George Grantham Bain Collection）提供的插图。我还充分利用了欧洲专利局出色的网站。

我非常感谢我的妻子马尔奇（Marci），她对我连续数月的蛰居生活持宽容态度，并关心我资料处理的情况。

导论

阿尔伯特·爱因斯坦于1879年3月14日出生在德国南部的乌尔姆（Ulm）。他的叔叔和父亲拥有一家生产电工设备的公司，产品包括发电机、变压器、测量装置和城镇的电气照明网络。他们的这家企业创立于德国，后来搬到意大利北部的帕维亚（Pavia）（图I.1）。爱因斯坦的父亲赫尔曼（Hermann）是业务经理，叔叔雅各布（Jacob）是专业工程师。[1]最初，爱因斯坦也想成为一名工程师，他的叔叔注意到爱因斯坦对技术问题的喜好："我的侄子有让人称奇之处。"后者评价道："我和我的助理工程师绞尽脑汁花一整天思考的问题，这个年轻人在不到一刻钟的时间里就能把它搞清楚。他以后会有出息。"[2]

爱因斯坦于1896年通过中学的毕业考试后，便进入瑞士联邦理工学校（Zurich Polytechnic,"Poly"）学习。1900年，他从

图 I.1　爱因斯坦的父亲和叔叔经营的公司的广告

那里毕业，获得了教授高中数学和物理的资格文凭。在海因里希·弗里德里希·韦伯（Heinrich Friedrich Weber）教授的实验室工作期间，爱因斯坦撰写了一篇似乎是关于热传导的实验论文。之后，他打算使用一种新的确定热导率的温度依赖性的方法来研究汤姆孙效应。³然而，这项研究的详情无人知晓。虽然这些实验被认为是向解决基本理论问题——热和电现象之间的关系，以及物质结构所迈出的一步，但他也"迷恋直接的经验"[①]。⁴

在多次寻求教师职位未果后，他申请了瑞士联邦专利局的一个职位。1902年，爱因斯坦被聘为三级技术员。按照其主管弗里德里希·哈勒尔（Friedrich Haller）对他的教导，爱因斯坦的职责是论证发明者所说的一切都是错误的。

爱因斯坦能够认识到"实际工作"的好处：

> 鉴定技术专利权的工作，对我来说也是一种真正的幸福。它迫使你从事多方面的思考，对物理思索也有重大的激励作用……因为学院生活会把一个年轻人置于这样一种被动的地位：被迫去写大量科学论文——结果是趋于浅薄……然而，大多数实际工作却完全不是这样，一个具有普通才能的人就能完成人们交给他的工作。作为一个平民，他的日常生活并不靠特殊的智慧。如果对科学深感兴趣，他就可以在本职工作之外埋头研究所爱好的问题。他不必担心自己的努力会毫无成果[②]。⁵

---

① 见《爱因斯坦文集·第一卷》第7页，[美]爱因斯坦著，许良英、李宝恒、赵中立、范岱年编译，商务印书馆，2010年。——译者注
② 见《爱因斯坦文集·第一卷》第50页。——译者注

这里写的是他自己。除在专利局工作外，他还成为两个儿子的父亲，完成了一篇博士论文，写了一些科学论文的评论，以及关于动体的电动力学（后来称为狭义相对论）的论文；关于光的发射和吸收的论文，其中包含光是由能量子（后来称为光子）组成的假设；关于布朗运动的解释（证明分子的存在）；以及关于能量与质量的等效性的论文，并由此得出了著名的公式$E=mc^2$。在此期间，他还迈出了走向广义相对论的第一步。

1904年，爱因斯坦在专利局的职位由临时性晋升为固定性，然而，哈勒尔对此补充告诫："他还没有熟悉机器构造的相关内容。"[6]在不到两年的时间里，哈勒尔改变了看法，因为爱因斯坦"逐渐熟悉了技术问题，因此他现在能十分成功地处理最棘手的技术专利的审核请求，并且已经成为本局评价最高的专家"[①]。[7]

他于1906年获得苏黎世大学（University of Zurich）的博士学位，并于1908年成为伯尔尼大学（University of Bern）的无薪讲师。在获任苏黎世大学理论物理学副教授后，爱因斯坦离开了专利局。

爱因斯坦并没有考虑从事技术领域的职业。在1918年致友人海因里希·灿格（Heinrich Zangger）的信中，他说道："（我原本也是要成为一名技术人员的，但是）一想到要为了大把捞钱，就得把自己的创造力用在给日常生活锦上添花的东西上，我就受不了。"[8]在这些话之前，他还谈到了他18岁的儿子汉斯·阿尔伯特（Hans Albert）："奇怪的是，阿尔伯特已经开始喜欢思考技术

---

① 见文件34注释，《爱因斯坦全集·第五卷：瑞士时期（1902—1914）》，Martin J. Klein、A. J. Kox 与 Robert Schulmann 主编，范岱年主译，湖南科学技术出版社，2002年。——译者注

方面的问题。不过,任何智力活动都让我高兴,哪怕是小资意向的。或许,有一天他会最终认识到许多便利是多余的！①"然而,我们会看到,作为父亲的爱因斯坦很快也屈从于小资观念,乐于把自己的创造力用于日常生活的实用事物上。

爱因斯坦是一名全职科学家,他的成就为其带来显赫功名。1909年,他第一次获得诺贝尔物理学奖提名②。在布拉格德语大学(University of Prague)和母校瑞士联邦理工学校[已发展成为苏黎世联邦理工学院(ETH)]担任过短时间的全职教授后,34岁的爱因斯坦被邀请加入普鲁士科学院,这是当时最负盛名的科学机构之一,除了研究,他没有其他任何职责。

在柏林,他最终完成了自己的广义相对论。当这一理论的一个结果——太阳光线的偏折——在1919年被一个英国科考队证实后,爱因斯坦的名字便登上了世界上最知名的多家报纸的头版。他成了一个世界名人。

他的下一个目标是创建一个理论,不仅能像广义相对论那样解释宇宙的大尺度结构,还能解释物质是如何由原子及其组分构成的:一个统一广义相对论和电磁理论的理论。1916年,爱因斯坦发表了广义相对论的最终形式,此后过了六年,他才发

---

① 见文件597,《爱因斯坦全集·第八卷(下):柏林时期(1918)》,Robert Schulmann、A. J. Kox、Michel Janssen与József Illy主编,杨武能主译,湖南科学技术出版社,2009年。——译者注
② 原文为he was nominated for the Nobel Prize in Physics by a previous recipient。1909年,爱因斯坦首次获得诺贝尔物理学奖提名,提名人威廉·奥斯特瓦尔德(Wilhelm Ostwald)是当年诺贝尔化学奖得主。后者获奖与提名的时间相同,因此,原文中的"previous recipient"并不准确。——译者注

表一篇关于一种统一理论的论文,重回科学界。⁹这六年中,爱因斯坦时而沮丧,时而失望,甚至时而绝望。他感觉自己已经衰老,创造力不比年轻时代。¹⁰"你想要从我这样的老朽或者空蛋壳中得到什么呢?"在致海因里希·灿格的信中,他如是写道。"精神变得麻木,力量在衰退,而声誉挂在钙化了的外壳上闪闪发光。①"¹¹第二年,当阿诺尔德·索末菲(Arnold Sommerfeld)请求爱因斯坦在慕尼黑大学(University of Munich)授课时,后者抱歉无法接受邀请,说道:"我其实并没有什么新东西可讲,课程内容仅仅是做了些修补。②"¹²在1922年,他甚至觉得"科学方面我所能说的那些东西都已经是人尽皆知了"③。¹³正如他的自述片段所示,他现在不得不大量撰写科学文章,因此十分怀念瑞士专利局,认为它是"我构思最精彩想法的那个世俗的修道院"④。¹⁴

这种怀旧之情促使他向一位年轻同事推荐了一个类似的工作。"如果您不得不花大量时间去从事一个实践性的工作,不要心怀不满。我也被迫这样做了很久,而且现在也是一样。我发现,与研

---

① 见文件597,《爱因斯坦全集·第八卷(下):柏林时期(1918)》。——译者注
② 见文件5,《爱因斯坦全集·第九卷:柏林时期(1919年1月—1920年4月)》,Diana Kormos Buchwald、Robert Schulmann、József Illy、Daniel J. Kennefick与Tilman Sauer主编,方在庆、申文斌主译,湖南科学技术出版社,2013年。——译者注
③ 爱因斯坦这句话的德语原文使用了一个习语"das pfeifen die Spatzen von den Dächern",字面意思翻译为"屋顶的麻雀聒噪地鸣叫",实际含义是"某事是人尽皆知、家喻户晓的"。本书英文原版与收录这段话所在信全文的《爱因斯坦全集·第十三卷》中文版都是按字面意思直译,没有进一步加以解释。——译者注
④ 见文件207,出处同脚注②。——译者注

究性的工作相反，实际的任务让人不至于迟钝，也给人某种自尊，这是非常必要的。①"¹⁵爱因斯坦曾对还是年轻的研究生的莱奥·齐拉提出一个问题："你为什么不在专利局找份工作？这对你来说非常合适；对一个科学家来说，靠着下金蛋过日子并不是一件好事。当我在专利局工作时，那是我最好的时光。"¹⁶

下金蛋是爱因斯坦经常使用的比喻，指的是科学家经历艰辛困苦以产出成果的职责。他还用普通的鸡蛋，而不是金蛋，来比喻发明，方式有时甚至到了让人费解的程度：例如，在给他的一个发明家合伙人鲁道夫·戈尔德施密特的照片上题写的一首小诗（见图4.33）中，他希望能和戈尔德施密特一起下蛋。

在科研成果低迷期，爱因斯坦又去推导那些熟知的数学和物理定律②，¹⁷设计关于光的特性、超导性机制和气体反应速率的实验，并以专家鉴定者和共同发明人的身份从事解决技术问题。爱因斯坦承自己"闯入"技术领域的行为是"越轨"③，¹⁸而他自己则是"技术领域中一个嬉闹的星期日骑手［那个时代的星期日司机］"④。¹⁹这些让他有一种在适当的时间内完成某一件事的成就感。

---

① 见文件88，《爱因斯坦全集·第十卷：柏林时期（1920年5月—1920年12月）》，Diana Kormos Buchwald、Tilman Sauer、Ze'ev Rosenkranz、József Illy与Virginia Iris Holmes主编，申文斌主译，湖南科学技术出版社，2013年。——译者注
② 见文件597，《爱因斯坦全集·第八卷（下）：柏林时期（1918）》。——译者注
③ 见文件415，《爱因斯坦全集·第八卷（上）：柏林时期（1914—1917）》，Robert Schulmann、A. J. Kox、Michel Janssen与József Illy主编，杨武能主译，湖南科学技术出版社，2009年。——译者注
④ "星期日司机"（Sunday driver）指的是只逢周末才开车，因而通常不太熟练的司机（参考自陆谷孙编《英汉大词典》）。爱因斯坦没学过开汽车，所以他可能是把"司机"这个词改为了骑自行车的"骑手"。——译者注

技术问题有着明确的界限。当爱因斯坦听说一个认识的年轻人在与抑郁症抗争时，就推荐了一个实用的职业，"就像我们在专利局"，可以忙于明确的小任务[①]。[20]这些"越轨"——有时能在爱因斯坦获取科学业绩的过程中起到替补作用——使他获得满足感，甚至有一次真想告别自己的学术生涯，转而埋首于解决工业实验室里的日常问题。

他很喜欢这些"越轨"，因为正如杰拉尔德·霍尔顿（Gerald Holton）所说，爱因斯坦有一种将科学和技术问题形象化的天赋。[21]像托马斯·爱迪生（Thomas Edison）和埃尔默·安布罗斯·斯佩里（Elmer Ambrose Sperry）这样的发明家也拥有此类能力。[22]笔者只顺便提一下他的两个著名的思想实验：第一个是少年时的爱因斯坦想象自己骑在光波上，看看在这个奇特的"海洋"上的"波浪"应该什么样——此即狭义相对论的萌芽；另一个是他的"光子箱"，即有一个装有时钟的盒子，里面充满了辐射，盒子有一个挡板，这个挡板会在一个确切的时刻释放出一个光子（即失去了确定的能量-质量）——这是不确定性原理的一个反例证。不过，本书不去讨论这些思想实验。

我们从爱因斯坦的一些深刻的思考（musings）开始讲起，然后再讲他的实验，他的专家意见，最后是他的发明。

---

① 见文件 85，《爱因斯坦全集·第十卷：柏林时期（1920年5月—1920年12月）》。——译者注

第一章

思考

弗莱特纳船

1925年2月,一个轰动性的消息很快传遍了全世界:一艘经过改装的钢质船正在波罗的海上,处在由出发地但泽[Danzig,今波兰格但斯克(Gdansk)]驶往苏格兰(Scotland)的途中,但它没有电动机、风帆或桅杆。令人费解的是,这艘由德国工程师安东·弗莱特纳(Anton Flettner)设计,只有两个类似烟囱的大型旋转圆筒的船只,航行速度却是使用500平方码① 船帆时的两倍(图1.1)。在美国,《大众科学月刊》(*Popular Science Monthly*)杂志发表了关于该船的报道,指出"相对论的提出者阿尔伯特·爱因斯坦教授宣布转子原理具有重大的实用意义"。[1]

1925年3月5日至5月11日,爱因斯坦在南美讲学。3月30日,他来到布宜诺斯艾利斯的《新闻报》(*La Prensa*)编辑部做客("浪费折磨多纸张、人力和技术有何意义?"他在日记中写道)。[2] 显然是受邀评价新的船舶推进机理,爱因斯坦随即撰写了一篇文章,发表在该报4月13日那期上。[3] 在文章中,爱因斯坦解释说,转子推进所依据的原理(转子被戏称为旋转的"烟囱")早在两个世纪前就被莱昂哈德·欧拉(Leonhard Euler)和丹尼尔·伯努利(Daniel Bernoulli)发现。

就从以风作为推进动力的意义上说,弗莱特纳船可被称作是一艘帆船,但它使用的不是帆,而是围绕其轴线旋转的竖

---

① 500平方码约等于418平方米。

图 1.1　弗莱特纳的转子船

美国国会图书馆，乔治·格兰瑟姆·贝恩收藏部，编号 ggbain 37764。

直圆筒。这种运动推进船只运行的机理是海因里希·马格纳斯（Heinrich Magnus）在1854年发现的一种效应。

图1.2是竖直圆筒的俯视图。我们先假设它不旋转。那么，风以相同的速度通过 A 和 B 两边，不会产生压差。一旦开始旋转，相对风速[①]在风向与圆筒旋转方向相同的一侧（B）会增加，而在另一侧（A）会减少。根据伯努利定理，气体的速度越高，其压力就越低。因此，沿 A 面的压力比沿 B 面的高。这种多出来的压力不是与风向**平行**（正如传统帆船运用的就是平行方向的力），而是与风向**垂直**，因而在这种情况下，它会沿着从 A 到 B 的方向推动船只。

爱因斯坦继续说，马格纳斯效应似乎是显而易见的，但它的发现也存在偶然性。人们知道但并不理解的是，即使没有风，炮弹也会改变它们的轨迹。这些炮弹的形状是对称的，而这一现象的成因被认为是炮弹围绕自身轴线的旋转。在英格兰也发现了同样的现象，不过观察的是网球而不是炮弹，而且瑞利勋爵（Lord Rayleigh）也独立于马格纳斯给出了同样的解释。后来，路德维希·普朗特（Ludwig Prandtl）用一个旋转的圆柱体从实验和理论上研究了马格纳斯效应。普朗特的工作促使弗莱特纳将这一效应应用在航海中。

爱因斯坦对这项发明的历史以及马格纳斯、瑞利和普朗特在其中发挥的作用的了解程度令人惊异。笔者觉得他应该不会跑到布宜诺斯艾利斯大学（University of Buenos Aires）的图书馆

[①] 应为绝对风速。实际上，相对风速大小和原文说的正好相反。A 处的相对风速大，圆筒带动的气流对风的阻碍大，使其绝对风速降低、压力增大。——译者注

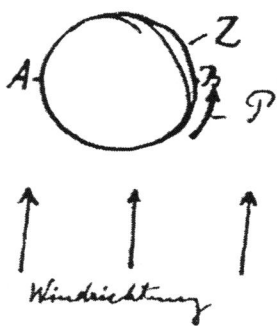

图1.2 马格纳斯效应("Windrichtung"意为风向)
爱因斯坦的手稿,"弗莱特纳船",《新闻报》(布宜诺斯艾利斯),1925年4月13日,第10版。承蒙耶路撒冷希伯来大学阿尔伯特·爱因斯坦档案馆惠允。

临时做了一番文献搜索。相反,他在柏林(Berlin)的家里已经读过这段历史的来龙去脉。1925年2月6日,普朗特在《自然科学》(Die Naturwissenschaften)上发表了一篇关于弗莱特纳的发明的论文,[4]普朗特的同事雅各布·阿克雷特(Jakob Ackeret)在同月出版了一本小册子的第二版,内容涉及转子船、其物理学原理以及普朗特所在的研究所从1923年年中着手进行的关于旋转圆柱体的研究。[5]普朗特和阿克雷特都研讨了弗莱特纳这项发明的历史,提到了马格纳斯、瑞利勋爵、普朗特和其他人在其中发挥的作用。[6]笔者相信爱因斯坦于3月去南美之前,至少在研读这份读者甚众的期刊时,读过了普朗特的论文,并且由于他自己也热衷于帆船运动,会格外注意这篇论文。

弗莱特纳声称,以转子作为驱动可以使远洋班船的船员人数降至1/3,燃料消耗减少10%。在德国和美国,人们都对它颇有兴趣。到了1925年9月,麻省理工学院(MIT)的两名学生约瑟夫·基尔南(Joseph Kiernan)和W. 黑斯廷斯(W. Hastings)已经建造出美国的第一艘转子船,[7]但是因为石油价格低廉,这种船只没有竞争力,所以没能得到进一步发展。然而,在今天这个油价上涨和大气中二氧化碳含量增加的时代,人们重新燃起对弗莱特纳转子船的兴趣。1984年,C. P. 吉尔摩(C. P. Gilmore)在《大众科学》撰文,向读者介绍了劳埃德·伯格森(Lloyd Bergeson)建造的一艘名为"追踪者号"(Tracker),装有弗莱特纳转子的帆船,其目的是研究这种船只的可行性。[8]最新几项关于马格纳斯转子的专利——其中一项于2007年12月6日获得授权[9]——表明它还没有被人遗忘。

河流为什么会蜿蜒曲折

"众所周知,溪流总是蜿蜒向前",爱因斯坦在创作于1926年的一篇短文中如是开头。[10]"地理学家也很清楚,北半球河流主要侵蚀右岸。……人们已经做过许多尝试去解释这个现象,所以我不确定自己在这篇文章中提出的解释对专家来说是否有新意。……然而,因为没有发现有谁彻底通晓其中的因果关系,所以我想可以在这里对其做一个简短的定性阐述。"①

搅拌一杯茶,并观察茶叶在杯底旋转。没过多久,它们就聚集在底部的中心。为什么?因为旋转受到了杯底和杯壁的摩擦力的阻碍。底部的离心力将比表面的低,茶水的上层部分会沿着杯壁向下流动,底部的茶叶将被卷到中心。然后,水流从底部的中心上升,如同喷泉。现在,这种流动被称为二级流或环流(图1.3)。

同样的现象也发生在弯曲的河流。一个离心力作用在弯道的外侧,但这个力在底部附近较小,因为水流受到底部摩擦力的阻碍。因而会形成环流(图1.4)。即使在没有弯曲的地方也会产生这种流动,因为横向作用于水流的科里奥利力会随着深度的增加而减小。这些初步的思考就是爱因斯坦这篇文章的开头部分。

一些科学家在19世纪就观察到,北半球向北流动的河流的右岸受到的侵蚀比左岸更普遍,这些科学家中有卡尔·冯·贝尔

---

① 见"河道蜿蜒的成因及贝尔定律",《我的世界观》,[美]阿尔伯特·爱因斯坦著,方在庆编译,中信出版社,2018年。——译者注

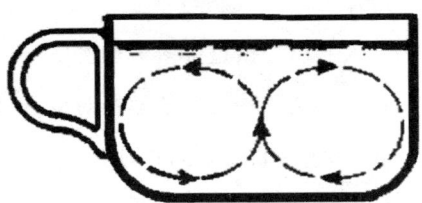

图 1.3　茶杯中的水流
阿尔伯特·爱因斯坦,"曲流河形成的原因及贝尔定律",《自然科学》1926（14）：223-224。承蒙耶路撒冷希伯来大学阿尔伯特·爱因斯坦档案馆惠允。

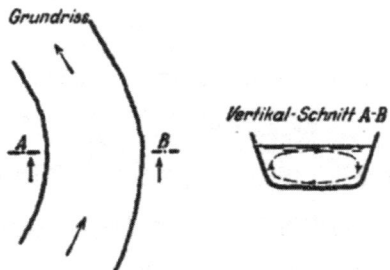

图 1.4　河床中的环流（"Grundriss"意为鸟瞰图；"Vertikal Schnitt A-B"意为垂直截面图 A-B）
阿尔伯特·爱因斯坦,"曲流河形成的原因及贝尔定律",《自然科学》1926（14）：223-224。承蒙耶路撒冷希伯来大学阿尔伯特·爱因斯坦档案馆惠允。

（Karl von Baer）。贝尔定律便是以他的名字命名。爱因斯坦没有深入细节，但他发现了一个问题——被观察到的右侧侵蚀与以下事实矛盾：当一条平直河流开始弯曲时，水在离心力的影响下"冲向"外岸，其对外岸的侵蚀速度快于内岸，而不管它是左岸还是右岸。另外，水力原理表明，当一条平直河流流向一个弯曲处时，沿外侧的水流速度肯定会更慢，而沿内侧的水流速度则更快，因此，**内侧**的侵蚀一定更严重①。[11]

爱因斯坦接着思考了水流在其横截面上的速度分布。假设静止的水被均匀地加速。起初，如果速度分布是均匀的，河岸和河底会使邻近的水层变慢，并通过内部摩擦使水流达到稳定状态。沿着河岸形成的涡流被推向中心，并在那里逐渐减弱。平衡缓慢达到，所以即使是小干扰，也会影响最终的水流模式。尽管只是一个微小的干扰，依然会对环流产生影响。在流线较快的河流表面，环流的流向是从左岸到右岸；在流线较慢的河底附近，环流的流向则是从右岸到左岸。因此，环流将右岸的物质带往左岸。

另一个结果是，由于环流的惯性，它的最大值出现是弯道稍后的位置，因此河流会继续。第三个结果是，如果河流的横截面很大，那么河岸和河底的摩擦以及水的黏滞性减缓水流速度就需要更长的时间②，这就是为什么大河蜿蜒的空间周期更长。

这篇文章的读者既有德国人，也有美国人。罗得岛州普罗维登斯的约翰·R. 弗里曼［John R. Freeman，可能是冶金学家约

---

① 此处有点费解。请参见《我的世界观》（中信出版社，2018年，433—437页）。——译者注
② 惯性和摩擦力的对比。——译者注

翰·里普利·弗里曼（John Ripley Freeman）]很想核实该领域的专家是否之前已经了解爱因斯坦的想法。他在期刊《伦敦皇家学会报告》（*Proceedings of the Royal Society of London*）中找到一篇发表于1876年，关于河流蜿蜒原因的文章①。[12]他把这个消息告知一个德国笔友，而后者也是路德维希·普朗特的笔友。普朗特又把这一消息告知《自然科学》——爱因斯坦的文章就在数月前发表于此刊。[13]普朗特想证明如果对德国文献进行细致搜索，就可以揭示爱因斯坦论文中的内容，哪些是独创的，哪些是1926年之前已经众所周知的，为此他找到了发表于1896年和1911年的两篇论文，并承认较早的那一篇不容易获取。[14]他还列出了几篇涉及实验调查结果的出版物，并补充了爱因斯坦没有提及的蜿蜒形成的一个细节。

普朗特是对的。詹姆斯·艾萨克森（James Isaachsen）于1896年讨论了容器中和水流中的"二级运动"（环流）。

1943年，马克斯·玻恩（Max Born）询问爱因斯坦他有没有在其他地方更详细地阐述关于蜿蜒的想法。[15]"我对河流弯曲和科里奥利力对河道侵蚀的影响的评论只是一时兴起。"爱因斯坦回答道。他还补充道，他确信人们肯定早就了解这个想法。"可是我从未查找过相关文献。②"[16]

爱因斯坦的贡献被遗忘了。茶叶的奇特行为于1951年和1959年在《美国物理学期刊》（*American Journal of Physics*）上引起了喧嚣，[17]然而，这场关于这一现象的讨论并没有提到爱因

---

① 作者建议删除此处的参考文献。——译者注
② 见信79，《玻恩-爱因斯坦书信集（1916—1955）》，[德]马克斯·玻恩、[美]阿尔伯特·爱因斯坦著，范岱年译，上海科技教育出版社，2010年。——译者注

斯坦的贡献。1960年，R. A. 阿尔弗（R. A. Alpher）和R. 赫尔曼（R. Herman）为他主持了公道。[18]他们还发现，先驱者中的哈罗德·莫特-史密斯（Harold Mott-Smith）①和欧文·朗缪尔（Irving Langmuir）在不知道汤姆森②的成果的情况下，已经讨论过胶体溶液中的环流。[19]阿尔弗和赫尔曼得出的结论是："上一代人也很难保证自己已经看过关于某个问题的所有文献。"

说起看到"关于某个特定问题的所有文献"，我们这代人也不见得做得更好。在阿尔弗和赫尔曼于1960年认识到爱因斯坦对地质学的贡献之后，肯特·A. 鲍克（Kent A. Bowker）于1988年对文献进行了搜索，[20]发现只有S. A. 舒姆（S. A. Schumm）在一段简短的评论中提到了爱因斯坦的名字；[21]安德鲁·S. 古迪（Andrew S. Goudie）在他以围绕贝尔定律长达一个半世纪的争论为主题的论文中，[22]发现A. E. 沙伊德格（A. E. Scheidegger）所著的地貌学书籍中引用了爱因斯坦的文章。[23]赫苏斯·马丁内斯-弗里亚斯（Jesus Martinez-Frias）等人在一篇发表于2005年的文章中也抱怨人们很少提及爱因斯坦。[24]他们发现最早对爱因斯坦贡献做出充分评价的，是发表于1995年和2001年的两篇文章。[25]这两篇文章都没有提及阿尔弗和赫尔曼的发现。诚然，在《美国物理学期刊》上讨论茶叶旋转的论文篇幅简短，但它们值得我们细细深入探究。

从那时起，爱因斯坦的名字就与环流联系在一起，至少在美

---

① 原文此处将姓氏误作"Mottsmith"。——译者注
② 指12号上标对应的文献的作者詹姆斯·汤姆森（James Thomson）。——译者注

国的科学史文献中如此。在2007年1月17日播出的《澳大利亚广播公司科学在线》(ABC Science Online) 新闻节目中，斯蒂芬·平考克（Stephen Pincock）宣布："爱因斯坦的茶叶为一件新的小装置提供了灵感。"[26] 发明者莱斯利·约（Leslie Yeo）现在正致力于开发一个信用卡大小的检测试剂盒。[27] 血样置于一个微型容器中，然后用针以一定角度刺穿血液表面，并对针施加电压，从而使众多离子绕圈转动，进而带动血样转动。血细胞由此像茶叶一样聚集在底部的中心位置，在那里接受分析。

爱因斯坦对茶杯实验的解释已经通过了时间的检验。相比之下，解释清楚河道蜿蜒曲折远比贝尔定律和环流复杂。流水地貌学已经表明，在比洋流或大气层气流尺度更小的河流中，科里奥利力可以忽略不计。关于地球自转在地质学中的重要性的争论仍在继续。安德鲁·S. 古迪得出的结论是："争论中最重要的问题是，一种并不显著但在长时间内持续发挥作用的力能否引起大范围的景观变化。尽管如此，人们还是没有充分的理由放弃贝尔定律。"[28]

爱因斯坦于1926年1月7日在普鲁士科学院做了关于这一内容的报告，题目（也可作为摘要）是"河道蜿蜒的成因（由局部变化的离心力产生的环流对河岸水流平均速度的影响）"。紧接着，他又做了另一个讲座"论赖尼奇（Rainich）[①] 发现的黎曼曲

[①] 即俄裔美籍数学与理论物理学家焦尔季·尤里·赖尼奇（Джордж Юрий Райнич，拉丁转写为George Yuri Rainich）。他原名尤里·格尔马诺维奇·拉比诺维奇（Юрий Германович Рабинович，拉丁转写为Yuri Germanovich Rabinovich）。"赖尼奇"是其笔名。——译者注

率张量的分解在引力场理论中的应用"。在第二个讲座的衬托下，第一个讲座看起来像是或者说就是有意上演的一出魔术师戏法。

关于河道蜿蜒的演讲发表在1926年3月12日的《自然科学》期刊，这是用来庆贺爱因斯坦的同事埃米尔·瓦尔堡（Emil Warburg）80岁生日的专刊。瓦尔堡是普鲁士科学院物理-数学组的成员，爱因斯坦发表演讲时他可能也在场。也许第一场演讲给瓦尔堡留下了非常深刻的印象，以至于爱因斯坦把这场演讲的发表版本作为生日礼物送给他。

第二章
实验

独立构想迈克耳孙-莫雷实验和厄缶实验

爱因斯坦曾说过:"理论科学研究者的处境并不值得羡慕,因为自然——或者更准确地说,实验——是理论的无情的裁判,并不与人为善。它从来不对一个理论说'是',最好不过是'可能';但是在大多数情况下,都是一个简单的'否'字。如果实验结果与理论相符,那就是'可能';如果不一致,就是'否'。每一个理论都会遭遇'否'的那一天,大多数理论刚建立不久就被'否'了。①"[1] 遵循自己的格言,爱因斯坦经常通过设计、提议并且操作实验,让自然来做理论的裁判。

迈克耳孙-莫雷实验(Michelson-Morley experiment)和厄缶实验(Eötvös experiment)对爱因斯坦的理论至关重要,是其著名的狭义相对论和广义相对论的支柱。有人可能会以为爱因斯坦是在获悉这些实验的消息之后,才以之为基础建立了自己的理论。事实并非如此。爱因斯坦没怎么花费时间精力去查阅文献(和他自己的说法正好相反),而是独辟蹊径。他在1922年讲道:

> 我第一次想到相对性原理,是在大约17年前……光穿过以太之海,地球也穿过以太之海。站在地球的角度看,是以太迎面而来。但是在发表的物理文献中,我从来没有找到任何以太流动的证据。这就让我想方设法去证明地球运动带来的迎面以太

---

① 见文件76,《爱因斯坦全集·第十三卷:柏林时期(1922年1月—1923年3月)》,Diana Kormos Buchwald、József Illy、Ze'ev Rosenkranz 与 Tilman Sauer 主编,方在庆、何钧主译,湖南科学技术出版社,2020年。——译者注

流……因此，我预计从某个光源发出的光被镜面正常反射后，能量会有不同，这要看光行进的方向是与地球相同还是相反。我试图通过测量两个热电堆产生的热量的差别来验证这一点①。²

爱因斯坦说他没找到能够证明以太流动的决定性信息，也就是说他不知道1886—1887年进行的迈克耳孙-莫雷实验。或者说至少在1922年，他的印象如此。对我们来说，重要的是他设计了一个实验来探测地球相对于以太的速度。不过，因为他没有发表关于这个实验的任何文字，所以我们没有更多的细节。

但是在这之前，他已经对以太有过思考。在1899年，他向未婚妻米列娃·马里奇（Mileva Marić）提到，"一个好主意，用来考查物体对光以太的相对运动如何影响透明体中的光速"②以及"我……写信给维恩教授……谈起那篇关于光以太相对于有重质量的运动的论文③"³。

广义相对论的情况也一样让人吃惊。

爱因斯坦在1912年（再次）就惯性质量问题致信威廉·维恩（Wilhelm Wien）。设想我们有一定质量的铀，其通过放射性衰变形成铅。由于铀的α辐射，铅的**惯性**质量小于铀。④但是二

---

① 见文件76，《爱因斯坦全集·第十三卷：柏林时期（1922年1月—1923年3月）》。——译者注
② 见文件54，《爱因斯坦全集·第一卷：早年时期（1879—1902年）》，John Stachel主编，赵中立主译，湖南科学技术出版社，1999年。——译者注
③ 见文件57，出处同上。——译者注
④ 这一段原文意思含糊，译者的理解是，由于α辐射的能量损失，铅比铀的惯性质量小。具体说来，除了引力质量意义上的物质（α粒子，也就是氦核）损失，还有和能量损失有关的惯性质量"亏损"，也就是铅的惯性质量与引力质量之比小于铀。——译者注

者的**引力**质量是精确对应的,所以在同一个引力场中,铀摆和铅摆的振荡周期会有一个"大约为 2×10^{-4} 的相对差别,很容易用实验验证"。

爱因斯坦还加上一段附言,描述一个比摆更灵敏的方法:"在一个扭秤的梁臂两端分别放置一块铀和一块铅,当梁臂沿东西方向放置时,会产生一个扭矩,如果梁臂转 180 度,则扭矩的正负也颠倒。按照我的计算,这一效应应该很容易测量到。可否请您好心地开展这一简单而关键的判决性实验?"[4] 没有人见过维恩的回复,我们只能猜想维恩告诉爱因斯坦,他提议的实验装置完全就是匈牙利地球物理学家罗兰·厄缶(Roland Eötvös)的扭秤,后者在 1889 年用该装置确认了惯性质量和引力质量的正比精度达到 5×10^{-6} [①]。[5]

电子质量

爱因斯坦提出的下一个实验是关于主流电力理论的。该理论的创立者,伟大的荷兰物理学家亨德里克·A. 洛伦兹(Hendrik A. Lorentz)指出,电磁场中运动的电子具有两种质量——"纵质量"和"横质量"。换句话说,其质量(即物体受力和由此产生的加速度之比)在运动的方向上和在与之垂直的方向上是有差别的。爱因斯坦给出的纵质量为:

---

① 一些文献是 10^{-8}。——译者注

$$\frac{\mu}{\left(\sqrt{1-\left(\frac{\nu}{V}\right)^2}\right)^3},$$

横质量为：

$$\frac{\mu}{1-\left(\frac{\nu}{V}\right)^2},$$

其中，μ是电子的静止质量，ν是电子速度，而V是光速。[6]

质量对速度的这一反常依赖关系需要由实验验证，尤其是洛伦兹的电子模型在当时并非唯一选择。其他竞争理论给出了各自不同的表达式。

最初的实验尝试由瓦尔特·考夫曼（Walter Kaufmann）进行，[7]其数据结果与洛伦兹（即爱因斯坦支持）的理论相矛盾。爱因斯坦试图寻找阴极射线管中电子的纵质量和横质量比率与电子加速电势之间的关系：[8]也就是说，加速电势越高（即电子的速度越大），质量比会比1小得越多。图2.1是他在1906年提出的实验装置示意图。

接地的阴极K发射出的电子被K和A之间的电势差加速。M为电源。速度为v的电子由准直管t进入金属圆筒R_1和R_2之间的空间。R_1接地，R_2和t都与电源正极连接。两个圆筒之间的电压差对电子产生一个径向作用力。如果装置的设定合适，电子将沿着一个半圆轨道行进，最后进入底部有荧光屏S的t'管。t'管入口处的垂直线D会被电子投影到屏幕上。

提高电势，则电子的速度增加，质量也随之变化；这会引起

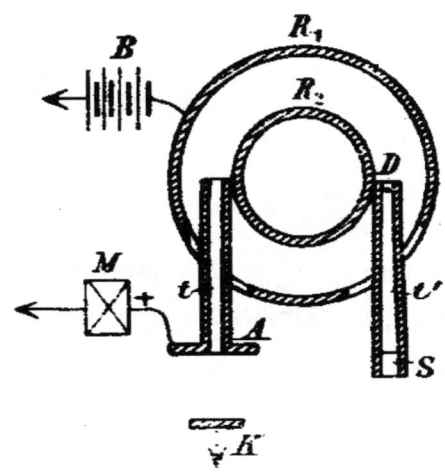

图2.1　电子电荷的测量
阿尔伯特·爱因斯坦,"论测定电子的横质量和纵质量比率的方法",《物理学纪事》(Annalen der Physik) 1906 (21): 3-56。承蒙耶路撒冷希伯来大学爱因斯坦档案馆惠允。

第二章 实验

轨道的变化，D 在荧光屏上的投影也会移动。为了让投影复位，需要用另外一个电池施加一个额外的电势。这样就可以得到两种质量的比值与电势的关系，并将其与三个候选理论的下列预测进行比较：

$\dfrac{\mu_t}{\mu_l} = 1 - 0.0070 \dfrac{\Pi}{10\,000}$ 阿尔弗雷德·布赫雷尔（Alfred Bucherer）的预测，

$\dfrac{\mu_t}{\mu_l} = 1 - 0.0084 \dfrac{\Pi}{10\,000}$ 马克斯·亚伯拉罕（Max Abraham）的预测，

$\dfrac{\mu_t}{\mu_l} = 1 - 0.0104 \dfrac{\Pi}{10\,000}$ 洛伦兹和爱因斯坦的预测，

式中，Π 是以伏特为单位的电势。

爱因斯坦承自己无法开展这一实验，只能把这个想法提供给有兴趣的物理学家。从来没有人将他的这个想法付诸实施。1916—1917 年间获得的光谱学证据宣告，各个电子理论间的竞争以洛伦兹-爱因斯坦理论的胜利而告终。

安培分子电流

爱因斯坦在 1915 年亲自和荷兰同行万德·德哈斯（Wander de Haas）合作开展了一项实验。后者还是亨德里克·洛伦兹的女婿。[9]

爱因斯坦这一次实验的目的很不寻常，因为它与相对论以

及量子论都没有关系。他想要验证的是一个几乎有一百年历史的假说。

1820年，安德烈-马里·安培（André-Marie Ampère）提出物质的磁性来自其分子中的微小电路。如果我们根据洛伦兹的电子理论，接着设想这些分子电流和所有其他电流一样，由运动的元电荷即具有惯性质量的电子组成，那么安培假说就相当于说在铁磁性和顺磁性物质中存在微观的陀螺。如果这些小陀螺的轴彼此平行并沿同一方向旋转，它们的磁场叠加形成一个宏观磁场，这表示该物质被磁化了。

但是爱因斯坦和德哈斯接着指出，也有反对安培假说的论据存在。根据经典电动力学，旋转的电荷会产生辐射，所以这些分子电路会损失能量，直到最后崩解。另外，居里-朗之万定律（Curie-Langevin law）规定分子磁矩不随温度变化，所以即使在绝对零度下，电子仍然在旋转。如果安培假说成立，那就意味着存在一个零点能量，这是很多物理学家不愿接受的。

在介绍了背景情况之后，两位作者构想了一个实验概念。转动的电子 ε 像一个陀螺，具有角动量和与角动量平行的磁矩（图2.2）。如果我们把一根小棒吊起来，并改变其磁化状态，其元电路的角动量必然也会改变。由于动量守恒，小棒的宏观角动量必须抵消这一变化。由此产生的扭矩就能证明分子电流的存在。

爱因斯坦和德哈斯用玻璃纤维 G 把一根铁棒 S 悬吊在两个电流线圈中间。玻璃纤维连接到黄铜管 E。通过螺丝 P 可以调整悬挂 G 的夹具 B 的垂直位置，从而改变 G 的有效长度（决定 S 的扭

第二章　实验　　　　　　　　　　　　　　　　　　　　／ 031 ／

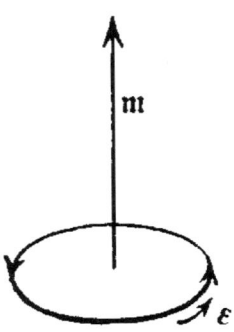

图 2.2　转动电子的磁场

阿尔伯特·爱因斯坦与万德·J. 德哈斯，"安培分子电流的实验证明"，《德国物理学会会刊》（*Deutsche Physikalische Gesellschaft, Verhandlungen*）1915（17）：152–170。承蒙耶路撒冷希伯来大学爱因斯坦档案馆惠允。

转频率)。铁棒S在两个线圈之间的间隙处固定着两个背对背的镜子。镜子用来反射光束,反映纤维的扭转程度(图2.3)。两位作者声称自己已经消除地球磁场、铁棒的永久磁场以及涡旋电流等带来的干扰。

起初,铁棒是轴向磁化的。线圈中的电流换向后,磁场的变化应该会产生一个扭矩。为了放大这一效应,电流换向的频率被设置为与铁棒的固有扭转频率一致,以便产生共振。

实验的结果是肯定的。两位作者甚至相信实验结果已经很接近根据电子的质量和电荷计算得到的理论结果,从而证明安培的分子电流不但确实存在,而且是由做环形运动的电子形成的。

在实验发表一周后,爱因斯坦描述了一个简化版本以用于讲座。他和两位来自帝国物理技术研究院(Physikalisch-Technische Reichsanstalt)的助手实施这个简化版的实验,[10]但是新的设计暴露了一个严重问题:起作用的各种磁力远远超过要测量的效应。为应对这些困难,爱因斯坦放弃了共振方法,将其改为突变电流,在大约0.001秒的时间里放电,刚好可以反转铁棒的剩余磁性。为了放大这一反转,他用一块小的永久磁铁使铁棒摇摆,并在其每次摇摆到极端位置时让一个电容器放电。

在爱因斯坦和德哈斯的实验之前、同时以及之后都有过类似的实验,这些实验使人们对爱因斯坦和德哈斯得出的结果产生了疑问。直至1921年,德哈斯还在做最后一搏,试图排除可能的误差来源。最后证明他们的结果——

第二章　实验

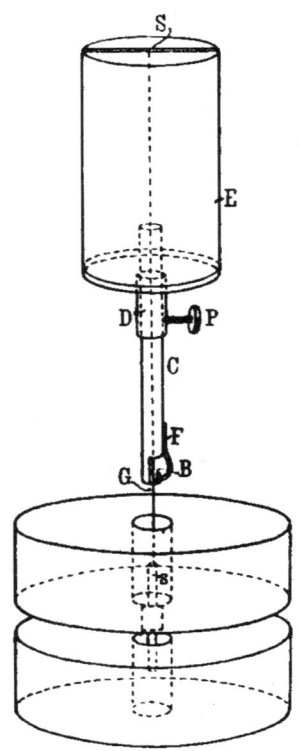

图 2.3　安培分子电流实验装置
阿尔伯特·爱因斯坦与万德·J. 德哈斯，"安培分子电流的实验证明"，《德国物理学会会刊》1915（17）：152-170。承蒙耶路撒冷希伯来大学爱因斯坦档案馆惠允。

$$M = \frac{2\mu}{\varepsilon} J ,$$

未能经受住时间的考验。这里的 M 是铁棒的磁矩，J 是其角动量，μ 和 ε 则分别是电子的质量和电荷。

爱因斯坦为何要在与自己的主要兴趣相距甚远的领域花费这么多时间？彼得·加利森（Peter Galison）认为，爱因斯坦从1912年以来都未能从理论上证明零点能量的存在，如果实验结果（至少定性上）是肯定的，那么其日渐动摇的信心就有了一根救命稻草。就这一点而论，爱因斯坦对此的兴趣与他对量子论的兴趣并非相距甚远。[11]加利森从更广阔的爱因斯坦方法论的背景来看待安培分子电流实验的尝试：其动机是爱因斯坦对统一的追求。安培提出分子电流假说，目的是为永磁性和感生磁性寻找一个共同的根源。爱因斯坦的实验从定性层面展示了这一点。考虑到洛伦兹的假设即电流是由电子组成的，就可把电子论和安培的"统一论"联系起来。最后，人们发现玻尔①提出的当时已经众所周知的假设所包含的两个论断，也就是电子围绕原子核运转时并不产生辐射，且在绝对零度时仍然保持运转（即它们必然拥有零点能量），不再是相互独立，而是彼此相关，尽管其关系可能非常晦涩且离奇。

爱因斯坦在自己的信件中曾有重要披露："我试图证明顺磁原子的陀螺性质，其灵感来自为陀螺仪（的专利诉讼程序）撰写的专家意见。"[12]借助这一声明，我们可以在第一篇论文中找到与陀

---

① 即尼尔斯·玻尔（Niels Bohr）。——译者注

螺仪相关的蛛丝马迹,"磁性分子的行为类似一个陀螺仪",以及"这个角动量和陀螺理论的角动量是同一类的"。[13]

第三章讨论了爱因斯坦这一著名的专家意见。

后来在一封未标明日期的信中,爱因斯坦建议德哈斯研究一个有意思的课题——调查一根铁磁棒在被机械力转动时是否会产生磁力,"该题目甚至与我们之前(关于基元磁体的回转效应)的工作有关"。[14] 人们只知道铁磁棒中的基元磁体在被磁场转动时会产生同样的效应。

爱因斯坦继续道,曾有两位美国人试图发现这一效应,但是未能成功。爱因斯坦觉得他们用到的旋转磁场的强度不足以让铁棒达到磁饱和(也就是让基元磁体的取向接近平行),因此,磁体并不跟随磁场旋转,而是前后摇摆。

作为补救,爱因斯坦建议把一块铁在X方向上磁化到接近饱和,并在Y方向上施加一个旋转磁场。这样,在Z方向上就会产生一个磁通势,它可由感应出的电流探测得到(图2.4)。

他提出了图2.5所示的实验装置。铁环由许多薄铁片组成。预期能够观测到感应产生的沿铁环半径方向的磁通势。

关于爱因斯坦的这个设想,没有更进一步的信息了。不过笔者想补充说明一下这封信可能的撰写时间。关于该日期的一个线索是他提到的两位美国人。笔者只找到了一位英国物理学家J. W. 费希尔(J. W. Fisher)曾经发表过关于该实验的文章,第一次是1922年,然后是1925年,结果都是否定的。[15]《物理学报道》(*Physikalische Berichte*)曾于1927年年中发表了一篇关于费希尔1925年的论文的德文报告。[16] 假设爱因斯坦可能从这个期刊得知

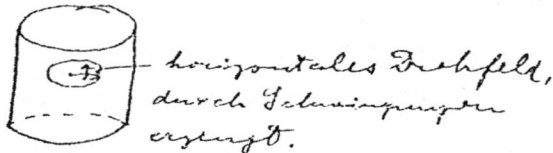

图2.4 实验原理图("horizontales Drehfeld durch schwingungen erzeugt"意为旋转运动产生的水平旋转[磁]场)

爱因斯坦致德哈斯,[1922-28]。承蒙耶路撒冷希伯来大学爱因斯坦档案馆惠允。

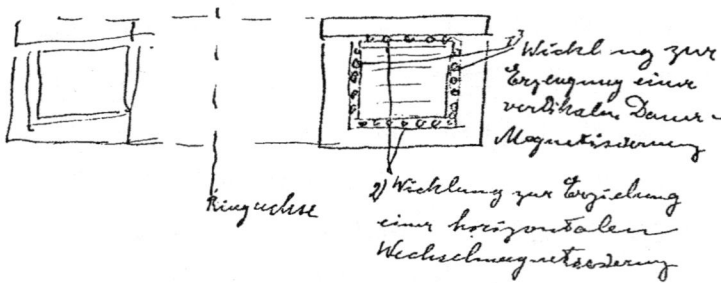

图2.5 实验装置[1)"Wicklung zur Erzeugung einer vertikalen Dauer-Magnetisierung"意为用于产生垂直磁场的线圈;2)"Wicklung zur Erzielung einer horizontalen Wecheselmagnetisierung"意为用于产生水平交变磁场的线圈;"Ringachse"意为铁环的轴]

爱因斯坦致德哈斯,[1922-28]。承蒙耶路撒冷希伯来大学爱因斯坦档案馆惠允。

费希尔的实验情况，那么将上面所有这些信息综合起来，可以认为爱因斯坦致德哈斯的信写于1922至1928年间。

在1924年8月的一封信中，彼得·普林斯海姆（Peter Pringsheim）报告了爱因斯坦提出的一个类似的实验。他用一根细铁线吊起一个钢球，观察到钢球在沿着南北方向被磁化并且摇摆时，会开始旋转。他把这个现象称为"预期的效应"。当球体在东西方向摇摆的时候，旋转更显著，普林斯海姆认为这与第一个效应相矛盾。当他将一个小型磁强计放在钢球附近，旋转便停止了。他觉得自己的发现并未证明预期的效应，却"可能是探测地磁场的微弱不均匀性的一个非常灵敏的方法"。[17]从这些片段中，笔者无法拼凑出一个爱因斯坦的"预期效应"的完整图像。

气体反应速率

爱因斯坦在1920年的一篇短文中的开头这样写道："虽然我们对气体化学平衡态的知识相当进步，但是对气体反应的速率却不甚了了。①"[18]这也不奇怪，因为气体周围容器壁的催化作用（换言之，容器壁对反应的促进或者妨碍作用）、高温以及很高的反应速率都使得测量变得困难。

为了克服这些困难，爱因斯坦建议，通过测量混合已离解和

---

① 见文件39，《爱因斯坦全集·第七卷：柏林时期（1918—1921）》，Michel Janssen、Robert Schulmann、József Illy、Christoph Lehner与Diana Kormos Buchwald主编，邹振隆主译，湖南科学技术出版社，2009年。——译者注

未离解气体分子的气体中的传送声波来确定气体的反应速率。

首先,让一个低频声波通过这一混合气体。声波会依次压缩和拉伸气体,但是这一局部体积变化较慢,足以让化学反应以接近化学平衡态的方式发生。现在,提高频率。在某个频率值,局部体积变化将变为绝热性质的,其间不再发生任何化学反应,气体将会像普通的混合气体一样,可压缩性降低。因此,在声波频率增加的过程中,一开始声速没有变化;超过一个频率之后,声速会开始增加,直到频率升高到某个值后,声速又成为一个常数。在这两个频率值之间,化学反应的时间等于或者小于声波的周期。

爱因斯坦指出,弗里德里希·科伊特尔(Friedrich Keutel)已经在1910年证明声速取决于其穿过的气体的反应速率,由此可以确定离解过程达到平衡态的时间。[19]爱因斯坦比科伊特尔更进一步,通过不同频率下声速的变化计算了解离速率常数。

根据爱因斯坦的建议,爱德华·格林艾森(Eduard Grüneisen)和埃里希·根斯(Erich Goens)对四氧化二氮(N_2O_4)气体开展实验来验证爱因斯坦的预测。[20]他们最高做到15 600赫,仍然未能达到预期的声速发生变化的低限。这表明气体分解的时间不到1/15 600秒。

爱因斯坦的这篇论文使他跻身分子声学的先驱者之列。[21]

一种可能的地球电机模型

1921年,根据爱因斯坦的建议,赫尔曼·安许茨-肯普费

（Hermann Anschütz-Kaempfe）位于基尔的陀螺仪工厂里的两位工程师卡尔·格利切尔（Karl Glitscher）和马克斯·舒勒（Max Schuler）试图确认一个高温转动物体是否会产生一个磁场。

他们首先通过摩擦，然后用向其中输送热油的方式，使得一个铜质圆筒受热。爱因斯坦和舒勒之间的信件往来显示，对于如何测量预期的磁场，二人意见相左。爱因斯坦坚持用一根简单的磁针来寻求一个定性的结果，而舒勒和安许茨希望用一个围绕圆筒的线圈来放大感应电流并增加灵敏度。[22]

由于缺乏细节信息，我们只能猜测这一实验的目的。

伯恩哈特·舍尔（Bernhardt Schell）认为这是陀螺罗盘开发工作的一部分。其目的可能是"检查球体内部可能出现的涡电流场的影响。有必要确认旋转的陀螺仪产生的哪些力会影响罗盘北极的稳定性"。[23]

然而，爱因斯坦往来信件中的相关文字可以有另外的解读。"虽然我还说不清结果是否应该是肯定的，"他在给舒勒的信中写道，"但对我来说，这是结合**热流**和大地电流的唯一现实可能，因为后者只能通过一个**不可逆**过程产生。"① 这里的表述相当模糊不清。[24] "热流"和"大地电流"到底是什么意思？他心里想的是要用实验模拟地球内部发生的过程？在爱因斯坦写给安许茨的信中，有一处提到，如果结果是肯定的，"则意义重大"②。[25] 对谁

---

① 见文件309，《爱因斯坦全集·第十二卷：柏林时期（1921）》，Tilman Sauer、József Illy 与 Virginia Iris Holmes 主编，莫光华主译，湖南科学技术出版社，2020年。此处引用的文件309汉译原文部分被稍许改动，以使语句更贴切。——译者注

② 见文件9，《爱因斯坦全集·第十三卷：柏林时期（1922年1月—1923年3月）》。——译者注

意义重大？如果爱因斯坦脑子里想到的只是一个开发陀螺罗盘的小组，会用"重大"这个字眼吗？而且在另外一封信中，他称该实验为"地磁实验"，[26]并且在回复舒勒发现否定结果的消息时，他承认"关于地球磁场的性质，我的种种想法都不太可能"[①]。[27]

爱因斯坦是不是对地磁的起源感兴趣，并猜测其可能是地球内部高温物质转动造成的？笔者觉得答案是肯定的。从1915年起，他就在思考为何地球自转轴和磁轴几乎重合的问题，那时他的结论是，由于安培分子电流实验的肯定结果，"地球磁轴和自转轴几乎重合的原因已经揭晓"[②]。[28]

他有没有放弃这一结论？或者说他寻找加速度和磁性的关联，是不是根植于对统一场论的追寻？"我想知道对于您经常和我讲起的统一各种物理场的问题，您的探索方向是什么？"汉斯·米萨姆（Hans Mühsam）在1942年致爱因斯坦的信中问道。"您是否记得，"他继续写道，"为了解决这一问题，您曾带着一个便携式罗盘坐上了前往利赫特费尔德（Lichterfelde）的通勤火车，检验火车的机械加速度是否会产生一个磁场？由于设备不够精密，未能检测到预期的效应。"[29]

到了1923年，爱因斯坦又回来研究这个问题，这次是和一位物理化学家赫尔曼·马克（Hermann Mark）合作。他们甚至开始撰写一篇标题惊人的论文"关于一个地磁场来源的明显的假说及其否定实验"。不幸的是，我们只有爱因斯坦和马克这篇论文

---

① 见文件9,《爱因斯坦全集·第十三卷（柏林时期（1922年1月—1923年3月）》。——译者注

② 见文件47,《爱因斯坦全集·第八卷（上）：柏林时期（1914—1917）》。——译者注

手稿的第一页；[30]根据马克后来的回忆，该论文有三到四页。[31]目前，仅存的这一页展开了理论工作的第一个步骤，而这一理论工作根植于爱因斯坦当时的新理论，是一个旨在统一引力和电磁力的早期尝试。[32]爱因斯坦和马克考虑了一个关于电磁四维势各个分量的方程，认为这一方程"简明地解释了其轴与地球自转轴重合的电磁场的作用"。显然，手稿标题中提到的假设肯定与这个理论有关。该页未提及批驳这一理论而提出的实验建议。

该实验没有得到确定的结论，手稿也从未发表。[33]

五年后，W. F. G. 斯旺（W. F. G. Swann）和 A. 朗埃克（A. Longacre）试图用地球自转解释其磁场。[34]他们以200转/秒的速率转动一个半径为10厘米的铜球（未加热）。接着，考虑地球和太阳的自转，比较了二者的磁场，把结果用于比较铜球和地球的情况，并计算了铜球的预期磁场。观测到的磁场强度低于 7×10^4 高斯，他们认为这不足以作为铜球旋转产生磁场的证据。笔者提到他们的这一尝试，只是为了加强上文中的猜想（即爱因斯坦试图用转动的热圆筒寻找地磁场的根源）的可信度。

光：是波还是粒子

20世纪20年代上半叶是物理学史上最富戏剧性的时期之一，它见证了量子力学的诞生。爱因斯坦于1905年提出的能量子概念获得越来越多的重视，但是还远没有被普遍接受。它只能解释光电效应这一个现象，绝大多数光学现象，特别是光干涉，都与它格格不入。尼尔斯·玻尔坚定支持光的波动理论；阿诺尔德·索末菲似乎是在等待一个决定性的结果。爱因斯坦看起来更倾向粒子理论，尽管他以中立姿态发出提议，试图在两个对立的观点之间做出定论。

为解决这个问题，他还提出了场论构想，试图把量子解释为场的奇点。这是一个调和广义相对论和电磁现象的统一场。在理论工作之外，可能是觉得等不起或者能力不够，爱因斯坦试图用实验手段快刀斩乱麻地解决问题。

"我们能否通过实验确定辐射的电场是否遵守麦克斯韦理论要求的［能量］分布？"他在1921年元旦向洛伦兹提出这个问题。"答案：根据该理论，在很强的辐射场中，电场的大小为150伏/厘米。因斯塔克效应导致的［谱］线致宽应该观测到。我们想在这里［柏林］开展相关实验，并在天文观测数据中进行搜索……谱线致宽应该随着谱线级数的提高而增加。"[35]他这里用了复数的"我们"，原因是与柏林大学（University of Berlin）实验物理学家彼得·普林斯海姆合作。[36]

他提到了天文数据，原因是恒星都是高温气体球，存在大量极强的辐射场，远超实验室能产生的水平，所以在其谱线中应该能够观测到增宽现象。如今，等离子体的斯塔克增宽已经成为天文学一个特殊的研究课题。爱因斯坦（与普林斯海姆）是不是最先关注这一课题的人呢？

除了洛伦兹，爱因斯坦还把自己的计划告诉了马克斯·玻恩，并深入到细节。[37]考虑一个平均场强高达100伏/厘米的热辐射。如果其能量遵守麦克斯韦分布，那么在发射和吸收光谱中都能观测到斯塔克效应。但是如果能量分布遵守统计定律（该定律将辐射视为光子气），那么斯塔克效应就会集中在少数分子上，而且非常强烈，因此在锐谱线附近，会出现非常微弱的漫谱线。"我想和普林斯海姆做实验验证这一点；难度不小。"（很抱歉，笔者在讨论1926年之前的事件时，对能量子使用了"光子"这个1926年才发明的术语。）

玻恩觉得这个想法"大胆"而且"非常精妙"；[38] 保罗·埃伦菲斯特（Paul Ehrenfest）也从爱因斯坦那里得知该实验计划，觉得"很了不起"，但是听起来"难以置信"。[39]

爱因斯坦显然对实验过程不甚满意，因而在1921年8月开始再一次尝试。他写信告诉玻恩："我设想了一个很有意思也很简单的关于光发射本质的实验。希望自己能够很快开展这个实验。"[40] 在给阿诺尔德·索末菲的信中，他谈及实验细节："我正在和盖革① 开展一个关于极隧射线粒子发出的光的有趣实验。要解决的问题是：一个沿着箭头方向运动的极隧射线粒子在基本过程中产生的干涉场，到底是不是在 A 处比 B 处更蓝一些呢？如果是这样，光线肯定是被色散介质弯曲了。"[41]（细节见下。）爱因斯坦对这个实验期望很高，并把它告诉了海因里希·灿格和米凯勒·贝索（Michele Besso）。[42]

爱因斯坦于12月提交了一篇关于这一计划的论文。[43] 在论文中，他考虑了放电管中的稀薄气体。阴极射线（电子）从负极飞到正极，沿途将气体分子电离。正离子（极隧射线）飞向阴极并

---

① 即汉斯·盖革（Hans Geiger）。——译者注

被阴极吸收。它们在被周围的气体分子撞击时会发射光。设想的实验草图如图2.6所示。

如果光由波组成，发射的光会以球面形式传播。由于多普勒效应，它们在不同方向的频率会有所不同。当发光的极隧射线粒子沿着虚线 K 向上运动时，到达透镜 L_1 底部的光波频率较低，这些光波会穿过狭缝 S 到达透镜 L_2 的顶部。相反地，最后到达透镜 L_2 底部的光波频率较高。由于二者波长不同，元波的等相面不会彼此平行，而是形成扇面；不过平均传播方向保持不变。

如果在光的转播路径上放置一层色散介质，频率高的元波会比频率低的元波传播得慢些，所以光束会发生偏转。简单的计算表明，这一偏转很容易被观测到。

但是，如果光不是波而是由粒子组成的，那么元发射过程只有一个由量子作用 $h\nu$ 定义的频率，即使在光源移动的情况下也不会产生偏折。这和约翰尼斯·斯塔克（Johannes Stark）观察到的极隧射线的多普勒频移存在矛盾，但是爱因斯坦觉得这个问题并非无法克服，[44]并宣称自己已经和汉斯·盖革一起开始着手安排实验了。

我们找到两个关于该实验的临时报告。11月7日，盖革告诉爱因斯坦，自己到目前为止没有发现偏折。在其实验装置中，极隧射线穿越的金属管直径为8毫米，内部充满二硫化碳。在经过50厘米的行程后，在目镜测微尺中偏折预计达50刻度。[45]

一个月之后，瓦尔特·博特（Walther Bothe）认为自己发现了爱因斯坦初步计算中的一个错误，并与后者在电话中进行了讨论。[46]

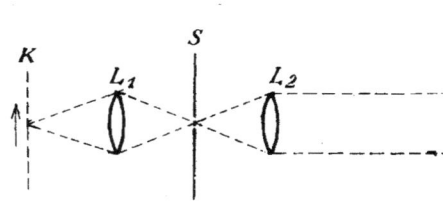

图 2.6 研究光的本性
阿尔伯特·爱因斯坦,"论光发射基本过程的实验",《普鲁士皇家科学院(柏林)会议报道》(*Preußische Akademie der Wissenschaften* (Berlin), *Sitzungsberichte*) 1921:882-883。承蒙耶路撒冷希伯来大学爱因斯坦档案馆惠允。

最终的实验结果是否定的，也就是说，看起来确定了光的粒子本质。[47]爱因斯坦得意地对马克斯·玻恩及其妻子黑德维希·玻恩（Hedwig Born）宣称："已经否定了波动场的存在，并且玻尔的光发射实际上也是即时的。这是近几年来最重要的科学事件。"[48]阿诺尔德·索末菲得知这一消息时，评论道："就是说您完成了又一个伟大发现，埋葬了波动理论……如果您能洞悉其中，得到一线光明，我非常高兴①。一直以来的这个观点上的二元论不能再继续下去了。②"[49]

但是埃伦菲斯特[50]和劳厄③[51]都没有接受这一结论，他们认为经典波动理论也能给出否定结果。爱因斯坦承认了错误，[52]修正了自己的推导，[53]并从经典波动理论出发，的确得到了零偏折的结果。"我曾经寄予厚望的那个实验，既不支持，也不反对波动理论，因此所有的努力和热情实际上都白费了。"他写信给儿子说④。[54]

不过，他并未放弃。就在给儿子写信告知自己失败的同一天，他画了另一个实验的草图给埃伦菲斯特看（图2.7）。"非常倾斜地入射的阴极射线 K 在两个等厚度的平板之一的 A 点处产生

---

① 这句话以及其前一句话的德文原文为："Sie haben also wieder eine grosse Entdeckung gemacht, die Undulationstheorie begraben, wie mir Anschütz mitteilt. Ich bin froh, wenn sie an irgend einem Zipfel ein sichtbares Loch bekommt." 其中，第三人称单数代词 "sie" 指的应是 Undulationstheorie；"ein Loch bekommen" 指的应是被戳了一个洞，有了一个洞。当然，这里取其比喻含义。所以，索末菲表达的应该是，如果波动理论有任何一处出现了漏洞，那么他就会对此怀有喜悦之情，乐于见到这一情况。——译者注

② 见文件14，《爱因斯坦全集·第十三卷：柏林时期（1922年1月—1923年3月）》。——译者注

③ 即马克斯·冯·劳厄（Max von Laue）。——译者注

④ 见文件48，出处同注释②。——译者注

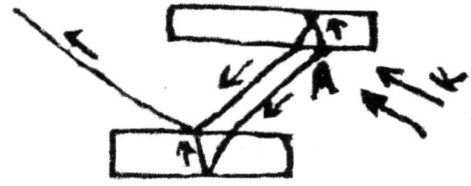

图2.7 另一个考察光的本性的实验设想

爱因斯坦致埃伦菲斯特,1922年2月12日。承蒙耶路撒冷希伯来大学爱因斯坦档案馆惠允。

一个平面光。如果发射的是球面波,这两个平板产生无相差干涉。有没有人在什么地方做过类似的实验?不过,实验结果很可能是肯定的。①"[55]没人知道埃伦菲斯特的回复是什么。

在1月份,爱因斯坦其实已经有了另一个想法,就是与盖革和博特(Bothe)一起"通过几个小办法"确定二次多普勒效应,"不过这并不容易"②。[56]这一次,他也没有提供这些小办法的更进一步的信息。不过到了1923年,W. 奥尔特曼(W. Orthmann)给彼得·普林斯海姆的信中再次提到这个想法[57],并在信中通过计算表明,不管是简单多普勒效应,还是更高阶的多普勒效应,都不可能被探测到。普林斯海姆将该信转发爱因斯坦,并解释说信中的计算支持他之前在致爱因斯坦的信中所表达的看法。

在这些年里,爱因斯坦未停止与普林斯海姆的合作。在1922年7月中旬前后,要解决的问题与盖革和博特的问题一样:也就是光的发射是即时的,还是需要一个较长的时间。正如普林斯海姆告知爱因斯坦的那样,该实验也未能成功。他以两种方式解释了为何在即时发射的情形中谱线也会增宽。[58]同样,这一次也没有更进一步的细节。

爱因斯坦并未放弃。他在1923年草拟了一个被普林斯海姆称为"根本性的实验"的实验。[59]不过细节未知。

澄清光的二象性质的另一线希望出现在1923年8月。刚从美国访问归来的阿诺尔德·索末菲[60]把阿瑟·康普顿(Arthur

---

① 见文件47,《爱因斯坦全集·第十三卷:柏林时期(1922年1月—1923年3月)》。——译者注
② 见文件31,出处同上。——译者注

Compton）关于X射线被电子散射的新理论告诉了爱因斯坦。[61]

X射线被轻元素散射之后，波长比散射前更长，这表明光的能量被转移到散射它们的电子上。这很难用电子理论来解释。因为根据该理论，入射光激发被照物体中的电子，使后者以光的频率振动。而振动电子会发射与自己振动同频的电磁波。物质对光的散射和色散是由于光波干涉这一假设可以很好地解释散射和色散这些现象，但是无法解释波长增大。康普顿设想，散射前的光能量通过单个电子和X射线光子的碰撞而转移给电子——即他利用了爱因斯坦于1905年提出的光子假说。康普顿指出，爱因斯坦提出辐射量子的概念是为了解释一个特殊现象——光电效应。"（光子）假说要想经得起考验，应能解释性质各不相同的一些现象……散射光的波长变化，以及与之相关的电子反冲……就是这样的现象。"[62]

康普顿的理论基础，依赖的是前人和自己的实验发现。

康普顿的结果令爱因斯坦欣喜若狂，因为这正是X射线的粒子本质的证据，是对光子存在的有力支持。他甚至为《柏林日报》（*Berliner Tageblatt*）写了一篇长文，阐述康普顿实验的意义。[63]

爱因斯坦想重复康普顿的实验。他再次找到前一章里提到的赫尔曼·马克。马克开始着手获取实验所需的部件，包括有着铑制对阴极的库利奇X射线管、铑以及钼箔，并且搜索了一些文献。[64]他发现在1923年3月，彼得·德拜（Peter Debye）已经用量子论解释了同样的实验结果，并发表在4月15日出版的《物理学期刊》（*Physikalische Zeitschrift*）上。[65]马克也在《自然》（*Nature*）期刊中找到一篇短文，作为康普顿理论的实验证据的支撑。其作者回顾了关于散射X射线的波长变化的实验，并发现"有决定性的证据表明，被晶体反射的X射线的波长不变"。[66]这肯定令爱因斯坦更急切地想知道康普顿的观点是否正确。

两星期之后，马克已经绘制出实验装置的草图，并询问爱因斯坦的意见。[67]爱因斯坦和马克的设计与康普顿的没有什么不同。[68]二者都利用了一个钼靶、碳（石墨）散射体以及一个电离探测器。

爱因斯坦经常去找就在柏林的马克及其同事讨论马克的实验，所以不需要很多通信。另外，马克和爱因斯坦之间的通信被纳粹秘密警察（也就是盖世太保）于1938年从马克那里没收后遗失。

后来，随着康普顿说服了反对者们接受自己的实验结果，马克和爱因斯坦觉得没有必要再继续自己的实验。至少这是马克在1967年给彼得·贝格曼（Peter Bergmann）的信中的说法。[69]但是他自己与H.卡尔曼（H. Kallman）一起继续从实验和理论两个方面研究康普顿效应，直到1926年。[70]

1926年3月，爱因斯坦再次试图解决光的本质问题（图2.8）。[71]这次设想的实验光源和1921年那次一样，还是极隧射线。如前所述，根据光的波动学说，光波来源于原子中带电物质的振动。但是根据量子论，辐射频率由发射的能量决定，与光源的任何振动无关。

假定经典电动力学是正确的，发射的光以波的形式传播，那么波形就会由光源的振动决定。

沿 v 方向运动的辐射原子被透镜 G 投影到一个线光栅上，并设法使得单个原子的像不大于两根线之间的缝隙。如果用另外的透镜使得离开光栅的光线彼此平行，这些光线就会包含间距为缝

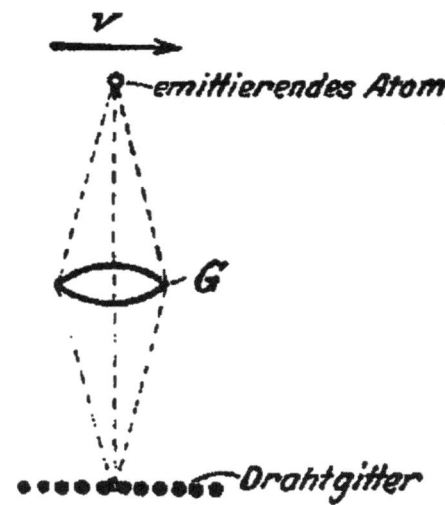

图2.8　栅极实验（"emittierendes Atom"意为辐射原子；"Drahtgitter" 意为线光栅）

阿尔伯特·爱因斯坦，"关于基本辐射发射过程本性的实验的建议",《自然科学》1926（14）：300-301。承蒙耶路撒冷希伯来大学爱因斯坦档案馆惠允。

隙的波列。

如果波列在迈克耳孙干涉仪中发生干涉，波峰叠加处就会出现干涉条纹。图中光栅缝隙与波列等长时就是这种情况。总的来说，如果缝隙是波列长度的偶数倍，就会出现条纹；如果是奇数倍，就不会出现条纹，因为波列自己互相抵消了。通过改变缝隙的尺寸，干涉图案就会发生变化。

显然，所有这些能够发生的必要条件是，光发射需要持续一个足够长的时间段，让粒子能被投射到几个狭缝上。如果光发射是即时的，就没有波列的干涉，整个波列都会穿过单个缝隙。如果未产生干涉条纹，就证明光发射是即时的。

爱因斯坦坦白说："自己早就仔细考虑了这个实验。"不过，他提出该实验想法的直接原因，还是埃米尔·鲁普（Emil Rupp）对极隧射线干涉现象的证明。[72]令爱因斯坦印象深刻的不只是鲁普的论文，还有其显示的信息，即波列之间的间隔大到可以满足自己设想的实验要求。

他联系了鲁普，提议开展这一实验。[73]他的预期结果是否定的，不会出现干涉，也就是说，会证明光的粒子本质。埃伦菲斯特则认为结果将是肯定的，[74]其他人则对鲁普的结果持怀疑态度。想到"有烟必有火"的谚语，爱因斯坦重新检查了自己的计算，意识到埃伦菲斯特和其他批评者是对的。1926年7月8日，他在一个对普鲁士科学院的演讲中撤回自己的结论，并承认："看起来几乎不可能证明……经典波动理论的失败。"[75]不过，他推迟发表这篇演讲，直到鲁普确证了他的理论预期之后，才于当年10月把自己的论文和鲁普的实验结果提交给普鲁士科学院。[76]

到目前为止，笔者一直忍住没有在鲁普的"结果"二字上面加上引号，其实本应该加上。正如爱因斯坦和鲁普的往来通信所表现的那样，鲁普是在以迎合的态度甚至是过度热心地"执行"爱因斯坦要他做的任何事情。他总是有办法解释为何自己的实验结果与实验方案预期结果不一致。每当爱因斯坦发现了实验中的问题，他总能在一天内"重做"该实验。与其结果矛盾的证据越来越多——但是爱因斯坦坚定地支持他。

不过到最后，爱因斯坦不再相信鲁普的结果。鲁普伪造了实验结果，或可能根本就没有做过那些实验。在30年代，德国物理学会正式宣布他不值得信任，禁止引用他的论文。

正如耶罗恩·范东恩（Jeroen van Dongen）所言，与安培分子电流实验的情况类似，爱因斯坦在利用实验（和"实验"）结果时，再一次被自己的初始期望误导。一旦他觉得结果符合自己的预期，就不再对结果的精确度或者评估方法提出进一步的问题或者质疑。[77]似乎他已经忘记了自己的格言："是"本质上的意思不过是"可能"而已。

虽然如此，爱因斯坦–鲁普实验对马克斯·玻恩、尼尔斯·玻尔和维尔纳·海森伯（Werner Heisenberg）建立量子力学还是具有启发作用。[78]

解释超导性

1911年，在其位于莱顿大学（University of Leyden）的世界

闻名且独一无二的低温实验室里,海克·卡末林·昂内斯(Heike Kamerlingh Onnes)发现了汞在液氦温度(4.2开)下的超导性,当时的金属导电理论都不能解释这一现象。爱因斯坦那时是莱顿大学的特聘教授,在1919至1922年间每次访问该大学的时候,都积极寻求对超导性的解释。[79]

他提出了一个所谓"导电链"的模型。组成超导电流的电子并不(像气体分子一样)是自由运动的,而是沿着一条以原子为踏脚石的通路行进。它行进的速率取决于其电荷e和玻尔原子模型中电子绕原子转动的(光学)频率v(图2.9)。

超导体中的电流包含整数条链,电子在这些链上平滑行进。在高温下,这些链被热扰动破坏,因而出现电阻。下面的讨论限于超导体温度下的情况。如果电流包含整数条链,并且其强度(电子速度)由量子条件决定,那么在某个极限值下,应该不会有电流,而这个极限值是可以测量的。

为解决这个问题,爱因斯坦建议在超导线圈旁边放置一个非超导线圈,并在超导线圈中通入逐步升高的电流。[80]如果非超导线圈中的自感不能随着输入电流升高,那就表明超导体不能通过某个极限值以下的电流,从而证明导电链模型。①在光学范围内,这个阈值电流强度ve大约为0.000 015安。这一实验从未实现过,可能是因为很难显示如此微弱的强度。

导电链假说的另一个条件是电子沿环形轨道绕行、作为踏脚石的原子,必须是同一种元素的;不然,电子无法顺利通过。爱

---

① 此处原文费解,疑有误。——译者注

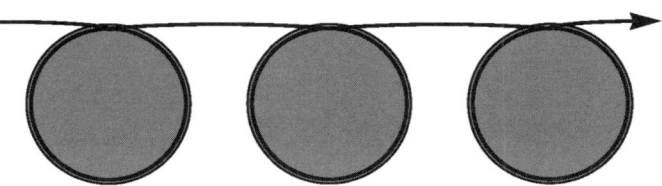

图2.9 电流流通链路

因斯坦甚至推测，电子根本就不能在不同元素的原子间转移。

卡末林·昂内斯两次检验了这一想法。他试图发现两个超导体（具体实验中是锡和铅）之间的界面是否具有超导性。他发现电阻为零。

第三个建议和霍尔效应有关。让电流通过一个薄板，并在垂直于电流的方向施加磁场，洛伦兹力会驱使负载流子偏向薄板的一侧，正载流子偏向另一侧。两侧之间的电势差就是霍尔电压。

从理论上考虑，爱因斯坦认为在超导薄板中，霍尔电压应该与薄板厚度成正比。[81]这一结论从未被实验检验过，由于后来的新发现，它也不再具有重要意义。

第三章

专家意见

专利局

爱因斯坦在瑞士专利局的工作是为发明家提供咨询。由于行政文件已被按例销毁，所以他撰写的关于专利申请的意见书只有一份保留至今。该意见书的主题涉及的是一台备有防止火花的短路电刷和对置辅助线管的交流电机。爱因斯坦没给这个专利申请写下一句好话：该申请叙述得"不正确、不精确、不清楚"。他还给出了正确的申请条件：应该只写出所声明的专利主题的各个特征，而且每一个具体实现范例都应该对应主专利的主权利要求以及实际专利的各个权利要求①。[1]他的建议并未帮到发明人。后者在两个月后提交了一个修改过的申请，但是爱因斯坦仍不满意。

我们还有另一个申请案子的间接材料。一个名叫伊格纳齐·莫希齐茨基（Ignacy Mościcki）的人，是一种利用空气生产硝酸的方法、一种浓缩硝酸和硫酸的新方法以及一些高功率电容器的发明者。他在1906年向瑞士专利局提交了一份申请，[2]内容是一个生产硝酸的电弧炉，其中使用了电磁铁来驱使电弧旋转。[3]作为指定专家，爱因斯坦尤其感兴趣的是电弧为何会在磁场中改变方向。他对该申请给出了积极评价。这件事最早被人提起是在1934年，[4]后来又被索菲娅·戈翁布-迈尔重新发现。[5]

莫希齐茨基与爱因斯坦在1932年的往来信件表明，二人在

---

① 本段译文参考文件67，《爱因斯坦全集·第五卷：瑞士时期（1902—1914）》，稍有改动。——译者注

伯尔尼见过面。爱因斯坦请求莫希齐茨基帮自己的一个熟人得到一份工作。他在引语中写道："我知道您本来是一位物理化学家，而且听说您现在也在从事科学和技术研究的组织工作。"[6]这封信的收信人为"波兰总统先生、莫希齐茨基教授博士"。莫希齐茨基是位成功的发明家和科学家，他于1912年回到波兰，被任命为勒武夫①［即现在的乌克兰利沃夫（Lviv）］理工大学（Technical University of Lwów）的物理化学和工业电化学教授，并于1926年当选波兰总统。

在回信中，莫希齐茨基强调说，爱因斯坦想帮助的那个人在波兰获得工作的前景十分渺茫，但他也提到，爱因斯坦的来信让他格外高兴，因为这让他回想起二人在伯尔尼以及后来在弗里堡（Fribourg）的会面。[7]

从爱因斯坦的下一封信中，我们得知二人的会面也给他留下了美好记忆，尤其是与科瓦尔斯基（即下文的约瑟夫·科瓦尔斯基）一起在弗里堡的那一次。[8]伯尔尼会晤可能是在专利局，但是也不能排除在伯尔尼大学，因为在1908年2月28日前后，爱因斯坦成功获得了教学资格（拉丁文：*venia legendi*），并于1908年4月21日至1909年8月4日担任私俸讲师。1908年5月和6月，他还在弗里堡大学（University of Fribourg）阿尔贝特·戈克尔（Albert Gockel）教授的实验室里试验自己的第一个发明——一台用于测量小电量的静电计（见第四章），并于1909年5月24日参加了一个物理讨论班。[9]另外，大学物理教授约瑟夫·科瓦尔斯基

---

① "勒武夫"（Lwów）是利沃夫的波兰语名称。——译者注

[Joseph Kowalski；约瑟夫·维鲁什-科瓦尔斯基（Jozef Wierusz-Kowalski）]也对这台静电计感兴趣，[10]所以爱因斯坦有很多机会和莫希齐茨基会面，因为后者从1896年到1912年担任科瓦尔斯基的助手。

爱因斯坦应该还经手了另外三个专利：[11]一种具有往复式托架的电动打字机，[12]一种砾石筛分机，[13]以及一种环境湿度控制的气象站。[14]

陀螺罗盘

赫尔曼·安许茨-肯普费是陀螺罗盘的发明者，并且在德国的基尔拥有一间生产陀螺罗盘的工厂。他曾对美国的斯佩里陀螺仪公司提起诉讼。[15]1914年，斯佩里向德国海军出售了一部罗盘，二者之间的竞争便激化了。当时，陀螺罗盘生意前景不错。船舶、潜艇、飞机都用得到，因为它不会像磁罗经一样容易受到金属结构的干扰而导致指向功能失灵。另外，在第一次世界大战之前的十年间，德国曾试图建立一支可以抗衡甚至战胜英国海军的海军。

安许茨声称自己被侵犯的专利之一为DE182855号专利，[16]该专利覆盖了原始设计。斯佩里声称该专利无效，因为与之前马里纳斯·G.范登博斯（Marinus G. van den Bos）的一个专利相比，安许茨的这个专利没有创新。[17]安许茨声称自己被侵犯的另一个专利——DE236200号专利，[18]介绍了一种对振荡干扰的阻尼方法。

1914年11月10日举行的第一次听证会休会,不过法庭建议双方选择一位中立的专家,住的不要离柏林太远以便节约费用。法庭提交了一份可能的专家名单,包括慕尼黑的阿诺尔德·索末菲教授,格丁根的费利克斯·克莱因(Felix Klein)教授(他们是一部关于陀螺仪的著作的共同作者)。[19]不过,位列第一的却是爱因斯坦,可能是因为他住在柏林,法庭选定的也是他。法庭专家的任务是中立地回答问题,列席法庭程序,并提供证言。[20]

下一场听证会于1915年1月5日举行。爱因斯坦说服法庭,他没有做好准备。为了减轻其负担,法庭提出了四个问题,让他在书面报告中作答,并在下一次听证会时递交:

1. 陀螺罗盘的物理原理是什么?

2. 安许茨罗盘和其他罗盘,尤其是范登博斯的DE34513号专利罗盘的不同之处在于?

3. DE236200号专利创新的要点何在;这一创新是否使得人们能够首次制造出第一个完美工作的陀螺罗盘?

4. 安许茨罗盘与斯佩里罗盘的异同之处何在,斯佩里对安许茨两个专利的利用程度,是否使得其罗盘在技术上接近后者的罗盘?

爱因斯坦于1915年2月6日回答了这些问题。[21]他清晰地描述了陀螺仪和陀螺罗盘的原理(问题1),并声称是安许茨首先做出了第一个可使用的、带有振荡阻尼的陀螺罗盘(问题3),这是通过其第二个专利中优于范登博斯的方法实现的。爱因斯坦认为,安许茨的第一个专利不具有新颖性,优先权应属于范登博斯(问题2)。最后,他表示斯佩里确实利用了安许茨的第一个专利,但并未侵犯第二个专利（问题4），即他觉得斯佩里的阻尼方式是原创的想法。

很显然，法庭和安许茨都不满意爱因斯坦支持了斯佩里。在3月26日举行的第二次听证会上，爱因斯坦未能说服法庭接受自己的观点，所以法庭又让他回答两个问题。

第一个问题实际上就是重复了前面的问题2，让他解释安许茨和范登博斯二人的专利之间的关系。第二个问题就是将之前的问题4换了种方式来表达：在斯佩里交付给德国海军的罗盘中，多大程度利用了安许茨的两个专利？

爱因斯坦在8月7日撰写了一份补充性的专家意见。[22]

经过仔细研究专利说明书，他得出的结论是安许茨的第一个专利确实不同于范登博斯的发明。

为了回答第二个问题，爱因斯坦测试了一个斯佩里罗盘，确证斯佩里利用了安许茨的第一个专利，但是与自己第一次的专家意见不同的是，他认为安许茨的第二个专利也被用到了。这一次法庭没有再追问什么问题，并做出对安许茨有利的判决。

爱因斯坦为何改变看法？显然，他之前没有深入研究这个诉讼案。当安许茨在1918年因为另一个官司请求爱因斯坦担任自己的私人专家时，爱因斯坦以自我批评的态度期望将来"中立专家的理解不足"不会给安许茨带来损失，让他生气。[1][23]

在这个官司中，安许茨-肯普费认为导航仪器公司（Gesellschaft für nautische Instrumente）[24]侵犯了其DE241637号专利。[25]导航仪

---

[1] 见文件606，《爱因斯坦全集·第八卷（下）：柏林时期（1918）》。——译者注

器公司的发明是为了让罗盘在船舶摇摆时保持正确指向的一种设计。安许茨请求爱因斯坦担任自己的私人专家[26],并问后者是否觉得导航仪器公司提出的方法处于自己专利的保护范围。[27]我们没有找到爱因斯坦于1918年7月7日提交的专家意见书。显然,安许茨对其并不满意,并要求重新提供一份。[28]

在第二份意见书的开头,爱因斯坦分析了船舶的运动对陀螺仪的影响(图3.1)。[29]用一根刚性的杆将旋转的陀螺仪悬挂于P点。如果陀螺仪在一个垂直于其旋转轴的平面内的A''和A'之间摆动,其方向不会发生变化。但是,如果它沿着与之前平面**垂直**的路线(B''和B'之间)摆动,其旋转轴将沿着与摆动平面垂直的方向振荡,不过时间平均值为零。因此,这一方向的改变不会对航行方向的指示造成无法克服的困难。

但是,如果陀螺仪摆动的方向是上面二者的综合,就会出现扭矩,导致陀螺仪的旋转轴绕垂线旋转。安许茨和导航仪器公司的发明都是为了消除这一影响。

安许茨的专利提供了避免或者尽量减轻这一效应的两个方法:避免A''和A'之间的摆动(这实际上就等于只允许B''到B'之间的摆动),或者使用两个或者两个以上旋转轴彼此不相平行的陀螺仪。如果在框架内以这种方式安装两个陀螺仪,通过非刚性的方式固定其旋转轴之间的角度,惯性力就可以防止旋转轴的旋转。专利没有规定陀螺仪必须水平放置,唯一的要求是,所有陀螺仪的合力矩有一个水平分量使得重力可以发挥作用,以及旋转轴的非刚性连接且彼此不平行。爱因斯坦声称,专利要求的表述很清楚,任何具有相关知识的工程师都能按照这些表述做出一个

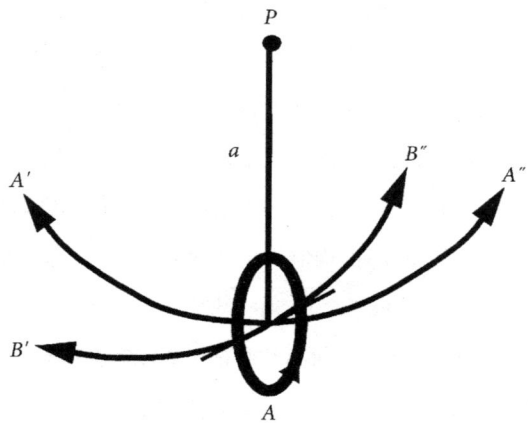

图3.1 陀螺仪的运动

实用的陀螺罗盘。①

接下来,他转向导航仪器公司的专利申请。该申请也利用了旋转轴彼此不平行且非刚性连接的两个陀螺仪,因此,明显地落在安许茨专利的主权利要求之内。唯一的问题是其构造是否算得上一个技术改进。爱因斯坦认为不是。

他的结论是,导航仪器公司申请的对象落在安许茨专利的保护范围之内,并且其具体特征既非创新,也无实用层面上的发展。

也许导航仪器公司的申请人成功地论证了这些具体特征确实是创新发明;也许是另有其他原因让这个官司的走向相悖于爱因斯坦一方所愿。我们无从知晓究竟,因为法庭和专利局的文件都已经遗失。我们只知道安许茨败诉了,导航仪器公司在1918年获得了该专利[30]和另外两个专利的授权。[31]

不过,双方的交锋并未就此结束。1922年春,导航仪器公司经理奥斯卡·马丁森(Oscar Martienssen)教授联系了爱因斯坦,要求后者撤回1918年的意见书,原因是安许茨试图利用这份意见书对导航仪器公司不利。[32]他论证说,爱因斯坦意见书的依据是错误的,自己不愿意让冗长耗时的各种法庭讨论耗费爱因斯坦本该用于"更重要的事情上"的"无比宝贵的才能"。如果爱因斯坦同意自己的请求,就没有必要在法庭上应战。从这些信息看,安许茨应该是对导航仪器公司提起了又一个诉讼。

马丁森提醒爱因斯坦注意自己(指马丁森)之前发表的文字

---

① 本段译文参考文件11,《爱因斯坦全集·第七卷:柏林时期(1918—1921)》。——译者注

中犯过[33]但是后来自我纠正的一个错误。[34]马丁森还指出,里夏德·格拉梅尔(Richard Grammel)在其关于陀螺仪的专著中也犯了同样的错误,[35]不过,他后来也意识到自己错了。显然,马丁森以为爱因斯坦在准备意见书的时候曾经依据这些出版物。

马丁森提出的第二个异议是,爱因斯坦没有给出理由说明导航仪器公司申请的专利是依赖于安许茨的专利。安许茨专利明确指出该发明涉及的是运动系统中的一个附属性的陀螺仪,而不是一个有着用来稳定万向悬架的陀螺仪的系统。而导航仪器公司的申请利用了一个具有稳定功能的陀螺仪。另外,安许茨专利需要用两个辅助陀螺仪构建,**不能**只用一个旋转轴垂直于指北陀螺仪的辅助陀螺仪。对安许茨专利来说,连接两个陀螺仪的弹簧可谓至关重要,而在导航仪器公司的申请中,垂直的陀螺仪是固定在底板上的。

"您无须怀疑,"马丁森补充道,"我觉得您的成就如高山仰止,写下这些文字时,我内心惴惴不安。"

爱因斯坦没有读懂这封信,原因只是他已经不记得四年前的官司。[36]他请求马丁森再说明一下,在当天把对方的来信转发给安许茨,[37]并且认为马丁森的说法未必正确,"尽管对方语气傲慢"。第二天,马丁森进行了回复并附上相关的专利,[38]以及爱因斯坦在1918年写的意见书。他补充了另一个异议之处:在意见书中,爱因斯坦明确指出安许茨的指向系统包含两个或者更多的陀螺仪,而在导航仪器公司专利中只用到一个同样的系统。为什么爱因斯坦在进一步的考量中提到导航仪器公司的专利申请中的两个陀螺仪呢?该申请中起稳定作用的陀螺仪与指向无关。

听证会于1922年4月11日在基尔举行。[39]爱因斯坦于4月12日撰写了一份补充意见书,但是未见存留。安许茨打赢了这场官司。[40]

导航仪器公司于6月9日向地区高等法院提出上诉。

爱因斯坦又写了第二份补充意见书。[41]他写道,上诉书的详述中提到了一项专利,以证明存在一些与安许茨的发明构造类似的陀螺罗盘专利,但它们并未被认为是侵犯了安许茨的专利权。[42]这一被提到的专利并不包含消除或者尽量减轻翻滚产生的误差的方式。详述中的这些反对性陈述失实。

接下来,他回应了两位专家的意见。第一位认为导航仪器公司的申请包含的一个明确的特征是安许茨专利不具有的。爱因斯坦的回复是,安许茨专利明确描述了同样的特征,而且当前的问题不是这些专利彼此间是否完全独立,而是导航仪器公司专利是否依赖于安许茨的专利。

爱因斯坦把自己对第二位专家的回复归结为三点:

1. 安许茨的专利第一次认识到摇摆误差取决于指向系统绕其旋转轴振荡的周期,并第一次提出消除或者有效地减少摇摆误差的方法。

2. 所考察的装置(很明显,两家公司都展示了自己的装置)都利用陀螺仪来减弱这种摇摆。

3. 所考察的装置中,用来减弱摇摆的陀螺仪并非直接安装在指向陀螺仪的基座上,而是安装在一个与其他部件刚性连接的部件上。

只要导航仪器公司的专利特征包含第一点,就已经侵犯了安许茨的专利,而它三点都包含了,所以其专利在技术上与安许茨的一样。

第二场听证会于1922年7月10日举行。爱因斯坦的主要角色是担任一个"妖魔"。[43]安许茨再次胜诉。关于这场官司的最后信息是"小丑的把戏未能得逞"[44]——爱因斯坦写下的这一文字有失礼貌也不公平,因为我们看到马丁森的礼貌态度,并且对爱因斯坦意见书所提出的技术上的异议也是明确的。虽然爱因斯坦对马丁森来信的第一反应是觉得对方语气"傲慢",但我们有充分证据支持舍尔的这句话:"这位中立的专家早就成为安许茨-肯普费及其公司的一个好朋友,彻底偏向了这一方。"[45]

在爱因斯坦参与的下一个诉讼中,被告方是弗朗茨·德雷克斯勒(Franz Drexler),原告方还是安许茨-肯普费。[46]德雷克斯勒是一名受过训练的飞行员,曾与安许茨合作研制陀螺罗盘,在离开后者的公司后,他尝试建立自己的新公司——陀螺仪制造公司(Kreiselbau Co.)来销售这一产品。诉讼涉及的发明是能够显示飞机在垂直和水平方向转向的陀螺罗盘。[47]

在1919年7月23日的意见书中,爱因斯坦开头便解释了具有两个自由度的陀螺仪的作用方式(图3.2)。[48]

将一个陀螺仪安装在内常平架R中,R在外常平架G中可以绕B-B轴转。当R受外力作用离开G平面时,弹簧F就会使R复位。将陀螺仪安装在飞机上,让G平面和机翼平行。当飞机高度上升或者下降时,R不会离开G平面,因为R的旋转轴A-A是平行移动①。但是当飞机左转或者右转时,R就会绕B-B转动而离开G

---

① 此处的表述容易误导读者。——译者注

第三章　专家意见

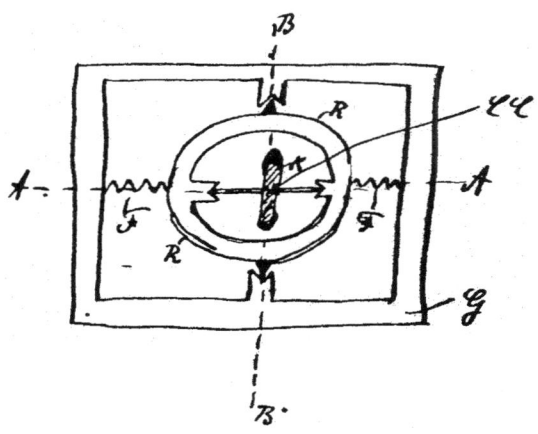

图3.2　陀螺罗盘
阿尔伯特·爱因斯坦,"关于安许茨公司诉陀螺仪制造公司一案的法庭专家意见书",1919年7月23日。承蒙耶路撒冷希伯来大学爱因斯坦档案馆惠允。

平面，并保持在新的位置，直到转向过程结束。爱因斯坦将这一装置称为"转向指示器"。

如何指示上升和下降呢？也许用一根简单的铅垂线就行。如果在P平面下悬挂一根线L并保持P水平（图3.3）。只要二者一致做匀速运动，L和P会保持成直角的结构。如果P加速，L会落后于P，二者不再成直角。P上升和下降时，也是如此。

这一简单的摆无法精确指示上升和下降，因为飞机可能同时加速和下降，两种影响相互抵消，L和P依旧能够保持直角。我们可以像爱因斯坦一样，将这一装置称为"铅垂指示器"。

现在回到陀螺罗盘，把R固定在G上，并将R放在一条高于R和K质心的线上。另外，去掉弹簧F。这样，就把陀螺罗盘和铅垂指示器结合起来，但是不能直接指示飞机是否正在转向。爱因斯坦称之为"陀螺摆"。

在这些准备性工作之后，爱因斯坦回答了法庭提出的五个问题。由于没有原始法庭文件，而且爱因斯坦的回复并不是按照问题的标号顺序，笔者只能对其进行概括性总结。

安许茨的专利包括一个陀螺摆和一个铅垂指示器。[49]一般情况下，需要比较这两个仪器的指示才能跟踪飞行路线。尽管这不是第一个指示方向改变的专利，[50]但就指示垂直变向而言，这是首次。

安许茨能够要求的优先权不是利用陀螺摆，而是将其和铅垂指示器结合起来，因为这样才能帮助控制飞行路线，该专利是具有创新意义的技术进步。

爱因斯坦接着指出，德雷克斯勒的专利与安许茨的专利在

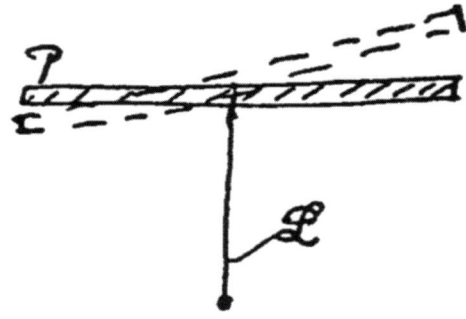

图 3.3 转向指示器

阿尔伯特·爱因斯坦,"关于安许茨公司诉陀螺仪制造公司一案的法庭专家意见书",1919 年 7 月 23 日。承蒙耶路撒冷希伯来大学爱因斯坦档案馆惠允。

原理上是一样的：它利用了两个具有水平轴（尽管是被布置成转向指示器）的陀螺仪和一个铅垂指示器。至于铅垂指示器，是像安许茨专利那样作为一个独立装置，抑或是像德雷克斯勒专利那样把转向指示器本身变成一个铅垂指示器，原理上并无不同。不过，二者之间确实存在一个技术上的区别：德雷克斯勒的装置可以直接指示左右转向，而不必利用两个仪器显示的差值。

爱因斯坦认为这份意见书会让律师觉得费解，所以附加了一份按他自己的话来说就是"形式更为自由"的说明，用到了集合论。

假定平面 P 的点代表了全部专利发明的所有可能的技术实现方式。某个特定发明的具体实现方式组成该平面的一个区域 G。如果一个发明者完全了解其发明的所有具体实现方式，也就是 G，他就应该被视为 G 的唯一所有者。但是，他对 G 的了解是有局限的；他的想法里可能有各种他并不了解的具体实现方式，而这些具体实现方式也许具有新颖的技术特征。这种情况被称为"相关发明"。至于这种发明是否具有某些法律权利，那是律师们的问题。

从这个意义上看，德雷克斯勒的专利是一个"相关发明"：它以安许茨的专利为基础，因为目标一样，并且使用了同样的陀螺仪。但是它也是一个真正的发明，因为仅仅使用一个指示器来代替两个指示器，所以得到的结果更安全精确。德雷克斯勒的专利涉及了安许茨的专利，但是并没有抄袭或者规避后者。

对于爱因斯坦的意见书，双方都不满意。按照安许茨的专利律师胡戈·利希特（Hugo Licht）的说法，该意见书"明显太弱";[51] 所以，爱因斯坦又被要求寻找新的证据来支持安许茨。

爱因斯坦给地区法院院长打电话，解释说自己在构思意见书时，还在瑞士，回到柏林之后，又发现了一些自己以前没有见到的文件。他希望能够在考虑这些文件之后再完成自己的意见书。[52] 他在1919年10月9日提交了一份补充意见书，只有一段内容因被利希特在致安许茨的信中引用而得以保存。[53] 在该段文字中，爱因斯坦声称安许茨专利首次提出利用具有两个自由度以及一个水平旋转轴的陀螺仪来掌握飞机的方向改变，而德雷克斯勒的转向指示器也是基于这个思路。

11月4日的听证会中，在德雷克斯勒的一再追问下，爱因斯坦承认，如果一名飞行员了解了于1910年发表的一篇关于转向指示器的论文，[54] 就不必要等到什么发明。这一说法削弱了安许茨1917年的专利在技术上的重要性和优先权。利希特用如下说辞来解释爱因斯坦的观点：一位著名科学家在判断何为一项发明时，所使用的标准比法官更严格。[55]

安许茨打赢了官司，但是德雷克斯勒提出上诉。爱因斯坦再次被提议作为专家作证，但是因为法庭希望再找一名"充分了解陀螺仪理论以及飞机在曲线飞行时的运行情况"的专家，[56] 安许茨又提议两名候选人：斯图加特高等技术学院（Technische Hochschule Stuttgart）的教授里夏德·格拉梅尔以及格丁根大学（University of Göttingen）的空气动力学教授、飞行理论的国际权威和先驱者路德维希·普朗特。普朗特坦言自己从未真正飞过，不够格作为实用专家，但还是忍不住补充说："当飞行知识肯定比我还弱的爱因斯坦教授以专家的身份出现时，那就真有意思了。"⁵⁷最终，法庭选择了第三人——位于柏林阿德勒斯霍夫（Adlershof）的德国航空试验研究中心（Deutsche Versuchsanstalt für Luftfahrt）的工程师汉斯·沃尔夫（Hans Wolff）作为飞行专家，与爱因斯坦搭档。在1922年1月7日的庭审程序中，法庭就沃尔夫的意见书征求了爱因斯坦的意见，后者于1月18日提交了自己的看法。⁵⁸沃尔夫的意见书内容，我们不得而知。

爱因斯坦实质上坚持自己早先的观点，即德雷克斯勒的发明落在安许茨专利的保护范围之内，哪怕一个1916年的英国专利——自己在写第一份意见书的时候还不知道——可能限制了这个保护范围。⁵⁹他详细阐述了安许茨专利新颖性的具体之处，在本案中也可以作为"结合陀螺摆和表观重力方向的指示装置的清晰设计"。

这个官司以庭外和解告终，陀螺仪制造公司撤回了上诉。⁶⁰

混合管

爱因斯坦1916年关于混合管的意见书，只有第一页留存下来。⁶¹这份意见书旨在回复一位原告就爱因斯坦之前的一份意见书所提出的异议，该原告认为爱因斯坦没有注意到摩擦对混合管中气流的影响。

为了表明自己不是外行，爱因斯坦告诉对方，自己遵循的是"技师们都接受的思考方式"。在研究管中气流时，他考虑了摩擦，但忽略了重力。在原告专利的特例中，管横截面的情况使得沿管的压力几乎是常数,这就简化了理论分析。该页最后给出了一个简单公式,描述由摩擦引起的、从入口断面到任一横截面的单位质量的速度损失:

$$\frac{w_1}{w} = \sqrt{1+\zeta} \, 。$$

式中,w_1 是管子入口处的流速,w 是任一横截面处的流速,ζ 是一个比例因子,满足

$$B = \zeta \frac{w^2}{2g} \, 。$$

式中,B 是摩擦损失,g 是重力加速度。

起飞便利的飞艇

大约在1917年底的时候,爱因斯坦担任了墨丘利飞机制造股份有限公司(Mercur Flugzeugbau GmbH)的"科学合作者"。[62] 该公司经理罗密欧·万克米勒(Romeo Wankmüller)此前曾担任航空股份公司(Luftverkehrsgesellschaft m. b. H.)的经理,爱因斯坦的猫背翼型当时正在该公司进行测试(见第四章)。看上去,爱因斯坦曾受邀评估该公司的新式"A 28型飞机",即直升式飞船,也就是一种使用压缩空气起飞的飞艇。爱因斯坦的意见书已不见,但从墨丘利公司的专利代理人阿尔弗雷德·策登(Alfred Zehden)对该意见书的回复,可以略见其端倪。[63]

策登不像爱因斯坦那样怀疑该机器的效率。爱因斯坦认为，压缩空气无论是像一个叫希尔德布兰德（Hildebrand）的人提出的那样从水平喷嘴出来，之后射向斜板，最后经一个倾斜管道排出，还是直接从倾斜喷嘴出来，都是一样的。

策登认为这二者之间存在差异，而且希尔德布兰德的想法更好。作用在被称为桨叶的板上的反作用力增大了升力。此外，（沿倾斜管道？）流动的空气，不断改变方向，进一步增强了升力。两种设计之间还有另一个重要区别：根据伯努利定理，被压向下翼面（？）的气流会从两个翼面之间吸走空气，每个桨叶都会在上翼面上产生真空，"就像飞机一样"。笔者没有找到这样特殊的飞船专利。

白炽灯用钨丝

1919年到1920年之交的某个时候，康拉德·桑尼希有限公司（Konrad Sannig & Co.）因为被欧司朗公司（Osram）起诉而寻求爱因斯坦的专业帮助。欧司朗是德国通用电力公司 [Allgemeine Elektrizitäts-Gesellschaft（AEG，相当于德国的通用电气）] 的一员，声称公司的DE269498号专利[64]遭到桑尼希公司的DE297015号专利[65]的侵犯。欧司朗是白炽灯的生产商，争议专利则描述了生产钨灯丝的方法。

爱因斯坦所提交的显然并不是什么为诉讼程序而撰写的专家意见，而是为桑尼希公司的律师准备诉讼程序的一个帮助，因为

他集中研讨的是德国通用电力公司专利的主权利要求的表述，并发现其有失准确。⁶⁶

他评论说，在该专利（于1910年10月6日）提交之前，生产钨丝的唯一已知工艺是在高温下将原始钨粉条机械处理（锤打）成线材。然而，最终产品的延展性不够，不适合冷抽丝。德国通用电力公司首次研发了一种工艺，能够做出没有该缺点的灯丝，此工艺为了将初始横截面减小到其最终值，需要更多的锤打次数。

然而，随着化学纯度更高、孔隙更少的钨的出现，这种额外的机械处理失去了意义，锤打的功能就只剩下用来得到想要的横截面。

依照这段简短的历史介绍，爱因斯坦批评了德国通用电力公司专利中的这一段话："反复锤打更长的时间，直到它们变得具有延展性并且可以在常温下拉伸。"他强调，这种说法并不能"足够有力"地排除反复锤打以外的其他方式得到所需的延展性的可能。在简短总结的最后，爱因斯坦再次改写了德国通用电力公司的主权利要求："在冷态下实现线材的柔韧性和延展性，因此在生产过程中，在**成型**所需之外，需要对这些线材做更多的机械处理。"①

桑尼希公司的律师阅读该文时不免有些困惑，并向爱因斯坦询问是否可以将其理解为，那种只为材料成型所进行的机械处理工艺，与包含额外处理的工艺不同。②如果是的话，那么他们的专利属于第一类，不可能侵犯属于第二类的德国通用电力公司的

---

① 见文件30，《爱因斯坦全集·第七卷：柏林时期（1918—1921）》。——译者注
② 本句译文参考注释4，文件30，《爱因斯坦全集·第七卷：柏林时期（1918—1921）》。——译者注

专利。[67]爱因斯坦给出了肯定的答复。[68]

接着两年后，德国通用电力公司的律师发现经爱因斯坦修正过的主专利的权利要求的表述含糊不清，并询问爱因斯坦是否认定，即使原材料完全没有延展性且只能通过机械处理获得延展性，通过冷加工获得延展性和柔性钨丝的工艺也不能获得专利。爱因斯坦不赞成这个解释，[69]不过他补充说，现在自己更喜欢另一种表述："生产用于白炽灯的室温延展性钨丝工艺，其特点是通过对原本室温下脆性的钨体进行机械处理而得到室温延展性。"[①]这样就可以把非机械处理获得延展性的方式排除在外。在爱因斯坦最初的表述以及与桑尼希公司的通信中，他认为桑尼希公司的陈述是正确的，也就是说在他们的生产工艺中，机械处理仅用于材料的成型，与延展性无关。

放大用三极管

1920年秋，德律风根（Telefunken）即德国无线电报公司的一位董事格奥尔格·阿尔科伯爵（Georg Count von Arco），请爱因斯坦在该公司的一个官司中担任专家。[70]阿尔科和爱因斯坦都是和平主义组织"新祖国联盟"的委员会成员，认识很久了。

据称被侵权专利的发明者亚历山大·迈斯纳（Alexander

---

① 见文件23,《爱因斯坦全集·第十三卷：柏林时期（1922年1月—1923年3月）》。——译者注

Meissner）是德律风根的工程师，[71] 而被控侵权的专利之前已授予路德维希·屈恩（Ludwig Kühn）和埃里希·F. 胡特有限公司（Erich F. Huth GmbH）。[72]

现存的爱因斯坦的意见书是一份相当粗略的手写草稿，撰写的时间是收到阿尔科的来信之后。[73]

关于迈斯纳的发明，爱因斯坦提出的第一个问题是屈恩的发明是否具有新颖性。他确定迈斯纳的发明虽然不是第一次使用"放电过程"的阀式构造，却是首次给出了使用"栅极真空管"（三极管）来接收和传输无线电波的实用方法。屈恩的专利没有使用专门装置来实现阳极电路与栅极电路的耦合；承担这一功能的是阳极和栅极之间的电容。尽管爱因斯坦承认，与迈斯纳目前和早期的专利相比，这一差异不无新意，[74] 但他认为新颖性不足——却没有说为什么。屈恩的专利中唯一称得上新特征的是该装置不仅用于接收，还用于发射无线电波。但是在上一个段落中，爱因斯坦认为迈斯纳的设计也具备这个能力。造成这一矛盾的原因可能是该手稿只是最终意见书的一个早期版本。最后，爱因斯坦补充说，这项专利不包含任何够得上发明的内容。

第二个问题是，与迈斯纳专利相比，屈恩专利是否具有实质性的新颖**技术优势**。屈恩声称其专利提供了预校准的功能，受天线缺陷的影响较小、谐波较弱（当时，这些外部影响是远距离电报通信和无线电传输的主要障碍），但这些特征与特定的某种耦合无关。所有松散耦合振荡电路都有这些特征。

爱因斯坦的结论是，屈恩的专利并不包含新的技术发展。

空气和水中的声音方向测量

1921年底,爱因斯坦为一个诉讼案[75]撰写了意见书,该案原告信号公司(Signal Co.)发明了一种确定水中声源方向的装置。[76]该发明提出,沿船体以较远的间隔布置麦克风,通过信号到达麦克风的时间差来指示信号源(例如,水下钟)的方向(图3.4)。

爱因斯坦首先描述了自己认为的原告发明的新颖之处。他将其与一项德国、一项英国和一项美国专利进行了比较,这些专利可能是法院建议用来做比较的。德国专利使用了不同的方法,不是基于时间差,[77]所以与此并不相关。英美专利[78]的声音检测设备是人耳,相对于这种主观方法,原告的专利使用客观方法来检测和测量时间差(即用仪器测量信号到达的时间差),并且是首次提出这种方法。虽然设备更复杂,但是麦克风之间更大的距离提高了精度。然而,这些想法都算不上原创。

然后,他转向被告阿特拉斯公司(Atlas Works)的专利,但没有提到该专利的编号。从该控辩双方的另一个诉讼案的第二份专家意见来看,它极有可能是DE301669号专利。[79]该专利内容为:将一根水平杆放置在一个支架上,杆上有两个麦克风,彼此相距约2码[①],各连接一根管子,管子的另一端则接入观察者的耳朵。将麦克风与支架一起转动,直到观察者听到来自垂直于支架中心方向的声音,这就是要寻找的方向(消零法)。该专利的

---

① 2码约为1.829米。

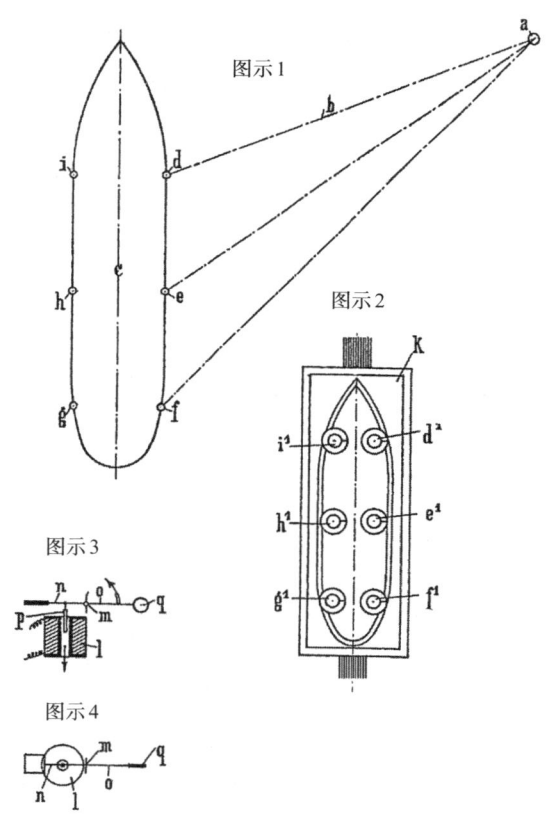

图3.4 声音方向探测(DE256747号专利)

发明者埃里希·M. 霍恩博斯特尔（Erich M. Hornbostel）和马克斯·韦特海默（Max Wertheimer）曾在柏林大学心理研究所工作。韦特海默是爱因斯坦一家的熟人。[80]

该专利也使用了麦克风，但用的是人耳而不是设备来测量时间差。它与英国发明的不同之处在于前者使用了消零法，提高了精度。与原告的专利比较，这个专利中的麦克风在安装时不需要彼此间隔"更大的距离"，根据爱因斯坦计算，所谓"更大的距离"至少要50米（57码）才能检测到0.01秒的时间差。被告方的专利只需要0.9～1.8米（3～6英尺）的距离。总而言之，这两项发明的共同点在之前就已为人所知。此外，原告在其增补专利中为主专利添加了用于客观显示时间差的装置，然而被告的发明中却没有这一装置。主观方法更可取，因为人耳的敏感度是当时设备的10到100倍。

爱因斯坦的结论是，"被告的装置没有使用原告专利揭示的思想和辅助方法，而且其新颖性也并未被英国专利15102号（和美国专利US224199号）占先"。①

12月3日，爱因斯坦又为双方撰写了另一份意见书。然而，根据爱因斯坦之前的意见书，第一个案子是"信号公司诉阿特拉斯公司"，而在第二份意见书的标题中，这个案子是"阿特拉斯公司诉信号公司"。前一案中被告的DE301669号专利现在是原告的专利，因此我们可以假设第二个案子是反诉。[81]

爱因斯坦的任务是评估原告专利的新颖性。[82]他通过回答法

---

① 见文件66，《爱因斯坦全集·第七卷：柏林时期（1918—1921）》。——译者注

第三章 专家意见

院提出的问题来完成任务。

爱因斯坦在开篇写道,被告提到了若干项专利,认为它们早于原告的专利,[83]然而,前者与后者并不相干。一项美国和一项法国专利[84]确实像原告的专利一样使用人耳来寻找声音方向,但原告专利的新颖之处在于可以改变从麦克风到观察者耳朵的管道长度。无须转动或调整麦克风,即可听到来自中央方向的声音(很难对安装在船体上或彼此相距很远的麦克风进行转动和调整)。这是"具有发明意义的新颖性"。爱因斯坦总结说,被告没有利用原告专利中使用的手段。

从飞艇上勘探矿石和水

维也纳发明家海因里希·勒维(Heinrich Löwy)长期以来一直对从空中勘探矿产资源感兴趣。人们早先已经知道可以通过电动力学方法搜索诸如水和矿石之类的导电材料。勘探者在地面上拖一根天线,在其中感应出高频电磁波,并绘制出地面各处电容随土壤深层材料种类差异发生变化的地图。勒维的创新是通过飞艇而不是用手来拖曳天线,从而将这种方法的适用性扩展到沙漠等大片不毛之地,或者在距地面150～300英尺(当时飞机通常的飞行高度)的空中飞行时勘探被森林覆盖着的地形。他发表了关于这种探索方法的论文和一本书,[85]并还在德国及其殖民地进行了试飞。

该方法有望获得巨大成功和众多好处,尤其是第一次世界大战之后，当时正在把军用飞船变成商业运输工具。勒维与亚琛大学（University of Aachen）教授特奥多尔·冯·卡门（Theodor von Kármán）及柏林大学教授里夏德·冯·米泽斯（Richard von Mises）合作成立了一个辛迪加①，自己担任经理。

1921年夏季，勒维预测像伦敦—印度，或纽约—旧金山之间的长途商业飞艇航班将迅速发展，并认为自己的方法可以使飞过美国和中东的巨大干旱地区上空的商业航班变得经济合算。他提议为该辛迪加筹集资金，并寻求德国著名飞艇建造公司——策佩林公司（Zeppelin Works）的参与。他发起了一场"宣传运动"，并就他的方法向四位专家征求意见：身为物理学家的爱因斯坦，身为飞行专家的里夏德·冯·米泽斯，身为地质学家的特奥多尔·利比施（Theodor Liebisch）（他们都是柏林大学的教授），以及身为电工专家的柏林帝国电报技术部（Telegraphentechnische Reichsamt）部长K. W. 瓦格纳（K. W. Wagner）。他们都提出了热情洋溢的意见。[86]

勒维宣布，他已在德国申请了一项新专利，[87] "这是出于爱因斯坦和冯·米泽斯的建议，在我看来，这可能是这项工作的最终解决方案"。[88]

在自己的简短意见中，[89]爱因斯坦建议对勒维的提议进行技术测试，但仅此而已。在一封通知爱因斯坦已转账5 000马克给他作为服务酬劳的信中，我们可以找到更多的细节[90]。"您提议将

---

① 辛迪加是资本主义垄断组织形式之一。参加辛迪加的企业在生产上和法律上仍保持自己的独立性，但销售商品和采购原料由辛迪加总办事处统一办理。——译者注

天线完全升离地面并用更灵敏的测量方法来抵消高度的增加，这对我们来说具有重要的实际意义。"这封信评论道。米泽斯的意见书提出了同样的建议，勒维将其归功于米泽斯。[91]

我们没有足够的文献来确定这个想法实际上是由谁提出的。现有的资料之所以留存至今，只是因为勒维将副本寄给了他的顾问兼朋友特奥多尔·冯·卡门，并作为卡门的财产被保存下来。

铆钉机和打桩机

从1921年起，爱因斯坦担任鲁道夫·戈尔德施密特（Rudolf Goldschmidt）的发明顾问，每年的报酬为18 000马克，[92]这相当于当时他在普鲁士科学院年薪的一半。戈尔德施密特是位于柏林的贝格曼电气公司（Bergmann-Elektrizitäts-Werke）的研究实验室或者称作车间的负责人。[93]这座实验室或车间是该公司的一部分还是为戈尔德施密特私人所有，我们不得而知。戈尔德施密特最著名的成就是于1914年6月19日，即第一次世界大战爆发前一个月在柏林启用了高频无线电报，当时德国皇帝威廉二世（Kaiser Wilhelm Ⅱ）与美国总统伍德罗·威尔逊（Woodrow Wilson）通过该设施进行了交流。

我们只能猜测爱因斯坦的咨询内容。在这封信之前，戈尔德施密特已经向德国专利局提交了四项发明，都是关于将旋转运动转化为往复运动，目的是制造电动手锤。实际上，它们是在1920年11月10日至1921年2月7日期间由丹麦夏洛滕隆

（Charlottenlund）的技术实验公司（Det Tekniske Forsøgsaktieselkab）提交的，并被授予德国专利。[94]（这些专利没有提到戈尔德施密特的名字，但是一项于1921年1月10日提交、后被授予专利号US1386329的美国专利，[95]与这些专利非常接近，其中指定戈尔德施密特为发明者，并称其将发明转让给这家丹麦公司。）

1922年1月，戈尔德施密特请求爱因斯坦再帮他一个忙：在专利案件中，向他提供专家意见方面的协助。[96]我们从爱因斯坦的答复中了解到，他要回答的问题是：在戈尔德施密特发送给他的14项美国专利中，有无哪项降低了戈尔德施密特自己拥有的美国专利（US1386329）的重要性。[97]

戈尔德施密特的专利涉及"一种将旋转运动转换为往复运动的机构"，但该发明内容不止于此，还包括该机构在往复运动方向上的一个自发运动。例如，专利说明中提到了手动工具（如錾子、铆钉机）、锻锤和打桩机。

在爱因斯坦浏览的14项专利中，他发现了混凝土夯实机、按摩装置、汽车喇叭和振动机构。他的总结陈述指出，尽管它们都是将旋转运动转化为往复运动，但都没有把平移运动的方式包括在内，也没有限制戈尔德施密特专利的重要性。[98]

高压气体的制备

1922年1月初，保罗·豪斯迈斯特（Paul Hausmeister）就自己的发明征求爱因斯坦的意见。[99]豪斯迈斯特在密闭容器中进行水的电解。产生的氢气和氧气的压力几乎比大气压高2 000倍。他发现电解所需的电功并不取决于产生的气体压力。他的结论是,没有必要先让气体膨胀减压至大气压,然后再将其压缩充入钢瓶中。

爱因斯坦对这项发明印象深刻,甚至主动为专利的权利要求书构想了如下表述:"一种在高压下生产气体的方法,其特点是,在高气压下电解液体,以省去用来压缩电解气体产物的系统。①"[100]

豪斯迈斯特于1923年底申请了在高压下生产气体的专利。[101]然而,在与爱因斯坦讨论中,他只是粗略地提及了这个现象。在他们后来的通信中,再没有提到专利。

"电声钢琴"

这个故事可以追溯到1912年,当时,柏林市民里夏德·艾森曼(Richard Eisenmann)向英国专利局,一年后又向奥地利专利局提交了一项关于使用电流旋转中断器产生音乐音调的发明。[102]

其基本思想是不通过击打、弓的拖拽,或弹奏来令弦振动,而是用电磁铁在弦的特征频率或其倍数上拉动和释放它们。旋转盘的导电和绝缘部分用作中断器,覆盖1个八度音程所需的12个圆盘由1个共同的圆柱体驱动,或者像图3.5中那样使用1个圆锥体驱动。如果我们沿着圆盘的轴移动该圆盘,则可以精确设置其旋转速度以及中断频率。

---

① 见文件38,《爱因斯坦全集·第十三卷:柏林时期(1922年1月—1923年3月)》。——译者注

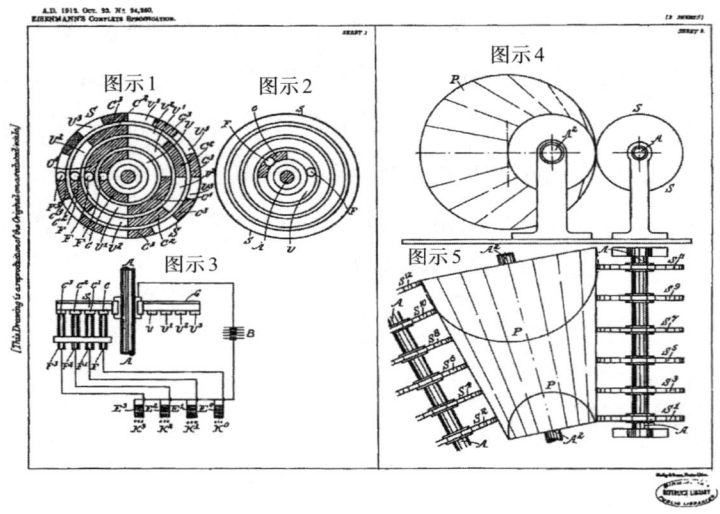

图3.5　艾森曼的电声钢琴（GB24260号专利A.D.1912）

图示1和图示2：带有导电条和绝缘条的圆盘。图示3：圆盘的俯视图，A为其旋转轴。F是闭合和断开电路的触点，该电路由电源B和驱动钢琴琴弦K的电磁体E组成。图示4和图示5：圆锥体P和旋转圆盘S。

艾森曼的目标是"做出一个装置，能让钢琴的音调按要求持续增强鸣响"①。[103]

1914年，艾森曼提出另一项发明。他在专利说明中写道："本发明中的制动器与电机轴相连，并通过合适的发条装置受电磁控制，这一设计目的是让控制器的可移动元件的旋转次数与电机的旋转次数相同。当电机开始运行太快时，制动作用自动增强，而当其速度太低时，制动作用则自动减弱。"[104]

到目前为止，还没爱因斯坦什么事情。不过到了1922年7月，艾森曼邀请爱因斯坦来测试钢琴。邀请函下落不明，但艾森曼曾对爱因斯坦7月18日的来访表示感谢。不仅如此，他还提醒爱因斯坦，说对方曾经答应自己会给个"声明和意见"。为方便爱因斯坦完成任务，他还添加了该设备的技术说明。[105]现在我们了解到，利用第二项专利即"发条装置"，也就是一个钟摆，可以使驱动圆盘的电机的旋转保持匀速。如果电机旋转锥体，并通过锥体不规则地旋转中断器圆盘，弦的振动将不再恒定，音调会变得尖锐。艾森曼写道，这架特殊的钢琴"正如弗朗茨·冯·李斯特（Franz von Liszt）所期望的那样，为钢琴冰冷的声音增添乐队管风琴般且带有金属音色的那种华丽和音量"。笔者相信他想到的是钢琴演奏家李斯特·弗朗茨（Liszt Franz）②，而不是其表弟，柏林大学法学教授弗朗茨·冯·李斯特（Franz von Liszt）。

我们还了解到邀请爱因斯坦的目的可能是："现在这项工作已经

---

① 见文件297，《爱因斯坦全集·第十三卷：柏林时期（1922年1月—1923年3月）》。——译者注

② 匈牙利著名作曲家、音乐评论家、钢琴演奏家。——译者注

到了可以让拥有资本和精力的人在产业规模上对其开发利用的阶段。"艾森曼似乎希望爱因斯坦的名字能有助于找到这样一位投资者。

爱因斯坦信守诺言，给出了三点"声明和意见"：设备的音色品质可以增加音乐的表现力；技术细节简单，任何娴熟的专业人员都可以构建它；对电机匀速运行的控制是独一无二的。爱因斯坦将上述第三个特征称为"您的主要成就"，他认为这种方法可用于许多精密测量领域。[106]

笔者不知道这种控制方法是否已用于精密测量，但爱因斯坦关于这种新型乐器将增加音乐表现力的观点经受住了时间的考验。艾森曼被视为先驱，所谓的电磁钢琴已经为我们这个时代的作曲家们所采用，正如他们其中的一位——斯坦福大学（Standford University）的佩尔·布洛兰（Per Bloland）在一篇论文中不仅详细介绍了这种乐器的最新形式，也分析了它所带来的创作上的可能性。[107]

航拍立体摄影

"首先回想一下我们在卢伊特波尔德文法中学（Luitpold Gymnasium）度过的时光。那时，您住在位于伦格尔路（Rengerweg）的阿尔罕布拉剧院（Alhambra Theater）[①]内，我住在林德武姆街（Lindwurmstrasse）的拐角处。在那里，就在您父亲

[①] 爱因斯坦一家住在伦格尔路的14号的第一层，这条街后来改名为"Adlzreiterstraße"。"Alhambra"是一家剧院的名字，其地址刚好是 Adlzreiterstraße14 号。参见 https://stadtarchiv.muenchen.de/scopeQuery/detail.aspx?ID=478826。——译者注

的工厂前,我第一次看见了弧光灯。"这是马克斯·加塞尔(Max Gasser)于1948年在慕尼黑写的一封信的开头。[108]他请爱因斯坦回想1922年的一个专利案,当时爱因斯坦曾对加塞尔的发明——一种利用航拍照片制作立体地图的方法和装置——给予肯定意见。加塞尔抱怨蔡司公司(Zeiss)等德国大型光学公司以及军方测地部门给他设置障碍。他甚至联系了美国地质调查局、美国陆军工程兵部队以及其他组织,它们都对这项发明表示赞赏。"在美国的技术文献中,我的航空立体测图仪(Aeromultiplex)被张冠李戴,成了蔡司公司旗下的产品。所以那些测量公司既没有听说过这项发明,也没有听说过您的先见之明。"

实际上,爱因斯坦是在1923年而非1922年,受邀担任柏林国际航空测地公司(Internationale Aerogeodätische Gesellschaft, Inag)诉德累斯顿(Dresden)奥普蒂孔公司(Optikon GmbH)一案的专家,后者由电影投影仪和电影的先驱发明家以及制作者奥斯卡·梅斯特尔(Oskar Messter)创立。受邀专家应该分别在柏林和德累斯顿检查有争议的仪器。[109]然而,爱因斯坦没有检查仪器,就于1923年4月4日给出了自己的意见。[110]因为他称加塞尔的专利为"原告",所以代表加塞尔的很有可能是国际航空测地公司。如果再考虑,加塞尔在给爱因斯坦的信中提到他创立了一家公司,以规避大公司给他设置的障碍,我们可以视国际航空测地公司为他所有。任何地方都没有提到侵犯加塞尔专利的奥普蒂孔专利是哪一个;它可能是梅斯特尔关于航空测地步骤和设备的各个专利中的任何一个。[111]

在细节上,爱因斯坦向律师保证,应后者在法律方面的需要而对发明做出评估,并不像从技术细节上看起来的那么复杂。

在爱因斯坦看来,加塞尔发明的新颖之处在于结合了众所周知的方法:[112]这些方法包括,当地形图的三个点的实际位置已知时,如何确定照相机的位置和方向,以及当将两张照片放在与拍摄时相同的相对位置时,通过中心投影来重建物体形状的方法和设备。

此外,利用自己的增补专利,[113]加塞尔在世界上首次制造出实施该程序的装置,并使得一个人同时就能看到相应各点的照片。

爱因斯坦的结论是:加塞尔的发明是一项先驱性专利,毫无疑问,被告的装置属于加塞尔专利的保护范围之内。

给出这份意见书之后,爱因斯坦便没有再参与诉讼。

低电导率磁芯

1928年,西门子-哈尔斯克股份公司(Siemens & Halske AG)请求爱因斯坦为与前者关系密切的德国电缆公司(Deutsche Kabelwerke)撰写一份专家意见。[114]德国电缆公司起诉标准电话与电缆公司(Standard Telephones & Cables, Ltd.)侵犯其专利。爱因斯坦在意见书中一再坚持DE341678号专利[115]的优先权,表明这应该就是德国电缆公司拥有的专利,而标准电话与电缆公司的DE390178号专利应该是据称侵权的那一个。[116]

爱因斯坦首先简要回顾了之前的类似发明。第一个关于制造能够抑制感应电流的磁芯的专利是在1884年被授予的。[117]它提出,将切细的磁性金属碎片或磁性金属粉末与树脂或紫胶混合,并在高温下压缩混合物。可以向其中添加纤维或头发以增加黏聚力。

使用硬化黏合剂生产的磁芯可能具有较低的电导率和令人满意的机械阻力,但无法具有薄铁芯的磁导率,因为即使忽略隔离黏合剂层,两个粉末颗粒的接触表面也非常之小。

诉讼中的专利提供了避免这一缺陷的方法。DE341678号专利提出,对颗粒施加超出其弹性极限的压力;DE390178号专利提出了相同的权利要求,但采用不同的方法来生产颗粒之间的隔离层。高压使颗粒接触点变平并降低其磁传输阻力。此外,粒子不是用黏合剂,而是用10 000到15 000个大气压的压力结合在一起。该方法是专利DE341678首先提出的。

之前已经有人设法采用高压方式制造磁芯,但没有具体说明压力大小。[118]

回顾发现,通过加压同时实现压平和结合效应是有道理的,因为超出弹性极限意味着微晶的重新定位,这是晶体凝聚的前提条件。在DE341678号专利的申请中,首次提到压力导致的这一双重效应的存在。

爱因斯坦还批评了另外两位专家的意见。他们没有提到压平作用对获得令人满意的磁导率的重要性,也没有强调必须用到以前在电气工业中少见的压力。

观察白昼近日现象的望远镜

1928年3月13日,伊万·N. 克切占(Ivan N. Kechedzhan)

在苏联专利局注册了一项专利申请，内容是观测近日现象的望远镜。[119] 在专利文件中，发明者使用了自己的俄文名字克切杰夫（Kechedzhiev）。他的目的是提出一种方式来检验广义相对论的一个结论：引力对光的偏折。

该结论早在1919年就得到了证实。英国的天文远征队观察到，太阳会使其圆形轮廓附近的恒星发出的光线发生偏折，但他们必须要抓住日全食的机会来观察，因为那时太阳亮光会被月球遮蔽。克切占提出了一种可以在晴天进行相同观察活动的望远镜（用于观察近日区域的设备后来被称为日冕仪）的设计方案。他建议使用一个正方形截面的金属框架，长35米（115英尺），内部涂成黑色。它的上端安装一个与月球目视大小相当的金属圆盘，圆盘可以在杆子上移动以遮挡太阳。一个带有小望远镜的暗室则固定在框架的下端。

1929年秋，克切占向苏联国家对外文化交流协会（All-Union Society for Cultural Relations with Foreign Countries）提议，请爱因斯坦提供专家意见。该协会于1930年2月19日将请求和专利说明转发给爱因斯坦。[在请求中，克切占被称为卡切德扬（Katschedjan）。] [120]

爱因斯坦一周后给予回复。[121] 他写道，用以排除散射太阳光的光学干扰的长框架已经众所周知，但是用于遮蔽太阳圆形轮廓并阻挡其直射强光的圆盘是无用的。为了使其更加有效，它必须安装在离望远镜物镜非常远的地方，即在其焦平面上。这也是为相关的专家所熟知的。总而言之，克切占的想法毫无价值。

化妆镜

这一次是爱因斯坦的一个表兄弟瓦尔特·科赫塔勒（Walter Kocherthaler）在1934年找到爱因斯坦，询问自己的专利是否受到侵权。[122]他确信这项任务对爱因斯坦来说如同儿戏，因为他记得自己和爱因斯坦在位于柏林达勒姆的家中度过的宁静时光，后者着迷于阳光透过客房的窗帘所产生的效果，试图用数学公式来表达之，涂抹"一长串象形文字在卫生纸上"。

科赫塔勒、其商业合伙人彼得·施伦博姆（Peter Schlumbohm）以及法国的圣戈班（Saint Gobain）玻璃制造厂成功制造出一种特殊的玻璃。这种玻璃制成的镜子是为想要检查自己妆容的女士准备的。如果她们照它金色的一面，就会看到自己仿佛被人造光照亮了；如果使用另一面，也就是蓝色的一面，她们看起来就像在白天的阳光下一样。该镜子的品牌名称是"检妆镜"（Pre-Vue Mirror）。

该发明已在美国获得专利，现在科赫塔勒正要商业化批量生产这种镜子并将其出售给大型化妆品公司。然而，不久之前，另一家公司携低质量的仿制品进入市场。科赫塔勒打算对这家公司提起诉讼，并向国家商业改进局（National Better Business Bureau）投诉低质量产品。他想用科学的解释来加强自己的论据，所以找到爱因斯坦。他随信附上了专利的副本和两面镜子。现在这些原始资料都已不存在。

爱因斯坦在回复中[123]只提到了一项编号为US1951214的专利。[124]他首先说自己是作为专利专家而不是物理学家来看待这个案子的。如果在申请时，化妆镜被认为是一种新奇事物，由于其大量吸收短波光，能够并且目的是让人在白天看起来就像在人造光下一样，那么任何具有同样功能并用于相同目的的镜子都属于专利的保护范围。此外，如果另一项发明也使用有色玻璃，那肯定就是侵犯了"检妆镜"的专利。最后，如果能够产生相反效果的双面镜也可以达到相同目的并被投入市场，而且在申请"检妆镜"专利时，这种双镜尚未为人所知，那就是更严重的专利侵权行为。

科赫塔勒对这一意见并不是很满意。[125] 他礼貌地自责说，自己的要求"表述得不太对头"，并解释道，自己的问题是，镜子中映出的日光中的影像看起来好像是在灯光下，反之亦然，这一叙述是完全正确还是大致正确。他还想知道差别是不是够小，可以认为这块玻璃"在未来的实际应用中最接近数学理想情况"。

爱因斯坦的答复无从得知。

平衡圆锥轴承滚子

1944年8月7日，爱因斯坦收到（美国）俄亥俄州芒特伊顿（Mount Eaton, Ohio）的美国发明家奥托·亨塞尔曼（Otto Henselman）的一封信，后者请求他解释为什么平衡圆锥滚子在高速下升温的速度与幅度都不及非平衡圆锥滚子。[126] 为了说明白平衡滚子为何物，他随信附上了自己的专利说明（图3.6）。[127]

滚子围绕圆锥滚动时，其较宽的一端滚过的圆比窄端滚过的

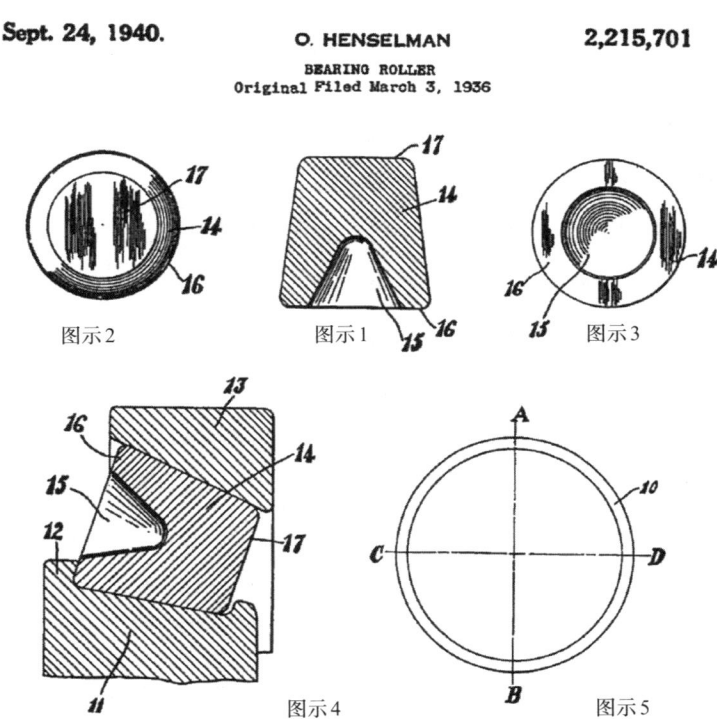

图3.6 亨塞尔曼设计的滚子（US2215701号专利）

圆更大，因此更重、较宽的一端比窄端承受更大的离心力。为消除这种差异，亨塞尔曼建议在其中构建一个空腔，该空腔大到足以使两端的离心力相等。他声称，这将使滚子更加高效和耐用。

笔者想补充亨塞尔曼给爱因斯坦发送这份专利说明的另一个原因：他想用自己的科学"知识"给爱因斯坦留下深刻印象。他在图示5中显示了"……滚子运行时所在的受离心力区域"。它们不过是当轴承承受来自上方的压力（例如，在车辆的轮子中）时，滚子承受最高压力的点（A和B）和无压力的点（C和D）。"发现这四点……作为相对于时间和空间的事件点，以及引力定律，我们倾向于相信上述这些是'真实'的。"笔者不知道这一堆术语是什么意思。专利描述还包括了其他一些零零碎碎、晦涩难懂的表述，需要下一番功夫才能将其翻译成让人明白的技术术语。

亨塞尔曼似乎不是一位训练有素的工程师或物理学家。他的手写信件中出现的拼写错误（"set fourth""inclosed""in deed"，以及首字母总是大写的"Copie"）① 表明他可能是第一代德国移民。但是这种猜测又和他一直把爱因斯坦误称为"Enstein"（恩斯坦）相矛盾。

无论如何，爱因斯坦在几周后回复了亨塞尔曼的来信。[128] 他认为，滚子耐久性的改善是由于空腔引起的更大形变：滚子和轴承之间接触面的增大使得接触点的压力减小。他甚至提出用孔替

---

① "set fourth" 的正确拼写为 "set forth"；"inclosed" 作为 "enclosed" 的另一种拼写形式，现在已不常用；"in deed" 的正确拼写为 "indeed"；"Copie" 既非英文单词，也非德文单词，英文的正确拼写为 "copy"，德文的正确拼写为 "Kopie"。——译者注

换空腔，以将这种形变扩展到整个滚子。"这种解释只是猜测，"爱因斯坦补充说，并为未能及时回信而道歉："我有太多的信要回复。"毫无疑问，他说的是事实，因为在匆忙中，爱因斯坦忘了回答亨塞尔曼提的唯一问题：为什么平衡和不平衡的滚子升温情况不同。

第四章

欧洲的发明

"小机器"

1908年4月,爱因斯坦发表了一篇关于用静电方法测量微小电量的短论文。[1]这一论文的灵感来源于下文中的种种思考。

爱因斯坦在1905年至1908年之间发表的关于布朗运动论文中[2]指出,流体的热力学特性可以用于解释观察到的悬浮在液体中的极小颗粒的运动[在罗伯特·布朗(Robert Brown)的观察发现中,这种极小颗粒是花粉]。流体肯定是由因处于热运动中而与颗粒发生碰撞的分子组成。这是支持分子或原子存在的一个有力证据,当时即使像威廉·奥斯特瓦尔德(Wilhelm Ostwald)或恩斯特·马赫(Ernst Mach)这样的杰出物理学家也不赞同分子理论。

1906年底,爱因斯坦想到由于构成电容器的分子的热骚动,电容器中肯定会存在电压涨落。[3]这些涨落类似于流体中的起伏,会引发随机电荷产生。如果是这样,那么他就为电的原子构成说找到一个论据。1907年,他已经有了如何构建一个用于测量这种非常小的电势差的设备的想法,并告诉了自己的朋友康拉德·哈比希特(Conrad Habicht)与保罗·哈比希特(Paul Habicht)。[4]一个月后,他很高兴得知哈比希特兄弟已经建造了这样的设备。[5]9月,爱因斯坦"非常想知道"哈比希特兄弟的进展。[6]他想过要不要让这个发明申请专利,但是因"制造商缺乏兴趣"而放弃了。[7]然而,他向《物理学期刊》提交了一份手稿。[8]保罗·哈比希特很高兴爱因斯坦"对优先权有了安排"。[9]哈比希特在长篇来信中对自己在开发"小机器"方面的工作只字不提,却用大部分篇幅来描述自己的新发明，即一种看起来像直升机，带有两个旋转方向相反的水平螺旋桨的飞行机器。爱因斯坦意识到哈比希特已经失去了热情，所以便联系阿道夫·加塞尔（Adolf Gasser）从当地的**技术学校**（Technikum）招募机械师继续"小机器"的研制工作。[10] 他们的现存通信包括一封来自加塞尔的信；至于其他的信，就算有过，按照小道消息，最后的下场就是被挂在爱因斯坦家门柱的钉子上，等钉子被挂满后，这些信就被扔进垃圾桶。

论文提出了如何测量小电荷的问题。[11] 当时的象限静电计使指针偏离的能量来自被测系统。爱因斯坦声称，这就是为什么其灵敏度不能提高到0.000 001伏以上的原因。他建议使用感应起电机形式的辅助能源来为指针移动提供能量。

图4.1是仪器的俯视示意图。两片金属板B从固定导体A_1和A_1'旁经过。这些小板可以安装在轮子上（就像通常的感应起电机一样）。弹簧K_1和K_1'在轮子的每个转动周期中都会接触固定触点b。K_1接地。

假定A_1保持正电势P_1。当B板的触点b接触K_1，A_1上的电荷在b处感应出一个负电荷$-e$。

该负电荷被B搬运到A_1'的对面，由K_1'带走该电荷并将其转移到A_1'。这一电荷转移过程不断继续，直到出现稳定状态，其负电势P_1'与P_1成正比，但又独立于P_1。如果把各个A替换为从B的两面带走电荷的集电器，上面的比例因子a就可能大于1，例如可以是10。如果再串级n个同样的感应起电机，最终的电势就会是$P_n'=a^n P$。通过增加串级单元的数量，可以提高灵敏度，唯一的

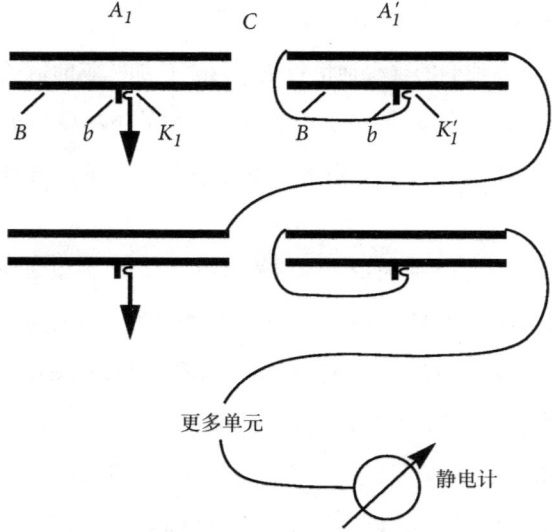

图 4.1 电势倍增计

限制是外部误差源。静电计运作所需的能量不再是被测系统的电能，而是外部机械能。在论文的最后，他呼吁物理学家建造这样一个设备，并为感兴趣的人提供了更多细节。

结果第一个也是最后一个响应者是弗里堡大学教授约瑟夫·科瓦尔斯基，之前在莫希齐茨基专利的章节已经提到过他。他打算制造这台机器。[12] 显然爱因斯坦提供了进一步的信息，因为保罗·哈比希特在后来的一封信中提到，科瓦尔斯基在触点和隔离方面遇到了困难。[13] 以哈比希特的个性，他肯定通过爱因斯坦向科瓦尔斯基提供了交流电流计的发明。

4月4日，哈比希特热情地描述了他关于电话音量放大器这一老问题的新想法。作为给予爱因斯坦的慈悲一击①，他评论道："很遗憾，没有人愿意去做您的'**小机器**'。但也许你太着急了[；] 最后应该不用担心。②"[14]

应爱因斯坦的要求（相关记录已佚失），哈比希特在"**小机器**"的草图中画了三个触点，但忍不住又添加了两个想法：发电机的断路器和由木板制成的"轮胎"，后者旨在用于汽车甚至铁路。[15]

根据科瓦尔斯基在弗里堡的同事阿尔贝特·戈克尔的日记，爱因斯坦曾于1908年6月28日在戈克尔的实验室工作，[16] 或许是为了帮助科瓦尔斯基建造他的"**小机器**"。

但爱因斯坦也开始在自己位于伯尔尼的家中工作。依靠一

---

① 原文为"coup de grace"，意为给予处于痛苦之中的人或动物致命一击，以解除其痛苦。——译者注
② 见文件95，《爱因斯坦全集·第五卷：瑞士时期（1902—1914）》。——译者注

名出色的机械师,他建造了第二台"**小机器**"和一个静电计,用来做电势低于0.1伏的测试。"如果您看到我自己拼凑起来的这个漂亮的东西,会禁不住笑起来的。"[①]他腼腆地对雅各布·劳布(Jakob Laub)写道。[17]到了12月,该设备可以测量低于0.001伏的电势。[18]如果能将灵敏度提高到0.000 01伏,"那么就没什么能阻碍对能达到分子理论所要求的静电学的有效极限进行实验测试了"[②]。他感到很满意:在这么短的时间内,没有实验室,用自己的钱做实验,很了不起[③]。

爱因斯坦很高兴从机械师那里拿回了**小机器**。"我现在急于做实验;对研究这种方法的适用范围所需的一切,我都准备就绪了。[④]"他与专利局的一位同事检查了触点和检波器。[19]

爱因斯坦还与戈克尔保持着联系。1909年3月25日左右,前者计划前往弗里堡拜访后者。在伯尔尼进行的实验表明,主要问题出在保罗·哈比希特发明的汞触点上,爱因斯坦打算在弗里堡进行测试。[20]4月中旬,他借来一个验电器进行初步测量,并向康拉德·哈比希特宣布,倍增已经超过200 000倍。[21]

到了同年秋天,该设备的开发由哈比希特兄弟接管。9月,爱因斯坦只是无奈地向他们询问了一下设备的问题("讨厌的麻烦出现在哪儿了呢?")[⑤],[22]但在11月,他邀请两兄弟到自己家过圣

---

① 见文件125,《爱因斯坦全集·第五卷:瑞士时期(1902—1914)》。——译者注
② 见文件130,出处同上。——译者注
③ 同上。——译者注
④ 见文件143,出处同上。——译者注
⑤ 见文件177,出处同上。——译者注

诞节，以便一起工作。[23]爱因斯坦在1910年3月再次尝试与他们会面，[24]讨论的不仅有设备本身，还有哈比希特兄弟关于该设备的论文。

哈比希特兄弟开发了"小机器"，并为其补充了辅助设备。1911年12月15日，保罗·哈比希特向柏林的德国物理学会展示了这个小型设备，[25]按照爱因斯坦的说法，这是实现了"小机器"的突破。[26]爱因斯坦认为它很快就会取代当时敏感的象限和灯丝静电计，对其成功感到满意（他写信给米凯勒·贝索说，"人们都屏住呼吸"），[27]保罗·哈比希特则因其竞争对手失败而高兴。[28]哈比希特于1912年3月9日在伯尔尼向瑞士物理学会做了第二次演示。[29]

尽管该设备得到了进一步改进，但还是出现了静电设备常见的干扰效应：大气和接触电，以及摩擦感应电。1927年，哈比希特成立了一家生产和销售静电计的公司，但在20世纪30年代之前只销售出几台。也许这个想法不够新颖：满足爱因斯坦的灵敏度要求的静电计其实在1906年就有了，开发一种仅仅是现有机器变体的设备表明爱因斯坦对当时的静电计一无所知。他掌握的静电计信息显然来自于他于1897—1898年冬季学期在瑞士联邦理工学校上的课程。[30]

求积仪

1914年2月28日，爱因斯坦在巴塞尔（Basel）向瑞士物理学会发表演讲，内容是关于不规则的准周期性（例如来自气象学或地磁或太阳活动的）观测数据的统计应用方法，[31] 并于10月23日在柏林对德国物理学会做了一个更大规模的讲座。[32] 他指出，因为该方法需要计算大量的下列形式的积分：

$$I(\vartheta) = \int_0^\infty \overline{F(t)F(t+\Delta)} \cos\pi\frac{\Delta}{\vartheta} d\Delta,$$

他建议构建一个机械积分仪，甚至可以计算积分：

$$\Theta(\Delta) = \int_0^T F(t)\Phi(t+\Delta) dt 。$$

这里，F 和 Φ 是经验给定的函数。如果它们之间没有因果关系，则 Θ 与 Δ 无关；如果存在因果关系，则 Θ 取决于 Δ 并且有一个极值，这将有助于确定这种因果关系。

波茨坦（Potsdam）气象台台长、发明家阿道夫·施密特（Adolf Schmidt）出席了爱因斯坦在柏林的讲座，并向后者解释说，之前自己已经提过讲座的基本思想。[33] 爱因斯坦设法拿到了施密特关于求积仪的论文，[34] 该论文描述的求积仪能够进行 $\int y dx$ 形式的积分，并设想将其开发成用于计算爱因斯坦需要的 $\int y_1 y_2 dx$ 形式的积分的设备。

爱因斯坦抓住了这个机会深入技术细节，提出了另一个想法。假设有一个设备，其中摩擦辊到其计数盘中心的距离与 y^2 成正比。这样的设计可以用来计算像 $\int (y_1 + y_2)^2 dx$ 和 $\int (y_1 - y_2)^2 dx$ 以及它们的差 $4\int y_1 y_2 dx$ 这样的积分。尽管他承认自己是"一个很不在行

第四章　欧洲的发明

的一知半解的人"①，但还是向施密特提出要继续讨论。施密特尔后邀请他去波茨坦。³⁵爱因斯坦是否拜访过对方不得而知。他也没有再提起过求积仪。

猫背翼型

"如何解释我们的飞机以及在天空翱翔的鸟类翅膀的举力？"爱因斯坦在1916年6月2日向德国物理学会发表的关于水波和飞行的基本理论的演讲中问道。³⁶"关于这个问题的糊涂观念广为流传。我必须承认我在专业文献中连最简单的答案都找不到。"②然后，他考虑了流体流过固体器壁或凸起表面的情况，并根据伯努利定理给出了一个简单的解释：在凸型体的下表面，流体流动的局部横截面增大，因此流动减慢，作用在凸型体上的空气压力增加；对于上表面的流动，情况则正好相反。这些合起来产生了提升凸型体的净力，例如飞机的机翼就是这样的一个形状（图4.2）。

爱因斯坦声称，专业文献中连最简单的答案也找不到，这未免令人惊讶。《飞行技术和飞艇飞行期刊》（*Zeitschrift für Flugtechnik und Motorluftschiffahrt*）于1910年开始就在德国出版，

---

① 见文件37，《爱因斯坦全集·第八卷（上）：柏林时期（1914—1917）》。——译者注
② 见文件39，《爱因斯坦全集·第六卷：柏林时期（1914—1917）》，A. J. Kox, Martin J. Klein 和 Robert Schulmann 主编，吴忠超主译，湖南科学技术出版社，2009年。——译者注

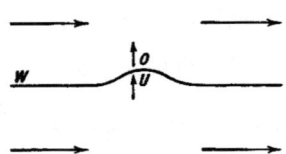

图4.2 伯努利原理

阿尔伯特·爱因斯坦,"水波和飞行的初级理论",《自然科学》1916(4):509-510。承蒙耶路撒冷希伯来大学阿尔伯特·爱因斯坦档案馆惠允。

第四章 欧洲的发明

由格丁根空气动力学模型实验室（MVA）主任兼格丁根大学教授路德维希·普朗特担任科学编辑。俄罗斯著名专家尼古拉·叶戈罗维奇·茹科夫斯基（Nikolay Yegorovich Zhukovsky）也在编辑之列。在第一卷中，茹科夫斯基发表了一篇关于计算翼型的方法（所谓的茹科夫斯基翼型）的论文；[37]在接下来的几年里，普朗特和他的同事解释了各种类型的飞行和飞机中的升力及阻力。普朗特甚至在一本手册里用一章篇幅发表了自己的研究。[38]在巴伐利亚科学院（Bavarian Academy of Sciences）的官方出版物中，威廉·M. 库塔（Wilhelm M. Kutta）提出了他在1910年和1911年对流动升力的计算。[39]这些论文讨论了导出结果的数学方法，这些结果可以与风洞测量和实际飞行的实验结果进行比较。

站在爱因斯坦这边，笔者必须补充一点，关于飞行的技术出版物在1914年随着第一次世界大战的爆发而突然停止，就是在爱因斯坦开始对飞行发生兴趣的两年前。战争期间，在飞机工厂、大学和普朗特的空气动力学模型实验室中进行的空气动力学研究仅于1917年之后在《技术报告》（Technische Berichte）上发表，这是一个机密出版物系列。普朗特本人于1918年发表了具有开创性的、由两部分组成的论文，概述了飞行理论的历史和当时状况。[40]

如果爱因斯坦没有觉得自己想法值得实施，他的小文章仍然是众多小科普文章中的一篇。但显然，他没有停止探索新颖的机翼翼型，因为在1917年的一个春日，位于柏林–约翰尼斯塔尔（Berlin-Johannisthal）的空中交通公司（Luftverkehrsgesellschaft, LVG）测试部门负责人（同时也是试飞员）保罗·G. 埃尔哈特（Paul G. Ehrhardt），在自己的桌子上发现了一份手写文件。

它看起来像是一部"令人印象深刻的作品",所以他没有通读就把它寄给了高等数学方面的顾问阿诺·施洛伊斯纳（Arno Schleusner）。埃尔哈特无法确定作者的身份,因为与该文件一起发出的附信已被发给商业总监奥托·马克思（Otto Marx）。两天后,他惊讶地发现施洛伊斯纳正在与一个"铁灰色头发"的人进行深入讨论,这人就是爱因斯坦。[41]

为什么爱因斯坦会去找空中交通公司?

爱因斯坦最早的传记作者之一卡尔·泽利希（Carl Seelig）提供了答案:"为了（与协约国①的飞机）竞争,位于柏林-约翰尼斯塔尔的空中交通公司求助于多位科学家,为激起他们对技术改进的兴趣。爱因斯坦是少数同意合作的人之一。"[42]

然而,笔者不认为这种合作对和平主义者、诺贝尔奖候选人、普鲁士科学院院士爱因斯坦具有吸引力。

彼得·M. 格罗斯（Peter M. Grosz）提供了另一个答案。他认为,空中交通公司的所有者阿图尔·米勒（Arthur Müller）出于宣传的原因与爱因斯坦接触,并正式聘请他担任顾问。因为爱因斯坦觉得拿了钱就有责任做点事,所以设计了一个翼型。[43]

阿尔布雷希特·弗尔辛（Albrecht Fölsing）的猜测是,爱因斯坦早期在苏黎世大学的合作者路德维希·霍普夫（Ludwig Hopf）现在在德国空军位于柏林的阿德勒斯霍夫（Berlin-Adlershof）的机构——德意志帝国飞行队飞机部（Flugzeugmeisterei der

---

① 原文为"the Allied powers",其既指第一次世界大战中的"协约国"一方,也指第二次世界大战中的"同盟国"一方。——译者注

Fliegertruppen）研究空气动力学问题，这唤醒了爱因斯坦对飞行的好奇心。[44]

我们没有可靠的论据支持或反对这些说法。爱因斯坦给奥托·马克思的"令人印象深刻的作品"的附信可以回答他的动机，但直到现在还没有找到这封信。

爱因斯坦向奥托·马克思提交了什么？那些带有计算的纸页是埃尔哈特关于早期飞行历史的私人文件收藏中的珍宝，不过它们在第二次世界大战中法兰克福（Frankfurt）遭受的空袭中被毁。[45]根据他的回忆，计算提到在忽略空气摩擦阻力和翼型厚度的条件下，在零迎角时具有最小阻力和最大升力的翼型曲率。稍后，笔者将解释这些概念。计算使用了高等数学，用了好几页纸。

爱因斯坦致其最亲密的朋友米凯勒·贝索的一封信，可以弥补信息的不足。[46]在信中，他回答了贝索如何计算机翼凸起的问题："允许的凸起程度由流体的稳定性条件决定，因为凸起程度再高的话，气流不再紧贴表面，导致涡流出现。"[①]并加上一个附图（图4.3）。

致贝索的信写于1916年5月14日，比给空中交通公司的翼型建议几乎早了一年。似乎在1916年4月于苏黎世（Zurich）度过的为期三周的时间里，爱因斯坦对飞行产生了很大兴趣，并与贝索讨论了该问题。

建议空中交通公司的翼型肋如图4.4所示。这张照片是在格

---

① 见文件219，《爱因斯坦全集·第八卷（上）：柏林时期（1914—1917）》。对文件219汉译原文部分稍加改动，以使语句更贴切。——译者注

图4.3 伯努利原理

爱因斯坦致米凯勒·贝索,1916年5月14日。承蒙耶路撒冷希伯来大学阿尔伯特·爱因斯坦档案馆惠允。

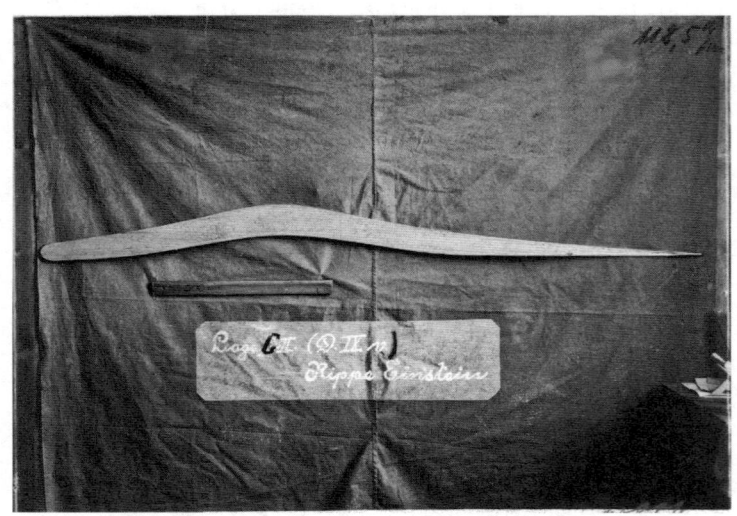

图4.4 爱因斯坦的翼型肋

承蒙位于格丁根的德国宇航中心中央档案馆(Deutsches Zentrum für Luft-und Raumfahrt e. V., Göttingen, Zentrales Archiv)惠允,档案号PS 17-5。

丁根空气动力学模型实验室测试时拍摄的。

埃尔哈特对爱因斯坦的计算很重视，立即着手建造翼型。在车间里，它被昵称为"猫背翼型"。

埃尔哈特的描述没有提到风洞测试是在试飞之前还是之后。引入新模型的常规程序是飞机公司或发明者将其提交给德意志帝国飞行队飞机部，后者将其转发到空气动力学模型实验室的风洞中进行测试，但不总是这样。模型由申请公司或空气动力学模型实验室制备。[47]旧风洞中使用的特征空气速度为9米/秒（20英里/时）。[48]

1917年3月，格丁根的新研究所落成，这是一座配有新风洞的新建筑，在当时是世界上最先进的。[49]一年前，为该研究所的研究结果成立了一个信息处理分享中心，即航空科学情报局（Wissenschaftliche Auskunftei für Flugwesen）。它的第一本出版物，即《技术报告》的第一卷也于1917年3月问世。该期刊的每一期报告都被分类、编号，并在飞机公司之间保密分发，好让彼此的结果保持同步，但制造商的名称被编号代替。爱因斯坦翼型的编号为95。[50]

图4.5显示了一个向左飞行的常规机翼（或者风洞里处于来自左侧气流中的固定机翼）的横截面。α称为迎角，由飞行方向v和翼弦线C决定。L是升力，也就是作用在机翼上的力的向上分量；D是阻力，即阻碍机翼向前运动的分量。一个机翼最好是具有尽可能高的升力和尽可能低的阻力。我们已经看到，爱因斯坦声称他的机翼即使在零迎角下也具有这些良好的特性。

模型测试结果如何？两个极坐标图总结了结果。第一个图发

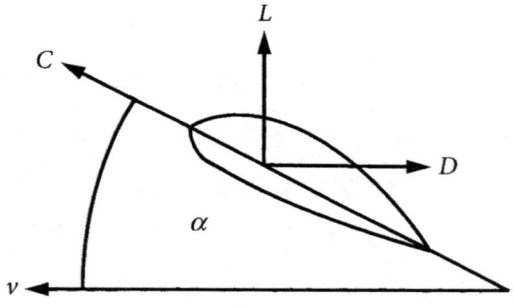

图4.5 作用在机翼上的力

表在《技术报告》的创刊号上，包括了1917年3月15日至10月15日①的早期内部报告（图4.6）。[51] C_a代表升力系数：升力L除以模型的面积和"动压"（即在给定空气速度下，根据伯努利原理计算出的压力）的乘积。C_w是阻力系数，也是一个比值，分母与C_a相同，但分子是阻力D。该图显示了两个系数如何随迎角在$-9°$和$+18°$之间变化。

另一个极坐标图是彼得·M.格罗斯保存的（图4.7）。[52]这里，升力系数用ξ_a表示，阻力系数用ξ_w表示。它出自一份日期为1917年3月29日的技术手册，因为它显示了公司名称："Fok[ker]"（福克）、"Einstein（Lvg）"[爱因斯坦（空中交通公司）]、"Alb[atros]"（信天翁）、"Eu[ler]"（欧拉），所以是一张工作图。这与《技术报告》的做法形成对比，正如笔者提到的，后者只用一个序列号标志翼型。有趣的是，爱因斯坦的名字被添加到公司名称中。这一定是受到了特别的关注。

曲线对表示在翼型的下（S）和上（L）表面上测量的数据。

显然，为了方便起见，爱因斯坦数据的横坐标比其他翼型的横坐标放得高。令人惊讶的是，当升力趋向恒定甚至逆转时，爱因斯坦翼型很快就达到迎角。

这个最大升力点称为"失速"。爱因斯坦翼型的飞机升力系数不能超过92，然而以福克的94号翼型为例，它的升力系数几

---

① 原文如此，前面提到该卷于1917年3月出版，与这里的日期时段相矛盾。——译者注

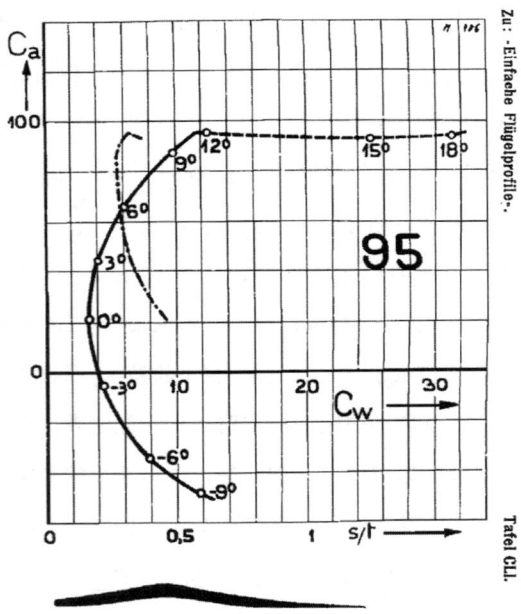

图4.6 极坐标图

马克斯·蒙克（Max Munk）与卡尔·波尔豪森（Carl Pohlhausen），"简单机翼轮廓的测量"，《技术报告》1917（1）：表格cxxxxix。

第四章 欧洲的发明

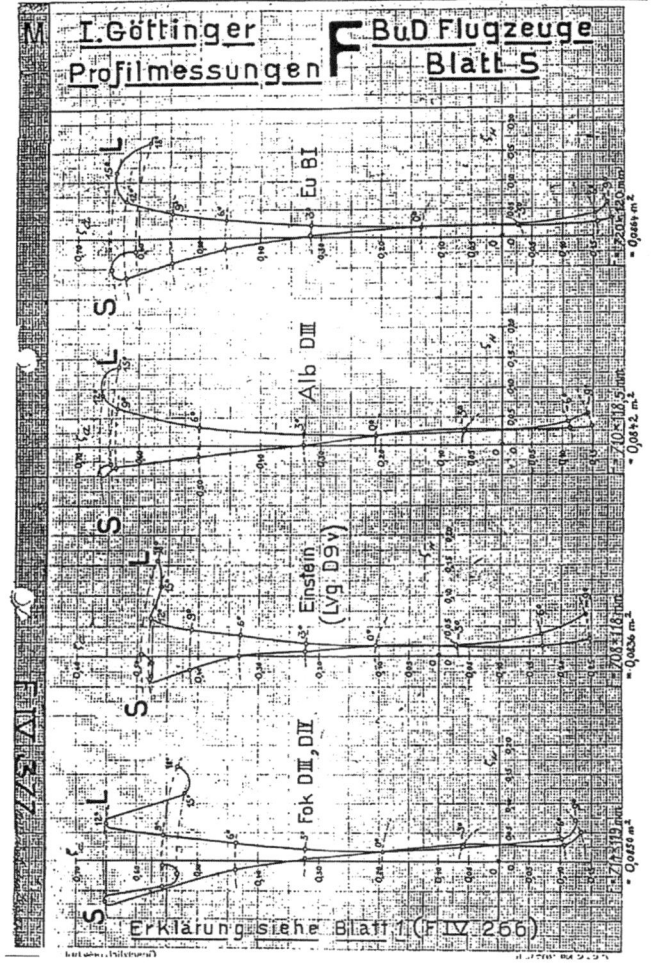

图 4.7 极坐标图

彼得·格罗斯, "爱因斯坦博士教授先生是谁？是一位空气动力专家！或者爱因斯坦及其在第一次世界大战德国航空中的角色", 《第一次世界大战中的飞机》(W. W. I Aero), 第118期 (1988年2月): 42–46。承蒙德国柏林技术博物馆彼得·格罗斯收藏惠允。

乎可以达到140。

在接下来的几周内，带有爱因斯坦翼型的机翼被安装在一架空中交通公司双翼飞机的机身上。监督施工的埃尔哈特越来越怀疑该发明：他预计飞机会采取"向后下垂"来弥补迎角的不足。"不幸的是，我的怀疑被证明是对的。"埃尔哈特在给爱因斯坦的信中继续说道，"因为起飞后，我像一只'怀孕的鸭子'一样悬在空中，在经历一番痛苦的在机场上空直飞下降后，当我感到飞机的轮子终于再次接触到坚实的地面，差点超出机场边界时，我只想为自己感到庆幸。……第二个飞行员也一样失败：直到猫背翼型被修改，具有一个迎角，我们才敢转弯飞，但即使是现在，怀孕的鸭子也只是变成了一只跛脚鸭。"[53]

爱因斯坦在不到两周的时间里回复了埃尔哈特8月26日的来信。[54]他一开始就直截了当地自我批评："这就是一个思考很多但阅读很少的人会发生的事情。……我不得不承认，我为那些日子的愚蠢感到羞耻。"他重复了完全基于伯努利原理的考虑，但也承认："虽然飞行原理可以用这种方式最简单地进行解释，但这绝不意味着应该以这样的方式构造机翼！"他意识到："大自然很清楚为什么要把鸟的翅膀做成前圆后尖！"

1917年底，爱因斯坦对奥托·马克思赠送纪念册表示感谢："您送的这件华丽而意味深长的礼物给我带来了巨大的快乐。眼看着这漂亮的纪念册……我不无幽默地想起我闯入实验领域的越轨行为。"[55]

笔者在这里讲述的故事始于1917年，结束于1917年。不过

第四章 欧洲的发明

还有另一位试飞员奥托·赖歇特（Otto Reichert）的口头证词，彼得·格罗斯在德国遇到了他。[56] 他说自己曾经用爱因斯坦设计的机翼飞过，甚至声称得到了并不令人满意的结果，当飞机撞到电线并被火烧毁时，发动机故障使得接下来的试飞被迫终止。由于赖歇特于1915年12月15日就离开了空中交通公司，他提到的试飞应该是在那之前。这个日期与之前故事中的1917年对不上号。

埃尔哈特提到另一名试飞员"同样失败"的第二次试飞，以及另一次（或更多次？）使用非零迎角的机翼所进行的试飞。赖歇特是其中之一吗？他会不会是在1917年才离开空中交通公司而不是在1915年？1917年看起来比1915年更有希望。此外，对赖歇特的采访是在20世纪70年代或80年代，即事件发生50多年之后进行的。

我们还有第三个候选人，某个叫哈努施克（Hanuschke）的驾驶双翼飞机的人〔也许就是当时在柏林-约翰尼斯塔尔经营一家小型飞机制造公司的布鲁诺·哈努施克（Bruno Hanuschke）〕。卡尔·泽利希采访了他，哈努施克还提到了第一位飞行员，名叫埃伯哈德（Eberhard），像"怀孕的鸭子"一样飞行。[57] "Eberhard"与"Ehrhardt"非常接近，可以假设他记得的就是此人。哈努施克没有提到日期。

后来在1920年，一份奥地利飞行杂志上的一则简短的新闻报道了这一"闹剧"："爱因斯坦与航空工程。它宣称，备受争议的科学家爱因斯坦教授也曾从事航空工程。1916年，他建造了一个新的翼型，但未能达成实际效用。"[58]

陆上、海上和空中罗盘

想象一下嗡嗡作响的陀螺。与您会在一段时间后停止的玩具陀螺不同，这个陀螺是由电动机驱动的。如果经过专门安装，陀螺可被用作指南针，指示地理北极而非磁北极，因为它不受地球磁力的影响。

让我们仔细看看爱因斯坦在赫尔曼·安许茨-肯普费球形陀螺罗盘的开发中所做的贡献。

追溯他们之间的合作并不容易。由于信件丢失，也因为爱因斯坦待在安许茨位于基尔的工厂的几个星期里，他们靠口头交流，彼此之间的通信中出现了一些空白期。陀螺罗盘开发中，没有记录次要步骤。使用雷神·安许茨公司（Raytheon Anschütz）[①]档案也存在限制。

爱因斯坦与安许茨-肯普费的交往始于1915年后者寻求爱因斯坦的专家意见，这在第三章中已经有所讨论。到了1918年，他们从业务关系中发展出合作和友谊。在多年担任专家的过程中，爱因斯坦通过实验和理论来"训练"自己，甚至阅读了乌泽纳（Usener）关于陀螺罗盘的书[②]。[59]

安许茨（和爱因斯坦）的问题是如何防止船舶颠簸对陀螺仪造成干扰。思路是将陀螺仪放在一个金属球体中，并通过电磁力使其悬浮。利用这种方法，当球体相对于磁铁移动时，球体下方

[①] 根据该公司官方网站，公司名称为"Raytheon Anschütz"，作者把名称的顺序弄反了。——译者注

[②] 指注释59中提到的该书作者汉斯·乌泽纳（Hans Usener）。——译者注

第四章 欧洲的发明

或周围（稍后在内部）的磁圈或环的磁场将在球体的壁中感应出涡流。涡流的磁场将反过来试图恢复球体的原来位置。1920年10月，安许茨将两个很有希望成功的实验告诉了爱因斯坦。[60]在第一个实验中，他将一个铝半球放在三个电磁体上；在第二个实验中，两个磁圈之间有一个完整的球体，每个磁圈由十个电磁铁组成。图4.8显示了磁圈的垂直截面。图中所示的磁圈没有外壳。

由于铁质体（三个陀螺仪）在球体中的不对称分布，这种装置没能给出令人满意的结果。从12月开始，根据爱因斯坦的建议，新设计是将一个具有绕组的铁环放置在球体下方（图4.9）。[61]它虽然没有给出更好的结果，但被寄予了希望。

现在，我们看到的通信中出现了三个月的空白期。1921年3月10日，安许茨向爱因斯坦发送了一份报告，该报告是由基尔的卡尔·格利切尔和马克斯·舒勒准备的，内容涉及长期未能解决的"生产新环"问题。[62]这种环形磁铁是由径向排列的金属板组装而成，金属板之间用油纸和虫胶暂时隔开，用木框架固定在一起。

正如我们所见，12月的信中说到爱因斯坦提出了一个简单的磁环。这个U形磁芯是爱因斯坦在后来遗失的信中提出的早期设计的新版本，还是格利切尔和舒勒的新想法？安许茨的信听起来似乎在向这个想法的提出者汇报，但并没有明确说出来。

这个新环遇到的问题同样是球体位置的不稳定性，这对安许茨来说似乎是无法克服的。他不情愿地重新考虑图4.8的磁圈排列，但现在它由很多磁铁组成，球体内部的不对称性不会产生问题。

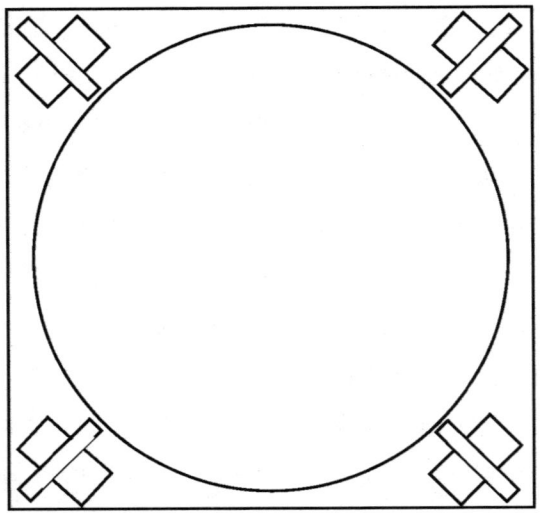

图4.8 磁圈的垂直截面
根据赫尔曼·安许茨—肯普费致爱因斯坦的信,1920年10月10日。

第四章　欧洲的发明

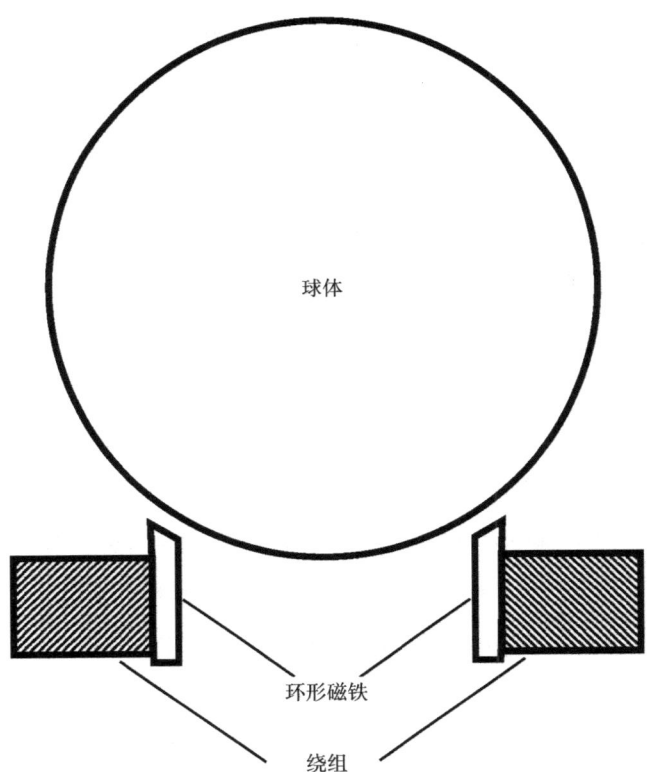

图 4.9　磁环的垂直截面
根据赫尔曼·安许茨-肯普费致爱因斯坦的信，1920年12月28日。

小电磁铁的磁极交替，使球体内的总磁场接近于零（图4.10）。爱因斯坦（现存的）第一封提到环形电磁铁的信是对安许茨的信以及格利切尔和舒勒的报告的答复。[63]他提议，通过将环形磁铁的横截面改为双U形式（图4.11）来使其加倍，绕组S_1和S_2在凹槽中的方向相反，形成交替的南（S）极和北（N）极。

之后，他们之间的现存通信又出现空白，直到7月安许茨报告说，包含陀螺仪的球体被放置在一个外球体中并漂浮在一种特殊的液体中。这种设计很可能是之前就做好的，但在他们的通信中没有提到。安许茨补充说，爱因斯坦提出的两个线圈已经安装完毕。[64]更令人惊讶的是，在月底，爱因斯坦通过提出极性交替排列，回到了U形设计，却对此没有太多解释。[65]

8月，爱因斯坦访问了基尔。安许茨的妻子雷塔（Reta）保存的十页计算和草图是他们所讨论内容的唯一记录。[66]在其中一次讨论中，爱因斯坦在球体周围绘制了两个双U形环形电磁铁，但一个月后他又回到简单U形的想法，[67]为安许茨所接受。[68]

爱因斯坦还研究了罗盘的其他部分。

他一直在思考如何给安装在球体内部的磁铁供电。如何向漂浮在水中的内球体内部的陀螺仪供电是另一个挑战。他建议使用振荡电路通过电感输电，首先使用的是电感线圈（图4.12），之后，在发现其计算中的符号错误后，又转向使用电容器。[69]另一个方案是使用滑环（图4.13）。[70]

爱因斯坦甚至深入研究了技术细节，包括如何利用一个瓷环将小板组成一个磁环（图4.14），[71]以及如何在内球体电极位置涂上比铝更不活泼的金属，并用这种金属的饱和盐溶液充当悬浮

第四章 欧洲的发明

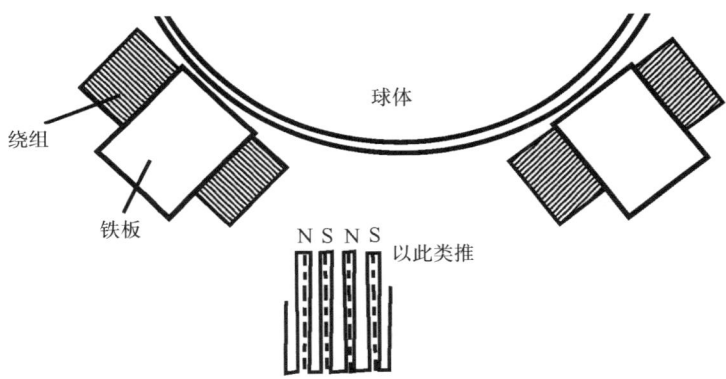

图 4.10 磁圈垂直截面

根据赫尔曼·安许茨-肯普费致爱因斯坦的信，1921年3月10日。

图 4.11 双 U 形环形磁铁

爱因斯坦致赫尔曼·安许茨-肯普费，1921年3月13日。承蒙耶路撒冷希伯来大学阿尔伯特·爱因斯坦档案馆惠允。

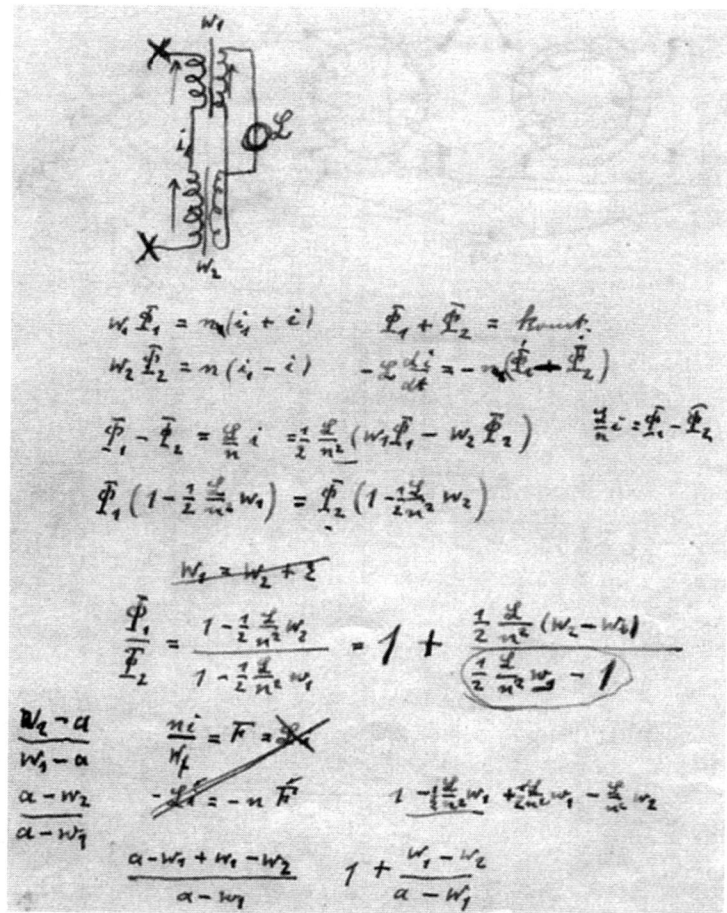

图4.12 利用电感L（上部）传输电能

爱因斯坦的草图和计算，基尔，1921年8月。石勒苏益格-荷尔斯泰因州立图书馆，基尔（Schleswig-Holsteinische Landesbibliothek, Kiel），Zg.-Nr.：57/1992。承蒙耶路撒冷希伯来大学阿尔伯特·爱因斯坦档案馆惠允。

第四章 欧洲的发明 / 129 /

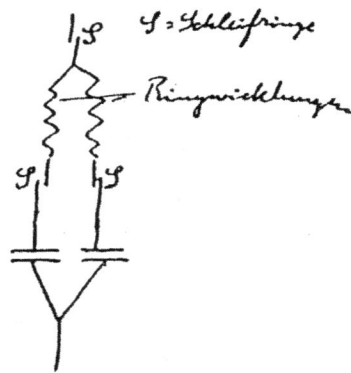

图4.13 利用滑环传输电能（S代表"Schleifringe"，意为滑环；"Ringwicklungen"意为环形绕组）

爱因斯坦致赫尔曼·安许茨-肯普费，1921年9月18日。承蒙耶路撒冷希伯来大学阿尔伯特·爱因斯坦档案馆惠允。

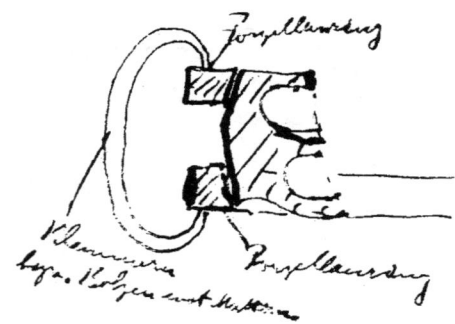

图4.14 临时框架("Porzellanring"意为瓷环;"Klammern bezw. Bolzen mit Muttern"意为带螺母和螺栓的夹子)

爱因斯坦致赫尔曼·安许茨-肯普费,1921年3月13日。承蒙耶路撒冷希伯来大学阿尔伯特·爱因斯坦档案馆惠允。

第四章 欧洲的发明

液,从而使内球体导电。[72]

似乎爱因斯坦在接下来的几年里没有在环形磁铁的发展中积极发挥作用,但安许茨不时向他通报进展情况。他宣称,已将环形磁铁置于一个内球体中;[73]已通过调节磁铁和内球体之间的距离,成功平衡了当船靠近赤道时地磁场强度较高的影响,[74]以及用嵌入内球体下极的一个非常扁平的线圈代替了环形磁铁。[75]

陀螺罗盘的跟踪机制也遇到了问题。正如笔者之前提到的,陀螺仪被放置在一个漂浮在另一个金属球体中的球体里。但是如何才能让外部观察者看到内球体的北向呢?安许茨发明了以下机制。

图4.15从上方显示了罗盘球体的横截面。当内球体和外球体都朝北(左)时,它们上的两个触点彼此面对。当船转弯时,触点不会彼此面对,流过它们和内球漂浮液体的电流强度会因为阻力升高而下降(右)。这种变化被转换成控制双向马达的信号,该马达移动外球体,直到达到电流强度的最大值,即直到外球体跟随内球体朝向北方。

1925年,爱因斯坦提出了另一种应用范围不限于陀螺罗盘这一狭窄领域的装置(图4.16)。[76]三个带有三相线圈的定子串联连接。它们也具有磁耦合,从而以如下方式感应出相同的磁场。

让我们考虑第一个定子。通过特殊的布置,可产生均匀的旋转磁场。如果把一个铁制电枢放在该定子的里面,指向某个方向,磁阻就会减小,磁场在电枢方向上的通量会比垂直方向上的强。该磁通量将通过磁耦合传输到第二和第三定子。如果它们也有电枢,其选取的方向就会与第一个定子平行——也就是说,第

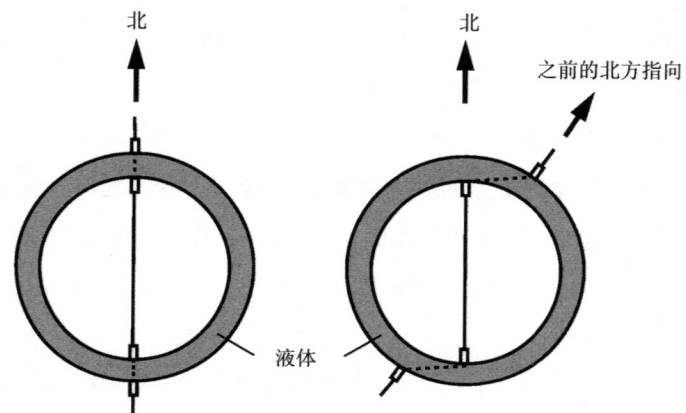

图 4.15　安许茨的后续设计

图 4.16　指示器位置信息的传送方式

爱因斯坦致赫尔曼·安许茨-肯普费，1925年8月31日。承蒙耶路撒冷希伯来大学阿尔伯特·爱因斯坦档案馆惠允。

一个电枢的位置将转移到后面的电枢。

爱因斯坦在信的结尾处简要描述了这个想法:"旋转场受磁电枢或短路电枢的影响,其强度随方向不同。几个旋转场(定子)以电或磁方式耦合,即由电枢产生的磁场各向异性导致了其他定子的磁各向异性,从而得到电枢的优选位置。"

这听起来像是一项专利申请。事实上,这个提议被当作候选发明,并且爱因斯坦还和"Giro"签订了一份合同,内容为进行测试并申请专利。[77]两周后,爱因斯坦向基尔工厂的经理沃尔夫冈·奥托(Wolfgang Otto)询问事情进展如何。他担心基尔那边的人失去热情,所以补充说:"我现在确实认为不管怎么说,我的建议是有价值的。"[78]奥托的回答不失礼貌。因为有更紧急的任务,什么事都没做,但他们"一有时间"就会尝试一下。[79]然而,他们担心这种设计效率低下,"因为电压大部分被节流阀消耗了"。

安许茨不会吊死在一棵树上,因为球形罗盘并不是他开发的唯一装置。1921年,他重新考虑了制作所谓的采矿用测量罗盘的旧想法,爱因斯坦也不禁沉浸到与之相关的问题中。

这个设备后来被称为陀螺经纬仪,和传统的经纬仪一样用于道路建设、隧道和采矿班组的方向设定。但它不受环境磁力的影响。给出的是所指示方向与地理北(或南)方向的高精度偏差。一个镜子安装在陀螺罗盘上,光源发出的光束经过该镜子反射后到达标尺,再通过望远镜观察标尺上反射光束所在的刻度值。在现场条件下——附近工作的重型机械使得经纬仪以及标尺上的光点发生摇晃——最重要的是使镜子尽可能不受陀螺罗盘的影响,同时又保持其与陀螺的轴垂直。

安许茨将镜子安装在陀螺的轴上并使其旋转，似乎是为了避免由于与轴不完全垂直而导致的误差。这样，反射光束将形成一个比完美垂直时更大的斑，而斑的中心处依然是标尺上的精确值。[80]

1923年春秋两季，爱因斯坦在基尔参与了该装置的研制。"除了和安许茨一起散步，我没有离开过自己的小屋，通常工作到深夜。"他写信给妻子埃尔莎。[81]9月，他向安许茨报告说，陀螺经纬仪镜子的反射面不够光滑（精度为10^{-4}毫米），无法产生令人满意的光学图像；因此，应将设备送到蔡司光学公司进行充分抛光。[82]

1925年，在南美巡回演讲的途中，爱因斯坦在船上遇到了一个来自基尔的人，后者报告了格利切尔如何通过使用一个浮动球体来避免冲击，从而解决了陀螺仪的镜子问题。

爱因斯坦等不及回到柏林，就从毕尔巴鄂（Bilbao）①给格利切尔写了一封信，[83]并提出了另一种设计（图4.17）。陀螺仪具有水平旋转轴。镜子固定在轴上。陀螺仪本身安装在一个计程仪接头上，其轴心处于快速受迫振荡中，以避免系统干扰。

安许茨对爱因斯坦解决技术问题的好奇心和兴趣感到惊讶。他写信告诉阿诺尔德·索末菲，爱因斯坦对球形罗盘很感兴趣，"并且对这个异常大胆的结构带来的所有棘手问题充满热情，在任何时候，我都可以带着我的问题去找他，真是最好不过了。"[84]不过，也不是没有些许嫉妒之意。"我很高兴，因为爱因斯坦再

---

① 西班牙北部的一座城市。——译者注

第四章 欧洲的发明　　　　　　　　　　　　　　　　　　　／135／

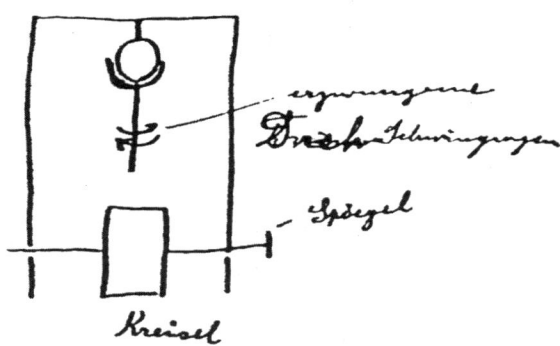

图4.17　采矿测量罗盘（"erzwungene Schwingungen"意为受迫振荡；"Spiegel"意为镜子；"Kreisel"意为陀螺仪）

爱因斯坦致卡尔·格利切尔，1925年5月27日。承蒙耶路撒冷希伯来大学阿尔伯特·爱因斯坦档案馆惠允。

次被证明是错误的。"他写信给妻子雷塔,谈到另一个问题,"我想知道当他看到这个实验时会说什么。我猜他会再次惊讶地睁大眼睛,圆得像个球,就像他对李子团子①或莫扎特(的作品)的反应。"[85]

至于安许茨的工程师同事如何评价爱因斯坦的贡献,我们掌握的信息很少。当爱因斯坦提出磁环的特殊设计时,卡尔·格利切尔对安许茨说:"犹太复国主义者爱因斯坦总是进入应许之地,而我们只能远远地看到它。"[86](顺便说一句,爱因斯坦称格利切尔是"一个非常善良和聪明的物理学家"。)[87]舒勒的意见肯定不一样。笔者已经提到了他和爱因斯坦关于旋转的被加热圆筒和传递机制的讨论。笔者不敢称之为争吵,因为这是一次礼貌而谨慎的交流(可能是因为舒勒还不是教授),但他们中的任何一位都可能觉得这是一场争吵。舒勒是一名电气工程师,是基尔工厂的实际负责人,而安许茨拥有艺术史博士学位,是一位志趣相投的发明家,但只是一名业余工程师,大部分时间都在他自己位于慕尼黑的私人实验室中沉思。舒勒在建造罗盘中发挥了关键作用,承担解决日常问题的事务。他是描述陀螺罗盘发展的最佳权威,在1962年也确实做了描述——却没有提到爱因斯坦。[88]

但凡一件事如果与爱因斯坦相关,总会强调他的名字。舒勒不提爱因斯坦,一定有强烈的动机。是个人嫉妒吗?不满被安许茨排在爱因斯坦后面当老二?还是强烈认为爱因斯坦的参与并不

---

① 书中给出的这种食物的英文名称为 "plum dumpling",其德文名称为 "Knödel",由土豆泥或面粉包裹李子或杏子馅料而制成。——译者注

重要,甚至是蜻蜓点水?这些又是无法回答的问题。

让我们再问另外的问题:爱因斯坦为什么要花时间在陀螺罗盘上?是为了展示和证明他在设备的精巧细节方面的专业知识吗?是为了享受安许茨给予的荣誉和尊重吗?笔者想是这样。

不过,他也喜欢安许茨夫妇宁静、田园式而又奢华的生活。

他第一次访问基尔是在1915年,公务事宜,只待了几天,为了安许茨和斯佩里之间的法律诉讼而察看斯佩里罗盘的稳定性测试。四年后,也就是1919年初,安许茨邀请爱因斯坦到自己在慕尼黑的家中,显然是想让后者在慕尼黑大学讲学时住在那里。然而,爱因斯坦太累了,无法接受邀请,[89]所以又过了两年,他才在安许茨和妻子于慕尼黑的家中见到了这二人。

安许茨在基尔也有一所房子。1920年秋天,爱因斯坦在基尔秋季艺术与科学周上做了一场通俗演讲。安许茨在铁路站台迎接他。"我们乘坐安许茨的摩托艇离开火车站,来到一个属于安许茨夫妇别墅的码头。"爱因斯坦在给埃尔莎的信中写道。[90]"它就坐落在一个美丽花园中间的一个小山丘上,靠近水边。然后我被带到别墅的阁楼,那里有一个供访客居住的漂亮小公寓。它有两间布置得极其雅致的小房间,配备了所有想得到的便利设施,还能俯瞰基尔湾的壮丽景色。早餐是直接送来的,四周无比宁静,让我忘了自己是客人。此外,安许茨先生和他的妻子是安静和满足的人,从不仓促匆忙。"①

---

① 见文件149,《爱因斯坦全集·第十卷:柏林时期(1920年5月—1920年12月)》。——译者注

雷塔·安许茨扮演了爱因斯坦的"代理母亲"角色,[91]爱因斯坦并不抗拒她的"母亲角色",因为雷塔"还很年轻,很漂亮,身体胜过头脑"。[92]不过在与安许茨夫妇相处更多时间后,他改变了想法。"现在我也更喜欢他(安许茨的)妻子,"他在1923年4月写信给埃尔莎,"她一点也不肤浅,与丈夫相处得很好。"[93]

他陶醉于这种生活方式。"想想房子和帆船,"他在1920年写给埃尔莎的信中说,"我们也必须为自己创造一种更加人性化的生活,具有所有乡村的朴素。冥想的生活有其美好之处。现在亲眼所见令我印象深刻。柏林令人伤脑筋,剥夺了我安静沉思的可能性。①"[94]写下这些文字的爱因斯坦,以不关注最基本的生活必需而闻名于世。

这时,他和安许茨开始讨论陀螺罗盘。

1920年12月,爱因斯坦夫妇受到邀请于来年夏天在慕尼黑与安许茨夫妇共度稍长的时间。不过因为索末菲邀请爱因斯坦去慕尼黑大学讲学,他们就有了更早的见面机会。安许茨建议爱因斯坦和埃尔莎住在自己家,并为诱惑爱因斯坦而补充说:"你的房间和带管风琴的音乐室正在等你。"[95]音乐是慕尼黑乐趣的一部分,显然管风琴有着特殊的吸引力。[96]由于时间不够,爱因斯坦只得再次谢绝。[97]现在,安许茨再次发来夏天度假邀请,这次是在基尔,他抛出另一个诱饵:"帆船或轮船已经为夏天做好了准备。"[98]

---

① 见文件149,《爱因斯坦全集·第十卷:柏林时期(1920年5月—1920年12月)》。——译者注

第四章 欧洲的发明

这一次爱因斯坦接受了邀请,并于1921年8月在基尔度过了一段时间,不过是和儿子汉斯·阿尔伯特和爱德华(Eduard)在一起,而不是埃尔莎。[99]他的大儿子,19岁的汉斯·阿尔伯特给安许茨留下了深刻的印象,以至于后者"非常认真地谈到将他的工厂交给(汉斯·)阿尔伯特"。[100]

1922年7月的第二个星期,爱因斯坦和埃尔莎一起访问了基尔,[101]与其说是为了享受期待中的盛情款待,不如说是为了逃离柏林。1922年6月24日,外交部长瓦尔特·拉特瑙(Walther Rathenau)在柏林街头被右翼分子刺杀。爱因斯坦从1915年就认识了拉特瑙。当拉特瑙接受这个职位时,爱因斯坦认为,考虑到德国社会受过教育阶层强烈的反犹太主义,犹太人应当退出公共生活。[102]现在,按照他自己的建议,以及"靠谱的人"叫他不要留在柏林,不要在德国任何地方公开露面的告诫,[103]爱因斯坦抓住了安许茨反复邀请的机会。他还退出了国际联盟智力合作委员会,并考虑辞去威廉皇帝物理研究所所长的职务,以私人身份在某处继续他的生活。[104]

在基尔,爱因斯坦向安许茨坦白,说自己"厌倦了柏林的一切,无论是访问还是官方事务,并想去……深入事物的技术方面"。安许茨欣喜若狂,但同时也感到害怕,"因为在众目睽睽之下,把大人物从更重要的工作中抢走,可不是小事"。[105]"实在而普通,宁静而自然的生活,在工厂中从事有用的实际工作,想到这里,我就感到兴奋。"他在7月12日给安许茨的信中写道,"再加上可爱的乡村,驾驶帆船——令人羡慕。"[106]他问安许茨,在工厂里,"自己是否有价值"。

他甚至考虑,在那里为自己买一栋带有野草丛生花园和独立房间的老房子。这是一座具有历史意义的别墅,为威廉二世皇帝的皇后奥古斯特·维多利亚(Auguste Victoria)的姑妈亨丽埃特·埃斯马尔希公主(Princess Henriette Esmarch)的继承人所有。但这座别墅的历史特征是购买它的一个障碍,因为"基尔市民会认为犹太人购买这样一座历史悠久的建筑是一种挑衅行为,并以某种方式报复我"。[107]

爱因斯坦还意识到,他的妻子难以忍受乡村生活。埃尔莎明智地补充说,躲在大城市比躲在小镇更容易。平静乡村生活的田园梦想,变成了较为清醒的、在基尔工厂附近有一个或两个房间并在那里度过一年中相当长一段时间的愿望。[108]安许茨设法在同样位于附近的汉堡(Hamburg)的别墅区中找到了一个名为第欧根尼木桶(Diogenes Ton)①的小屋,到处都是花箱,屋顶倾斜得很低。[109]不过最后,他觉得最好还是在自己访问基尔时居住的建筑物中为爱因斯坦提供一个客人住所,可以看到水景,并有一艘可供爱因斯坦支配的帆船。公寓有两个入口:"一个供女士们和先生们使用,一个供送货员和实验物理学家使用。"[110]笔者不知道讲求实干的爱因斯坦会使用哪个入口。

关于奢华的乡村生活的诱惑就说到这里。

为安许茨工作的另一个原因可能是钱。

安许茨是一个聪明的商人,知道如何让爱因斯坦保持高昂

---

① 第欧根尼(Diogenes)是古希腊时期犬儒学派的哲学家,传说他栖身于一只大木桶中生活。——译者注

的热情,并把这个大人物绑在自己这边,既可以在官司中作为吓唬别人的"妖怪",也可以用其名望作为公关广告资源。对待爱因斯坦,除了热情好客之外,还需要有经济报酬。这里说的不是专家意见的酬金,而是对他贡献的"感谢费"。1920年12月,安许茨向爱因斯坦提议,两个人当面讨论安许茨支付给对方的酬金。[111]安许茨提议"暂时"提供手头上的20 000马克现金,以避税。(爱因斯坦在普鲁士科学院的年薪是18 000马克。该年薪在安许茨的信发出后的第二天翻倍。)之后的酬金应该是每月发放,因为安许茨报告说,"4月1日寄往瑞士的货物已经在路上了"。[112]在另一封信中,安许茨向爱因斯坦保证:"我一定会及时将钱汇到您提供的地址。①"[113]这笔钱很可能汇给了住在苏黎世的爱因斯坦的第一任妻子和两个儿子。

1923年,安许茨用"他[安许茨]在这里装修好的一套迷人的单身公寓来酬劳我[爱因斯坦]的服务。……太棒了,我很遗憾不得不这么快就要离开这里。家具齐全;他怀着极大的爱心和关怀购买了这些家具,作为上一年的付款;还有非凡的服务。……这简直太好了。除了可以看到树林和水的景色,还有小三角钢琴!一切都安排得多么好,他非常高兴地给了我一个惊喜!我从来没想到外在的事物可以让自己如此快乐"。[114]

从1926—1938年,爱因斯坦根据与安许茨的协议定期收取了专利费。没有数据显示卖出了多少罗盘;我们只知道在

---

① 见文件225,《爱因斯坦全集·第十三卷:柏林时期(1922年1月—1923年3月)》。——译者注

1928—1938年的七年里，3000多美元被转账给爱因斯坦。有四年的总和未知。这七年的平均年费是450美元——不算大钱，因为在1933年，当爱因斯坦被问到多少薪水可以让他愿意为普林斯顿高等研究院工作时，他提议年薪3000美元。（幸运的是，他得到了13 000美元。）

他们之间的这种亲密舒适的临时合作在1926年底结束。显然，他和安许茨都觉得合作已经到了需要考虑法律和财务后果的地步，当爱因斯坦于1926年10月访问基尔时，他与安许茨-肯普费在荷兰的营销公司"Giro"制定了一项协议，详细说明了他在陀螺罗盘开发中贡献的报酬。[115]

该协议根据安许茨的专利DE394667的权利要求明确了爱因斯坦的贡献。[116]这肯定不是一件容易的事，就像将一幅色彩鲜艳但粗略的画作处理成一幅清晰的黑白画。因为专利中描述的罗盘与爱因斯坦实际研发的罗盘大不相同，从而更增加了难度。

他们一致认为，除了提到爱因斯坦的一般合作之外，权利要求4最能体现爱因斯坦的主要贡献——即环形电磁铁的U形横截面。

然而，同样重要的是，要注意他们没有承认是爱因斯坦的贡献的那些部分。该专利的权利要求3将陀螺罗盘描述为"一种电磁铁的设计，其施感电流受陀螺系统的瞬时位置影响"，并没有说是他的贡献。这似乎与广泛接受的观点——即电磁阻尼是爱因斯坦的主要贡献——相矛盾。不过，笔者要强调的是：哪个权利要求属于他，哪些不属于他，这个问题的答案一定是想把爱因斯坦的各种想法、建议和指点纳入某个确定的权利要求之下的努力结果。

总而言之，笔者在这里描绘的事件与协议中汇编的谈判结果并不矛盾。

爱因斯坦在于1925年给安许茨的信中写道："老爱因斯坦和小爱因斯坦们有一个大胆的愿望，那就是假期一开始就去基尔，阿尔伯特是因为精力旺盛，我则是出于古怪的隐居倾向。"[117]这里，我们看到了他对陀螺罗盘感兴趣的第四个原因：他喜欢与众不同，不光是一头厚发、宽边黑色毡帽和腋下夹着的小提琴，还有他在科学之外的尝试。

最后一个原因可能是重温自己在专利局的时光，那里的工作时间为他提供了生计，休息时间为他提供了沉思科学基本问题的乐趣。

过滤病毒

过滤掉病毒对医学有巨大的好处。但是，如何确定一台过滤器是否有效？爱因斯坦和医生汉斯·米萨姆（Hans Mühsam）开发了一种确定陶瓷过滤器孔径的方法，后者曾为爱因斯坦及其柏林的家人看病，并成为其终生的朋友。

在散步的过程中，他们讨论了爱因斯坦的健康问题及其生物学原因和治疗方法，以及爱因斯坦在统一场论的研究中所遇到的困难。他们之间的通信持续到20世纪50年代，米萨姆移民到以色列之后。

在这些谈话中,肯定有关于缺乏确定微孔过滤器效率的方法的内容,这可能是因为米萨姆对不耐热物质的灭菌感兴趣。他们阐述和测试的方法由米萨姆在德国微生物学会会议上提出并于1923年发表。[118]

通过过滤器的最大颗粒的尺寸由最大孔的最窄直径决定。以前的方法很粗糙。要么让水通过孔隙并测量其速度,要么过滤含有(大概)已知尺寸的颗粒的胶体溶液。爱因斯坦和米萨姆提出让液体润湿过滤器的孔,并测量迫使液体回流所需的压力。该压力等于液体黏附在孔壁上的毛细力。根据拉普拉斯关系式(Laplace's relationship),通过测量这个力 p,并知道被测液体的表面张力 σ,就可知孔径等于 $4\sigma/p$。

两位作者甚至为这个测量构建了一个简单的设备(图4.18)。当空气开始通过浸在乙醚中的容器形过滤器的孔中而冒泡时,他们测量了气压。他们发现,最大孔最窄部分的直径为6.7微米(0.002 64英寸)。

根据米萨姆的说法,[119]这个想法是爱因斯坦提出的。[120]这种现在被称为泡点测量的方法,从那时起被广泛使用,但几乎没有人知道爱因斯坦也曾参与其中。[121]

冰箱专利系列

1919年底,爱因斯坦与同事、诺贝尔奖获得者、化学家瓦尔特·能斯特(Walther Nernst)开始一起着手一个项目,开发一

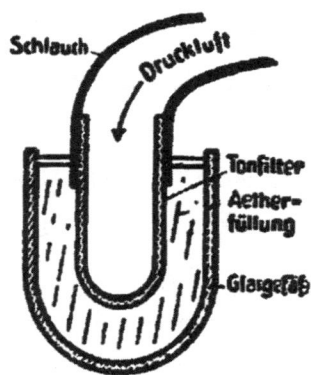

图4.18 过滤控制("Schlauch"意为软管;"Druckluft"意为压缩空气;"Tonfilter"意为陶制过滤器;"Aetherfüllung"意为注满的乙醚;"Glasgefäß"意为玻璃容器)

阿尔伯特·爱因斯坦和汉斯·米萨姆,《德国医学周刊》(Deutsche medizinische Wochenschrift) 1923 (4): 1012-1013。承蒙耶路撒冷希伯来大学阿尔伯特·爱因斯坦档案馆惠允。

种冷却方式,爱因斯坦称之为"制冰机"。¹²² 我们对它知之甚少。它应该只能断断续续地运行,因为在初步测试期间,能斯特在压缩机和阀门上遇到麻烦。¹²³ 他们将这项发明提供给了埃斯林根(Esslingen)的一家公司,但该公司没有去开发产品,原因是火灾风险,这让格拉夫认为其使用的制冷剂肯定是一种可燃性的碳氢化合物。¹²⁴

之后,他们又将其提供给博尔西希机车有限公司(A. Borsig Locomotive GmbH),寻求后者的财务和技术帮助。¹²⁵ 他们宣布自己拥有"能斯特/爱因斯坦"新冷却方法专利,提议展示其可行性,并索价 10 000 马克,作为对已经完成的工作的补偿,如果将该方法用于生热(所以它应是一个可逆的过程),另外再加 10 000 马克。预计博尔西希公司将用三个月时间安装一个试验设备。此外,发明人将允许对方在除美国、中美洲和南美洲以外的世界各地拥有并在所有类型的机器中使用该专利。对于所有这些权利,他们索价 250 000 马克。(爱因斯坦当时年薪是 36 000 马克。)发明人还设想就发明的进一步发展进行密切合作和相互沟通。这份由 1 330 个单词组成的文件带着浓厚的"专利文字"风格,并有一些爱因斯坦的修订手迹。虽然文本中提到了专利的具体说明及其附带的解释,但是现在尚未寻到。他们所做的实际工作的唯一痕迹是爱因斯坦要求他自己的研究所[①]为购买一个汞束冷凝泵提供579.85马克。¹²⁶

1922年3月4日,爱因斯坦告诉儿子汉斯·阿尔伯特和爱

[①] 即威廉皇帝物理研究所。——译者注

德华:"制冰机取得了进展。我们即将与博尔西希公司签订合同。"[127] 它的专利申请情况"完全不为人知",因此我们怀疑他们是否拥有专利。格拉夫猜测他们申请了专利,但要么被专利局拒绝,要么被发明人撤回。[128]

关于该发明的最后一个消息是在汉斯·阿尔伯特给爱因斯坦的信中,他询问制冰机怎么样了。[129] 我们不知道答案,也找不到能斯特和爱因斯坦的"制冰机"专利。[130]

我们现在要谈到爱因斯坦最著名的发明:与莱奥·齐拉共同开发并获得专利的冷却器。

齐拉于1926年9月10日写信给爱因斯坦:"我将向您发送我公开发表过的进一步的专利申请。"[131] 随函附上一封写给德国专利局,日期为1926年9月13日的信。该发明被命名为"带毛细泵的冰箱"(表4.1中的第2号)。发明人姓名留空;齐拉要求爱因斯坦"再"填一次。显然,他们已经提交了另一个申请,可能是表4.1中的第1号。

1926年11月,齐拉向巴马格-梅古因公司(Bamag-Meguin Co.)提供了三种冰箱概念:水蒸气喷射式、扩散式和吸收式冰箱。[132] 它们没有移动部件,密封且连续工作而无须切换。[133]

毛细泵未被授予专利,所以我们只能同意格拉夫的观点:毛细力应该能有助于将吸收剂(以及吸收在其中的制冷剂)从吸收器泵送到发生器。[134] 格拉夫补充说,爱因斯坦可能受到了他自己与米萨姆合作开发的,同样利用毛细作用的微孔过滤器的启发。有一件事是肯定的:这个想法是爱因斯坦提出的。因为甚至在两年后,他还鼓动齐拉去研究它。"我还没有成功激发你对毛细泵的热情,"他写道,"对此我很高兴。"[135]

使用水蒸气喷射器的冰箱以水作为制冷剂。它们简单、便宜且易于维护(表4.1中的第3号)。尽管如此,爱因斯坦和齐拉的结构没有获得专利。他们接下来的两台冰箱沿用了巴尔塔扎·冯·普拉滕(Balthzar von Platen)和卡尔·蒙特斯(Carl Munters)于1925年在瑞典获得的专利的原型。[136]

表4.1 爱因斯坦和齐拉共有的吸收和扩散制冷专利及应用

序号	专利/申请	名 称	申请日期	授予日期
1	S73730 I/17a	[制冷发明]	1926.03	未授予专利
2	S[a]	带有毛细泵的制冷机	1926.09.13	未授予专利
3	S[a]	水蒸气喷射式制冷机	1926.10	未授予专利
4	DE499830[b]	一种制冷方法	1926.10.25	1930.05.22
5	DE525833[c]	一种制冷方法与一种制冷装置	1926.12.16	1931.05.07
	GB282428	对制冷装置的改进	1927.12.16	1928.11.15
	US1781541	制冷	1927.12.16	1930.11.11
	CH133906	一种制冷方法与一种制冷装置	1928.03.02	1929.06.30
6	S[a]	?	1927.12.29	未授予专利
	FR647838	使用以间歇性提升蒸气压为原理的液体泵送方法的制冷机	1927.12.29	1928.12.01
	GB282808	使用以间歇性提升蒸气压为原理的液体泵送方法的制冷机	1927.12.29	未接受

（续表）

序号	专利/申请	名称	申请日期	授予日期
7	S[a]	?	1927.01.24	未授予专利
	GB284222	使用有机溶剂的制冷剂	1928.01.23	未接受
8	**DE527080**	**一种制冷方法**	1927.07.14	1931.05.28
	GB293865	制冷过程及设备的改进方法	1928.07.10	1929.05.30
	FR671730	制冷过程及设备的改进方法	1929.03.19	1929.09.07
9	DE530405	对专利DE527080的增补	1927.10.31	1931.07.16
10	S[a]	由多层纸张制成的冰箱隔热材料	1928.05	未授予专利
11	S[a]	一种用于制冷机中的复合压缩机	1929.09.10	撤回

注：黑体专利为原始专利；其他的要么与它们相同，要么是它们的组合体。
[a] 指申请编号未知。
[b] 指授予普拉滕和蒙特斯公司。发明人姓名出自申请 S76685 I/17a。
[c] 指授予普拉滕和蒙特斯公司。发明人姓名出自申请 S77558 IV b/12a。

在吸收式制冷机中，制冷剂可以是氨。它的沸点低，为 $-33℃$（略低于华氏零度），但加压可以使它在室温下保持液态。当不溶性气体（所谓的助剂，例如氢气）混入氨蒸气时，蒸发器中的总压强保持恒定，但由于现在该压强由氨和氢气的分压组成，每种气体表现得好像整个空间都属于自己［道尔顿定律（Dalton's law）］。氨由于压强降低而蒸发。换句话说，氨将氢气视为可以膨胀进入的真空。膨胀会从环境中带走热量。氨和氢气的混合物进入另一个容器即吸收器，在那里，第三种试剂例如水，吸收氨但不吸收氢气。氢气离开吸收器并返回蒸发器，含有氨的水即氨水，流入发生器，在那里被加热。氨离开水，通过风冷冷凝器冷却，然后流回蒸发器。该过程持续进行，由发生器中的热源维持循环。

氨、水和氢是普拉滕和蒙特斯提出的最初的工作流体。

齐拉和爱因斯坦的冰箱（表4.1中的第4号）已于1926年10月提交专利申请。他们采用扩散来分离制冷剂和助剂。这个想法也被普拉滕和蒙特斯的另一个专利占先，[137]但齐拉和爱因斯坦通过不同的设计进行了规避。

两位发明人提出了该原理的五个实施例。第一个如图4.19所示。假设使用液氨作为制冷剂，氢气作为助剂。氢气从5中被鼓入蒸发器6，从而降低了位于6中的液氨的分压，使后者蒸发。氨氢混合物被引入管1和半透容器2之间的空间。混合物中的制冷剂将越来越富集，因为氢气的扩散速度高于氨气，会优先通过2的多孔壁逸出。氨气的分压会升高，直到开始冷凝。冷凝液通过9返回蒸发器6。氢气在3处冷却并通过5流回蒸发器6，从氨液中鼓泡进入氨气，循环就这样继续。

整个过程的进行靠汞推动。汞在13中受热气化，其蒸气在管1中上升，沿管5的内壁流动，并在冷却鼻4上冷凝。它携带氢气向下流动，在10中冷凝，通过11到8，然后从那里通过12到13。在8和6中，冷凝物积聚在较重的汞之上。

表4.1中的第5号是另一台吸收式制冷机。图4.20显示了该德国专利的三个实施例。爱因斯坦和齐拉提出了几种工作流体作

第四章 欧洲的发明

图示1

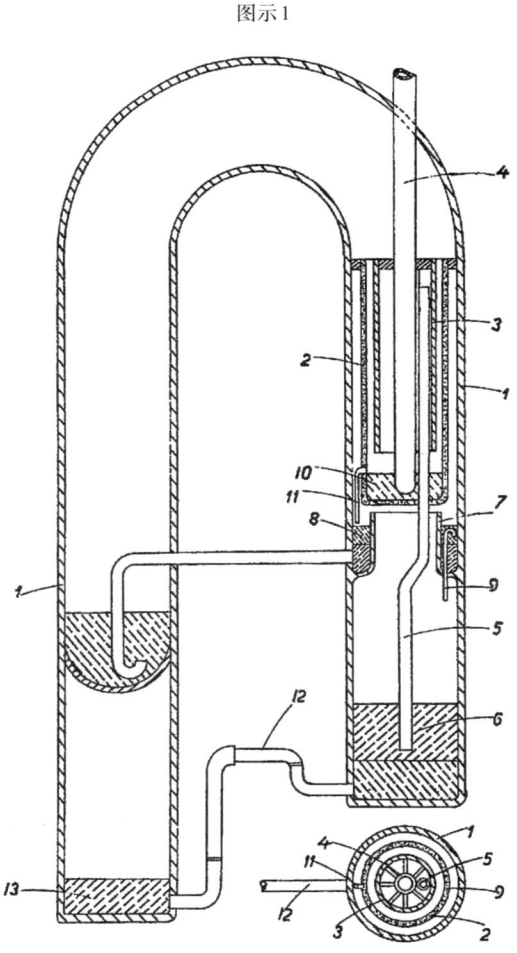

图4.19　DE499830号专利　制冷过程（第一个实施例）

为他们发明的具体新特征：（a）丁烷为制冷剂，水为吸收剂，氨、亚硫酸或碳酸为助剂；（b）丁烷为制冷剂，硫酸为吸收剂，水为助剂；（c）溴甲烷为制冷剂，水为吸收剂，氨、亚硫酸或碳酸为助剂。对于其他细节，该德国专利参考了普拉滕和蒙特斯的"原型"。这并不奇怪，因为爱因斯坦和齐拉已经将申请卖给了普拉滕和蒙特斯公司，专利也被授予了后者。

图4.21所示的美国专利是图4.20中的第三个实施例，其中提及的可能的工作流体只有丁烷、水和氨气。氨气经过管道30进入位于蒸发器1内的液态丁烷制冷剂，之后冒泡排出。丁烷蒸发，冷却蒸发器，氨-丁烷混合物通过管道5流入冷凝器6。通过37和35将水喷入其中，水吸收氨气但不吸收不溶性的丁烷。丁烷的分压变为全压；因此，它将液化并漂浮在氨溶液26上。丁烷通过11返回蒸发器1，循环继续。

氨溶液经27和换热器28流入发生器29。在29中，它因加热而从水中逸出，经过30前往蒸发器1。循环继续。

弱氨溶液被36进一步加热。管道32中形成的蒸气将溶液提升到容器33中。在途中，弱溶液通过管道37流入冷凝器6。热液在交换器26预热了来自冷凝器的氨溶液并冷却下来。进一步的冷却在冷却夹套12中进行。然后，溶液进入冷凝器6以继续循环。

在20世纪的最后几十年与空气污染、臭氧消耗和工业废物的斗争中，人们对吸收式冷却器-加热器产生了浓厚的兴趣。国际热泵计划于1978年启动，其成员奥地利、加拿大、丹麦、法国、德国、意大利、日本、墨西哥、荷兰、挪威、西班牙、瑞典、瑞士、英国和美国在燃气吸收式热泵等方面开展了工作。美

第四章 欧洲的发明

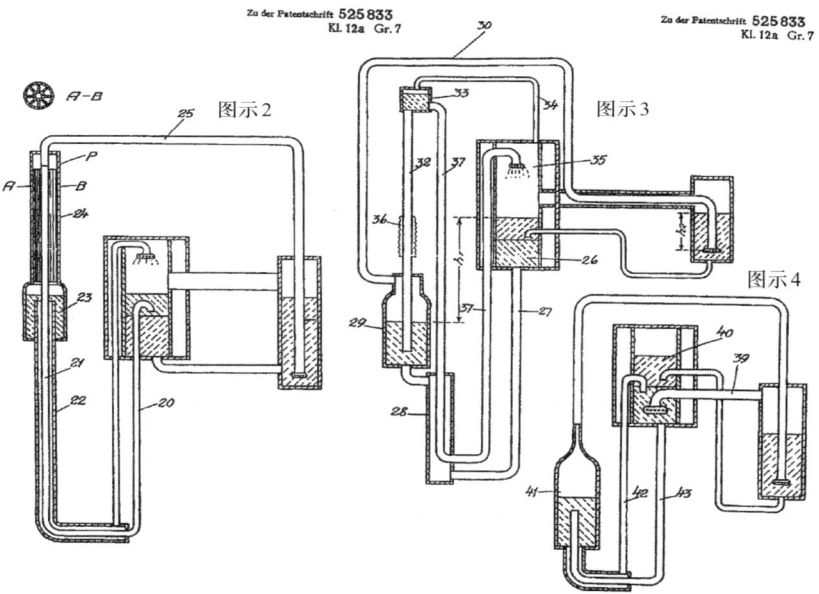

图4.20 DE525833号专利 制冷工艺及设备

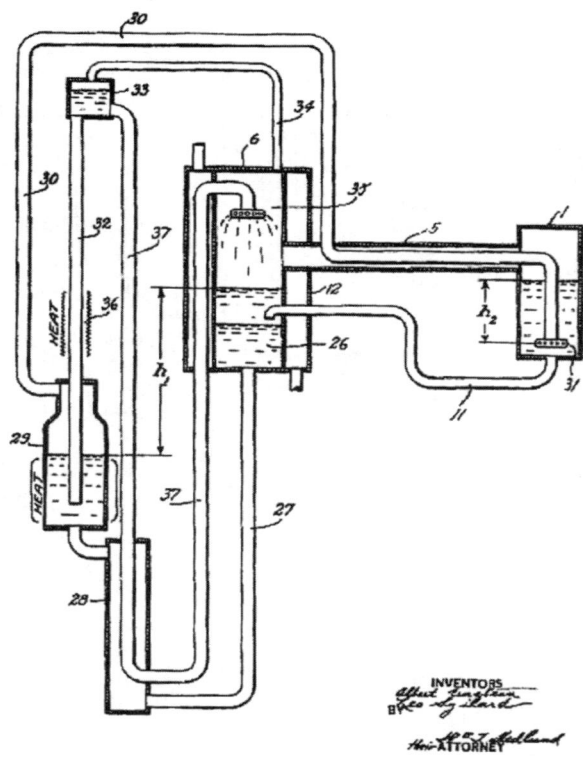

图4.21　US1781541号专利　制冷

国能源部在20世纪90年代启动了一项计划，美国和欧洲的公司也开始了类似的工作。吸收式制冷机正打着"爱因斯坦"的旗号扬帆前行。一家英国公司的销售经理干脆宣称："今天的高效燃气吸收式热泵的起源可以追溯到阿尔伯特·爱因斯坦于20世纪20年代在家用冰箱方面进行的工作。"[138]佐治亚理工学院（Georgia Institute of Technology）的安迪·德拉诺（Andy Delano）曾撰写过一篇报告，内容为根据相关美国专利建造的爱因斯坦-齐拉冰箱模型。报告中，丁烷-氨-水循环被称为爱因斯坦循环。[139]爱因斯坦在协议和合同中规定，不能把他的名字用于营销目的——这显然是徒劳的。当时，没有一个像克切占的人来发明一种望远镜，可以让人在爱因斯坦名字的光芒附近观察像齐拉这样较暗的恒星①。

吸收式冷却器的问题在于，当蒸发器中的压力远高于吸收器中的压力时，它们需要一个特殊的、昂贵的泵将制冷剂输送到蒸发器中。用助剂代替泵的方法无法克服困难。冰箱（表4.1中的第6号）使用了一种阀门，不再需要将制冷剂从吸收器移回蒸发器。

图4.22显示了管道的一部分，它被称为贮液器，连接着吸收器和蒸发器。图示1中，因为1被水冷却，通过管道2从吸收器出来的制冷剂的压强高于1中的压强。阀门4会打开并让制冷剂进入。一段时间后，1附近区域的加热开始，冷却剂蒸气的压强将超过2和3的压强。因此，阀门4关闭，阀门5打开。一部分制冷剂将离开1进入蒸发器。一旦1中的压强低于3中的压强（在冷却

---

① 这里的意思是齐拉的名字在营销效果上不能与爱因斯坦相比。——译者注

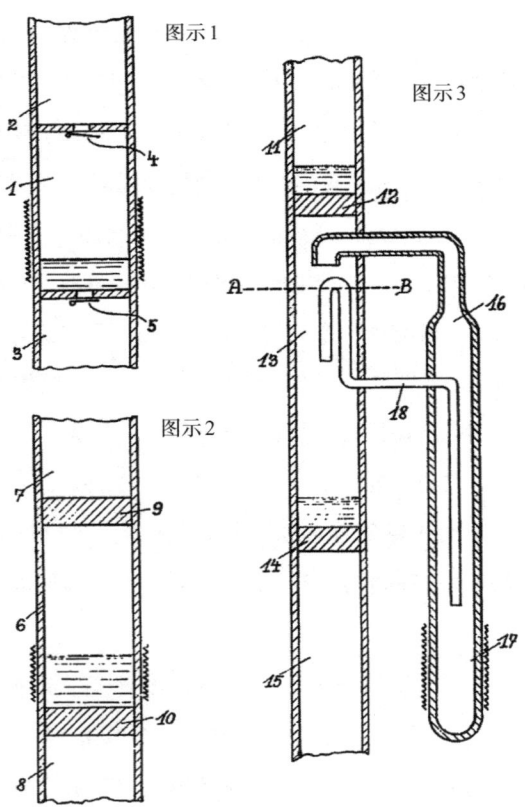

图4.22 FR647838号专利 通过蒸气压力的间歇增加来泵送液体的冰箱

的帮助下），阀门5关闭，阀门4打开，然后循环再次开始。

另一个版本（图示2）用两个陶制微孔"塞子"代替阀门。2和1之间以及1和3之间的压差分别会阻止或允许制冷剂穿透塞子，其方式与当塞子是机械阀时完全相同。

为了避免加热器的断断续续的开关，又提出了另外两个版本。其中之一如图示3所示。制冷剂通过管道11从吸收器出来，并聚集在塞子12上。一旦贮液器13中的压强低于管道11中的压强，它们的差值就会压迫制冷剂通过塞子12的孔，并汇聚在另一个塞子14处。一旦其液位达到A—B，虹吸管18会将部分制冷剂吸入一直被（17）加热的16。一段时间后，16中的压强会高于13中的压强和通往蒸发器的管道15中的压强；11中的制冷剂停止穿过塞子12，但是13中的制冷剂将被压着通过塞子14，直到13中的压强由于持续冷却而下降，循环继续。

冰箱中使用的氨和硫酸发生相互反应，使得它们在作为吸收剂的水上的分压大大降低；此外，氨和硫酸等腐蚀性吸收剂会侵蚀冰箱的部件。表4.1中的第7号发明建议使用液态的同系有机物，例如，甲醇作为吸收剂，辛醇作为制冷剂，因为它们不会相互反应，至少在它们接触的短时间内不会发生反应。

在通过汉堡的Citogel化学与技术产品有限公司获得专利（表4.1中的第8号，图4.23）的吸收式冰箱中，酒精是制冷剂，自来水是动力。爱因斯坦和齐拉将他们的发明与克莱门斯·贝格尔（Clemens Bergl）和瓦尔特·迪特里希（Walther Dietrich）的另一项发明进行了比较。[140]这不是严格意义上的吸收过程，而是后来所谓的蒸发器过程。这两项发明的不同之处在于，在齐拉和

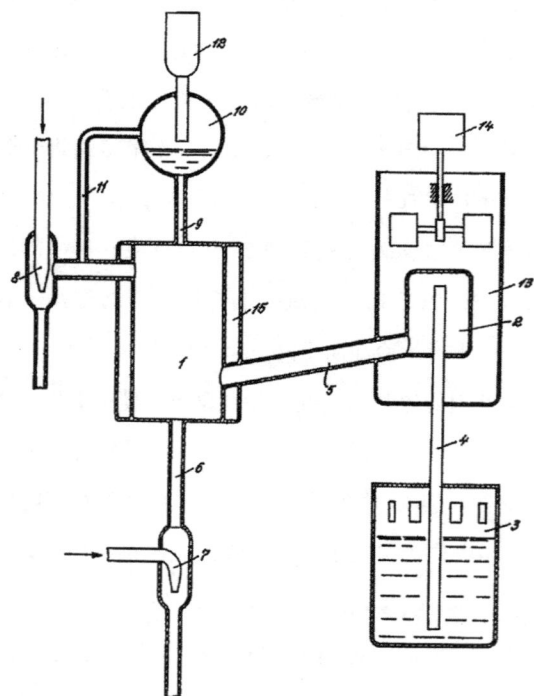

图4.23　DE527080号专利　制冷效果产生的过程

爱因斯坦的冰箱中，酒精蒸气不是直接由水喷射泵从蒸发器吸入，而是从蒸发器和喷射泵之间的一个大吸收器吸入，其中大部分酒精被水吸收；因此进入喷射泵的不是水和酒精蒸气，而是溶解在水中的酒精。从蒸发器与酒精一起吸入的空气由另一个喷水泵释放。

在容器3中的甲醇[①]制冷剂，被大气压压入蒸发器2。酒精从2流经5进入1，在那里，它溶解于大气压下的容器10的自来水中，然后通过6和喷水泵7排掉。泵8从1吸入空气和酒精混合物。装有蒸发器的容器帮助制冰，而水轮机14有助于冷却。发明人强调，虽然闭合循环吸收过程需要复杂的结构，但本装置很简单，喷射泵只需要普通自来水即可工作。没有类似传统吸收式冷却器的热源。制冷剂没被回收，而是与水一起排掉。它每天消耗600克甲醇，带走的热量可以融化2.5千克（5.6磅）的冰。[141]

这款冰箱曾采用一个坚固的（混凝土）外箱，于1928年在莱比锡（Leipzig）技术展览会上作为"人民冰箱"（Volkskühlschrank）展出。然而，它对公用自来水的压强很敏感，这个压强在不同建筑的不同层都不一样。此外，甲醇已经变得昂贵。由于这些缺点，这款冰箱从来没有被推向市场。[142]

现在我们讨论使用电动泵的冰箱，也就是被认为是爱因斯坦和齐拉开发的最巧妙的冰箱。

被简单地称为"冰箱"的表4.2中的第1号，使用电动泵来压缩冷却剂的蒸气。图4.24是它的第一个实施例。

---

① 就是上下文中的酒精。——译者注

表 4.2　爱因斯坦和齐拉共同发明的带电动泵的冰箱

序号	专利/申请	名称	申请日期	公开日期
1	DE563403	制冷机	1927.11.12	1932.10.20
2	DE554959	一种特别用于对制冷机中的气体与蒸气进行压缩的、使液态金属运动的装置	1927.12.27	1932.06.30
	AT133386[a]	用于制冷机的压缩机	1928.12.22	1933.01.15
	CH140217[a]	制冷机	1928.12.21	1930.05.03
	FR670428[a]	制冷机	1928.12.26	1929.08.19
	GB303065	一种特别适用于制冷机、使液态金属运动的方法	1928.12.24	1930.05.26
	HU102079	冰箱	1929.12.05	1931.03.02
	NL31163	一种适于实际应用的，用于压缩制冷机中的制冷剂蒸气的操作方式	1928.12.27	1933.10.17
3	DE562040	用于产生一种振荡式运动的电磁装置	1928.05.31	1932.06.10
4	DE555413	一种主要适用于制冷机的泵	1928.12.03	1932.07.07
	AT133386[a]	一种用于制冷机的压缩机	1928.12.22	1933.01.15
	CH140217[a]	制冷机	1928.12.21	1930.05.03
	FR670428[a]	制冷机	1928.12.26	1929.08.19
	GB344881	一种主要适用于制冷机的泵	1929.12.08	1931.03.03
5	DE565614	压缩机	1929.09.10	1932.11.17

（续 表）

序号	专利/申请	名 称	申请日期	公开日期
6	DE556535	一种主要适用于制冷机的泵。对专利DE555413的增补	1930.04.14	1932.07.21
7	DE561904	制冷机	1930.04.14	1932.09.29
8	DE562300	制冷机	1930.04.14	1932.10.06

注：黑体专利为原始专利；其他的要么与它们相同，要么是它们的组合体。
　ª 指这些专利中含有经过稍许改动的 DE554959 与 DE555413 专利。

该泵以旧的传统双缸泵方式运行。缸体里装满了导电的液态金属汞。第一个泵1将汞从缸体4输送到5，阀门16则引入来自蒸发器20的制冷剂的热蒸气。当汞反向流动时，4中的汞蒸气通过阀14被压入管道15和19。它在空气冷却式冷凝器18中冷凝并流回蒸发器20中。同样的情况也发生在另一个缸体中，不过有一个相移。到目前为止没有什么新颖之处。

关键就是这个泵。连接4和5的管道底部有一条狭长的矩形狭缝36，如图4.25中的剖面图所示。侧面34和35处安装有电极，汞中的电流沿着垂直于管道的方向通过这些电极。

现在再用一个电磁铁使其磁场同时垂直于电流和管道。在这个例子中，所谓的洛伦兹力F作用于汞，垂直于电流I和磁场B（图4.26），与管道平行。它的方向由右手定则确定。汞即将流动。

要改变流动的方向，我们只需改变极性。这是由图4.24中内置于侧管8和9的小电极自动完成的。它们是辅助电路的一部分。

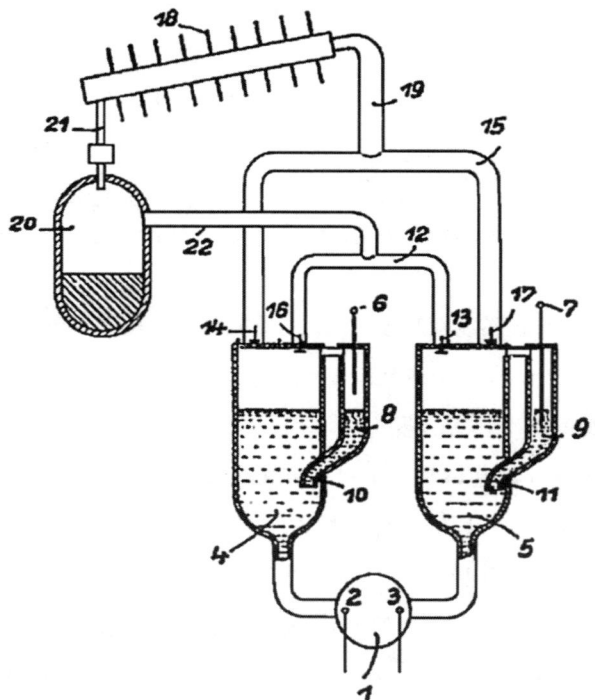

图4.24　DE563403号专利　冰箱

第四章　欧洲的发明

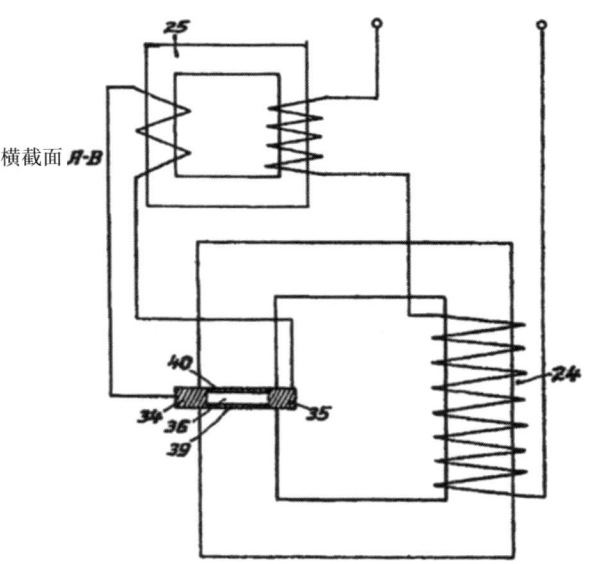

图4.25　DE563403号专利　电磁泵

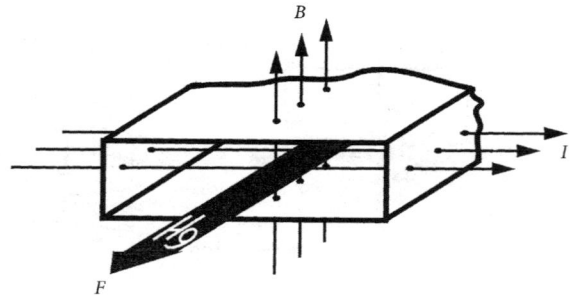

图4.26 洛伦兹力

第四章　欧洲的发明

当汞水平面下降到一定水平高度以下时，针和汞失去接触，电路交替中断，并触发极性变化。这些管道通过狭窄的开口10和11与缸体连通，这些开口延迟了汞的流入和流出，从而防止极性变化的"震颤"现象。

当使用交流电时，可以不用电极，因为变化的磁场能在汞本身中感应出电流——这个想法在一个月后提交的发明中得到了充分利用（表4.2中的第2号，图4.27）。

液态金属如汞，将在具有径向布置的层压板的芯2和管道1之间的薄环3中流动。管道1也被沿其径向排列的层压板（例如8和9）围绕。线圈4缠绕在层压板上，使之成为电磁体。

改变后续线圈4—7中的电流相位，会产生一个移动磁场（"滑动场"），在液态金属中感应出其平面垂直于磁场的电流回路。磁场和电流产生洛伦兹力，使汞向下移动。

在他们的下一个发明，即表4.2（图4.28）中的第3号，爱因斯坦和齐拉展示了如何构建一个无须切换即可产生往复运动的电机。

它由两个电路组成。其工作原理是单相异步电机——也就是说，它们产生的力的作用方向始终与其实际运动的方向相同。

缸体9在直立部件10内部移动。它们周围有线圈。10中的线圈被置于在a, b, a', b'等凹槽中，a和a'以及b和b'在电机运行中起相同的作用。定子的磁场由一个向上的磁场和一个向下的磁场组成；因此，当9静止时，作用在其上的合力为零。如果9向上移动，就会出现一个力将其抬起，直到弹簧23的反作用力使其停止上升并开始下降。这时，磁力将使其向下运动，直到下方的弹簧使其停止并回弹。振荡运动就这样继续下去。

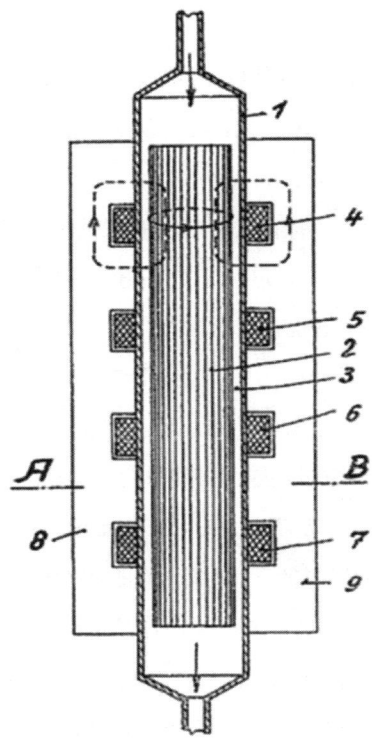

图4.27 DE554959号专利 移动熔融金属的装置,特别是用于压缩冰箱中的气体和蒸气;文献图1

图示2

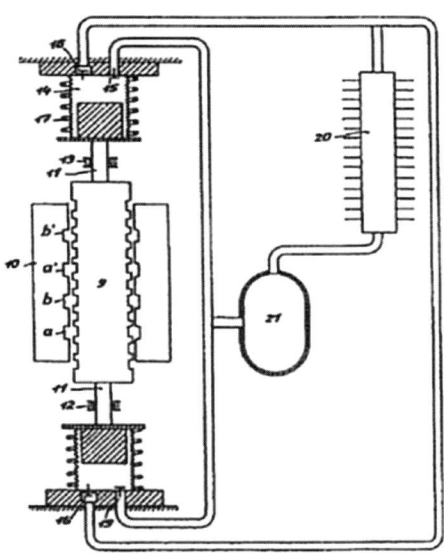

图4.28 DE562040号专利 产生振荡运动的电磁装置

如果该设备被用作冰箱中的泵，它可以让蒸气在蒸发器与风冷冷凝器之间循环流动。

在表4.2中的第4号发明中，其实施例与第2号的实施例完全一致，但工作液不是汞而是碱金属及其合金。它们密度较低，因此在湍流运动中的摩擦较小，能量损失较小。（显然，发明人在提交关于第2号的申请后的五个月内遇到了这个问题。）

12月21日至27日在数个国家提交的申请是两项主要的德国专利申请——第2号和第4号的组合。他们没有提到第1号专利，但在文本和附图中使用了它。唯一的例外是1929年提交的匈牙利专利。

他们的下一个压缩机，即表4.2中的第5号，目的是使工作流体（例如汞）与制冷剂的分离更容易。在早期的吸收式冷却器中，制冷剂离开汞的空间位于滑行场马达[①]之后；在本发明中，它位于滑行场马达之前。

同一天，即1930年4月15日，提交了关于滑行场马达的最后一系列共有专利。

第6号专利在早期的结构中增加了一个金属丝网，使气体能够完美分离。

第7号专利的目的是在冰箱使用率较低的时候降低热损失，即在不使用时，将装有碱金属的泵的温度稍稍保持在金属的熔点以上，在工作时，则保持较高的温度，以避免管绕组因过热而受损。

最后，第8号专利提出使用钾含量为20%的钾钠合金作为制冷剂，因为它比纯钾便宜，熔点比纯钠低。显然，他们在3月份

[①] 描述见后。——译者注

第四章　欧洲的发明

建造的冰箱只使用了钾，结果并不令人满意。[143]

除了二人的共有专利外，在1928年6月至1931年1月之间，齐拉还提交了（并获得了）关于电动泵制冷机的九项专利。通过阅读这些专利，我们可以跟踪他们的共有发明在发展过程中遇到的问题，并找到在这些专利中出现的想法。这些专利提出各种避免涡流、[144] 不利的感应电流、[145] 汞的回流、[146] 或者说停顿在某些地方不能流回到循环中的方法。[147] 它们提出提高整体效率[148] 以及分离制冷气体和工作液体效率的方法。[149] 它们提出改进换热器、[150] 压缩机、[151] 以及冷凝器和蒸发器之间的旋塞阀[152] 的建议，甚至提出更简易的机械组装。[153] 最终结构是由本专利提出的预制元件建造的。[154]

该项目开发是在德国通用电力公司的研究实验室，由工程师科恩菲尔德·阿尔贝特［Albert Kornfeld，后来其姓氏改为匈牙利语化的"Korodi"（科罗迪）］和比豪伊·拉斯洛（Bihaly László）一起进行的，他们是齐拉在布达佩斯理工学院（Budapest Institute of Technology）多年的同学，齐拉在该项目中既担任顾问，又是项目领导者。显然是爱因斯坦利用他的熟人说服德国通用电力公司提供场所，因为他在1928年9月"唤醒了［德国通用电力公司］，而且是强行做到的"。[155] 这并不是说爱因斯坦在这上面花了很多时间。实际上，是他在德国通用电力公司的一个熟人"唤醒"了德国通用电力公司，而与此同时，他正在兴高采烈地阅读斯宾诺莎（Spinoza）。

现在已经了解了他们在电动泵方面取得的成就，那么让我们问一个问题，爱因斯坦的贡献是什么？

在二人第二个共有专利的说明（表4.2中的第2号）的第一段

中，有一个引人注目的段落:"例如，人们可以使用这样的设备将熔融金属倒入模具中。"之所以引人注目，是因为齐拉在1926年申请了一项关于"使用电流将熔融金属浇注到模具中的方法"的专利。[156]

该专利利用了电动泵和所谓的箍缩效应。

在第一个实施例中，垂直截面（图4.29中的图示1a）显示了管中的熔融金属1；2和3是电极。在水平部分（图示1b）中，N和S是磁铁的磁极。洛伦兹力根据电流方向向上或向下移动金属。

在第六个实施例中，电流在熔融金属内沿管道30流动（图4.30）。然后，由电流感应出的磁场将对从外围向管轴下落的熔融金属施加压力，这会将金属从34压入模具33。这就是箍缩效应，也是洛伦兹力的一个结果。

齐拉的专利为第一种设计提供了五个实施例，为第二种设计提供了四个实施例。这是基于电动力学计算的合理技术描述。

齐拉是第一个将洛伦兹力用于实用性目的的人吗？

不是。1907年，英国发明家弗兰克·霍尔登（Frank Holden）获得了"水银计"[157]（用于电气计量，而非汞）的专利。

管道7的一部分是一根毛细管，汞就在其中循环流动，其设计尺寸使得流量与通过电极8a和（看不见的）8发送的电流成正比，8a和8都垂直于页面（图4.31）。

永磁体2和2a垂直于电极布置。一定时间内输送的汞量表示为安（培小）时和瓦（特小）时。通过加入一个用于反转极性的开关，该结构可以设置为进行连续或间歇运转。

这就是"经典"电动马达。

然而，还有其他先行者。在对表4.2中的第1号和第2号专利

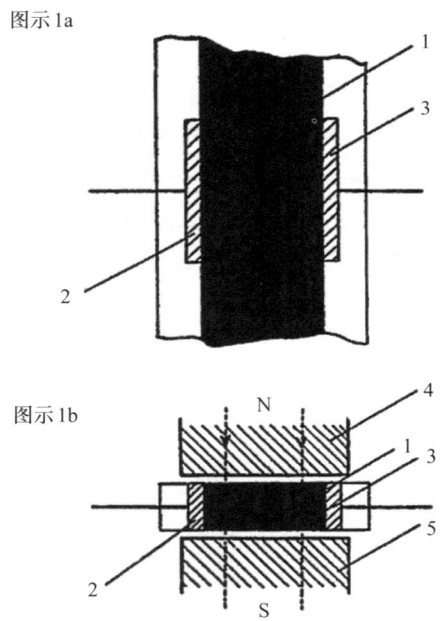

图4.29 DE476812号专利 利用电流在模具中压制金属的过程(第一个实施例)

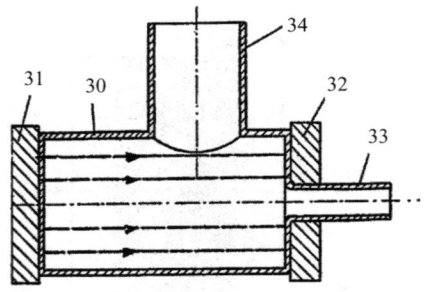

图4.30 DE476812号专利 通过电流在模具中压制金属的过程(第六个实施例)

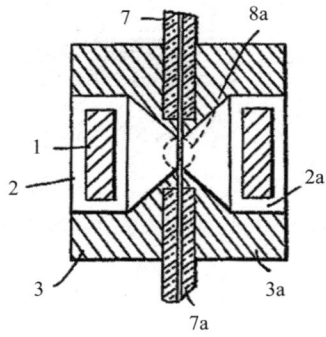

图4.31 霍尔登的电动马达(US853789号专利)

第四章 欧洲的发明

申请进行初步评估后，正在开展实验的德国通用电力公司的专利部门的工程师得出结论，只能针对特殊实施例而不是原理提出普遍性的权利要求。[158] 他们提到了若干专利和一份技术报告，其描述的是以电动方式移动汞的想法，以及滑行场马达。[159] 德国通用电力公司甚至优先考虑了基于相同原理的另一项发明，[160] 并在齐拉和爱因斯坦的申请之前提交了这项发明。

这个想法已经传开。1927年7月27日，就在爱因斯坦和齐拉申请他们的第一个电动专利的四个月前，美国人米勒德·C.斯潘塞（Millard C. Spencer）提交了"流体-导体马达"的申请。[161] 斯潘塞的目标是泵送非导电性和腐蚀性流体，以及与传统泵中的润滑或密封件相互作用的流体。其进一步目标是做出一个安静运转的泵，"它运行时几乎不需要关注，并且其中与其运行相关的流体可以置于密封容器里，部件则无须使用填料函进出容器，这对制冷机械而言是可取的，因为该类机械使用的流体不能泄漏"。

该泵是读者熟知的电动泵。产生交变磁场的电磁体在汞中感应出电流。汞通过箱子底部的连接管从一个罐子泵被送到另一个水罐。当罐子装满时，通过使用与一定高度的汞发生接触的销子，汞的流动方向会发生逆转。这种设计与爱因斯坦和齐拉的第一项专利相同：两个罐子就等于两个缸体，其中的汞充当活塞。要泵送的流体位于汞上方。

另一位美国人，后来任曼哈顿计划中的"三位一体"①试验

---

① "三位一体"试验（the Trinity test）指的是"曼哈顿计划"中的首次核武器试验的代号，这次试验的时间为1945年7月16日，地点在美国新墨西哥州的一片沙漠中。——译者注

的负责人肯尼思·T. 班布里奇（Kenneth T. Bainbridge）在1928年5月28日，即爱因斯坦和齐拉提交他们第一个电动专利的六个月后，申请了"液体导体泵"的专利。[162]这是一种利用箍缩效应的电动泵。

有一件事是肯定的：电动泵及其在冰箱里的应用都不是爱因斯坦发明的，因为斯潘塞也提到了这种可能性。

如今已经有了一个完整的电动泵家族，滑行场马达或滑行场泵则有了一个更复杂的名称："环形线性感应泵"（annular linear induction pump, ALIP）。

1930年秋天，德国通用电力公司决定将其研究所缩减25%。滑行场冰箱项目的命运将由一个委员会决定，因此齐拉提议与通用电气公司（General Electric）接洽。[163]他还接洽了英格兰研究实验室的赫斯特（Hirst）主任。[164]他的下一个计划是让西门子公司和布朗勃法瑞公司（Brown Boveri）对该项目产生兴趣，并取得德国通用电力公司的同意。[165]

这样的谈话表明齐拉越来越烦恼。德国的财政状况正在恶化。"我不知道我们能否成功地在欧洲完成我们的冷却器建造，"[166]他在1930年写信给爱因斯坦，提议以自己的名义在美国为"制冷厂"申请专利，以求"明确"（不知何意），但保留添加爱因斯坦的名字的可能性，因为"如同二人全部的制冷发明一样，该'制冷厂'也将被视为二人的共同财产"。[167]不过第二年夏天，他提出了相反的意见，希望在欧洲完成开发，以便到"那边"（美国）时，发明已经准备就绪。[168]

1931年，爱因斯坦抓住担任加州理工学院客座教授的机会,将"喷射泵式冰箱"的图纸寄给了老熟人加诺·邓恩(Gano Dunn)。邓恩告诉他,[169]这个想法可能已经由丹尼尔·F. 科姆斯托克(Daniel F. Comstock)在美国申请了专利,并附上了一份剪报。[170](1933年获得授权。)[171]

邓恩正在与克罗克-惠勒电气制造公司(Crocker-Wheeler Electric Manufacturing Company)讨论可能的合作。爱因斯坦将这个消息转给了齐拉,后者向他保证科姆斯托克的发明与他们的无关。[172]值得注意的是,爱因斯坦本人并没有看出区别,或者是他没想在这件事上花太多时间。

1931年12月,齐拉提出了一个令人惊讶的提议:让爱因斯坦签署一份声明,放弃十项对齐拉有利的专利和商标申请的共同作者权(表4.3)。[173]

爱因斯坦当时正在帕萨迪纳,几个月后,也就是1932年7月,他做了答复。爱因斯坦提到了他自己不确定的未来,"认为并不适宜签署声明"。[174]齐拉向爱因斯坦保证,三个共有的基本应用(可能是表4.2中的第1号、第2号以及第4号)不在清单之中。他为自己的要求道歉,并补充说自己的动机是避免不必要地使用爱因斯坦的名字。[175]

齐拉遵循爱因斯坦的意愿,不将后者的名字用于商业目的,但他确实利用爱因斯坦的声望让德国通用电力公司对这些发明感兴趣,[176]并帮助自己从柏林的美国领事馆获得签证。爱因斯坦很慷慨。在他的第一封推荐书中,他宣称齐拉访问美国的目的是"推动我们的共同工作",[177]在下一封推荐书中,他称齐拉为自己的合作者,打算在美国继续开展二人之前已开始并且自己也很感兴趣的工作。[178]

1933年3月，齐拉放弃了他和爱因斯坦的名下的德国专利562300（表4.2中的第8号）。德国专利局询问爱因斯坦是否已授权齐拉代表爱因斯坦本人发表弃权声明。[179]4月，专利局通知爱因斯坦，他现在是该专利的唯一所有者，[180]这表明爱因斯坦的回答应该是否定的。

冰箱专利最后一次被提起，是在1934年爱因斯坦与某位叫梅拉妮·耶格尔（Melanie Jaeger）的女士的简短信件往来中。她对《纽约夜生活》(New York Evening World)上一篇详细描述这项冰箱专利的文章感到不安（可惜笔者没找到该文章），于是，她自愿在爱因斯坦和一位美国企业家之间进行调解，以便在美国申请专利并生产它。爱因斯坦把她介绍给莱奥·齐拉。[181]感兴趣的制造商显然是某个叫尤利乌斯·雅诺维茨（Julius Janowitz）的人。[182]

很难说爱因斯坦是否从他们的共有专利中获得了可观的收入。1927年，爱因斯坦和齐拉就如何分享专利使用费达成一致：对于双方或其中任何一方在该领域过去或未来申请的所有专利，他们的份额为五五开。如果齐拉的收入低于助理教授的薪水，净收益将用于提升他的收入到那个水平，爱因斯坦将得到相同的一份，并且他们将对半分其余的部分。[183]（笔者不得不说自己这看不出两种情况有何差别，除非齐拉一下子就拿走一半以上的专利使用费。）1929年，齐拉提议以1∶3∶3的比例分享收益，其中七分之一是给科恩菲尔德。[184]他们的通信中几乎没有提到实际金额。[185]

第四章　欧洲的发明

表 4.3　齐拉要求独享专有作者权的专利与商标申请

申请号	名　称	日期	被授予为
专 利 申 请			
S. 85 876 Ⅷ/21 d 2	一种振荡电流式发动机，尤其适用于作为制冷机中的压缩机的驱动力来源	1928.05.31	
E. 39 852　I/17 a	气体混合物压缩机	1929.09.10	DE565614
E. 39 853　I/17 a	一种组合式压缩机，尤其适用于制冷机	1929.09.10	撤回
E. 64.30　I/17 a	具有喷射泵与冷凝器的制冷机	1930.04.14	
E. 40 537　I/17 a	具有喷射泵与冷凝器的制冷机	1931.01.22	
E. 40 538　I/17 a	一种泵，尤其适用于使用特殊工作液体的制冷机	1931.01.22	
商 标 申 请			
S. 69 767/21 d	一种振荡电流式发动机，尤其适用于作为制冷机中的压缩机的驱动力来源	1928.05.30	
E. 41 548/17 a	气体混合物压缩机	1929.09.10	
E. 41 549/17 a	一种组合式压缩机，尤其适用于制冷机	1929.09.10	
E. 700 30 17 a	具有喷射泵与冷凝器的制冷机	1930.04.14	

声音的磁致伸缩再现

爱因斯坦的下一个搭档是鲁道夫·戈尔德施密特。正如我们在第三章中看到的，爱因斯坦在1921年就已经作为顾问为戈尔德施密特"工作"，后者在1922年还就一个专利案件向爱因斯坦寻求专家意见。

在接下来的几年里，他们保持着密切的联系。他们住的离彼此不远。现存的戈尔德施密特在1928年至1932年间发出的十封信中，有七封问候了爱因斯坦的妻子，五封提到了关于晚餐或讨论活动的邀请。如果二人经常见面，就可以部分解释为什么他们的通信如此零星。爱因斯坦于1933年移居美国，一年后，戈尔德施密特移居英国，通信就只能靠纸笔。第二次世界大战期间，戈尔德施密特居住的设菲尔德（Sheffield）遭到两次空袭，他又几次搬家，造成二人之间的通信丢失，[186]尤其是爱因斯坦发出的信件。

1934年1月10日，戈尔德施密特和爱因斯坦共同发明的一项专利被公布。它提出了一种通过磁致伸缩声音再现的设计。[187]该专利的申请于1929年4月25日提交。

什么是磁致伸缩？如果将线圈缠绕在铁杆磁铁上并让电流通过线圈，则杆的磁性会发生变化，但其长度也会发生变化。由于杆的刚性抵抗磁致伸缩，因此长度变化相当小。

我们的发明人的想法是，通过将杆置于外部拉力或压力下，使杆接近不稳定的状态（外部拉力或压力分别接近使杆撕裂或屈曲的状态）以降低其刚性，并且杆能够跟随线圈中电流（有时相当大的）变化做出反应。例如，在麦克风或扬声器中使用这种装置，杆的纵向振动可以跟随要传输的声音在线圈中产生的电流振荡。

图4.32的图示1就体现了这个想法。一根铁杆B被两个螺钉挤压到发生屈曲的临界值。弯曲力与刚度保持平衡，线圈D中的电流感应产生的磁场引起的微小激励也会造成杆的长度发生相当大的变化。在压力下，这些变化会导致杆弯曲，这一弯曲会通过固定在膜片中点的元件转移到膜片上。

图4.32的图示3显示了一个接近实际应用的示例。铁杆B_1和B_2与柔性部件C_1和C_2一起构成了天平G的秤，悬挂在柔性杆M上。与前一种情况相反，这里的杆没有被压缩，而是被螺钉P拉伸，处于不稳定状态。杆被磁化，使得当一根杆在磁致伸缩的作用下膨胀时，另一根恢复到原来的长度，从而导致G倾斜。G的运动通过O和V传递到膜片W。F用来防止侧向的运动。

在1929年2月28日的一封信中，戈尔德施密特将当天以他们的名义提交的两项专利的说明书寄给爱因斯坦。[188]爱因斯坦表示同意这些关于发明的阐述，但强调自己的份额应该只有33%。[189]在阿尔伯特·爱因斯坦档案馆，紧挨着该信的是三份打字机打出的说明书，所以信中提到的两份说明书一定在其中。一个是关于磁致伸缩声音再现，[190]后来授权的专利号为DE590783。[191]第二个应该是其他两个之一，二者都提出了特殊的设计，以避免磁极周围磁引力的非线性。[192]

奇怪的是，在4月9日，技术实验公司（戈尔德施密特过去的助手称其为戈尔德施密特的公司）[193]通知爱因斯坦，在德国专利局以申请号 G. 75753和 G. 75754，[194]提交了两项说明书，它们都不同于爱因斯坦和戈尔德施密特的共有专利G76 240。此外，在4月25日申请戈尔德施密特-爱因斯坦专利的同时，另一份只

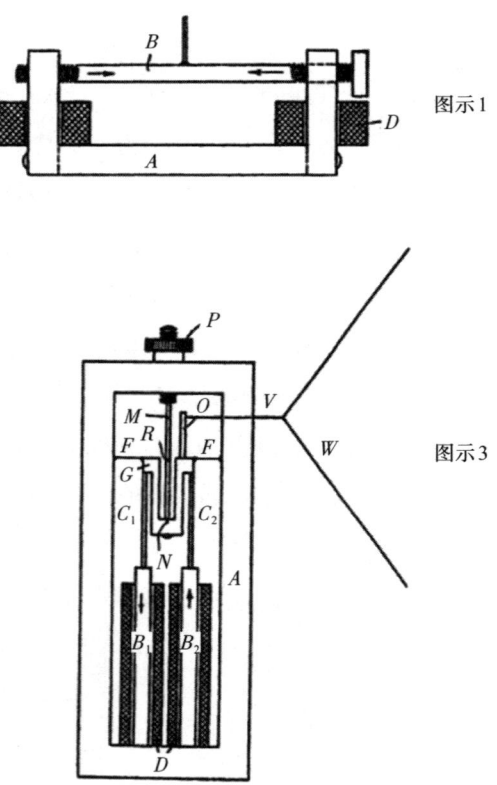

图4.32 DE590783号专利 磁致伸缩麦克风

署有戈尔德施密特名字的申请也被提交给德国专利局。[195] 现在我们有了三个提交日期,但是连具体发明都很难搞清楚。可以肯定的是,授权的只有一项共有专利。

爱因斯坦可能的贡献是什么？20世纪20年代后半期,在戈尔德施密特从事的所有13项发明里,都出现了通过在固体中引入应力来降低刚性以使其接近不稳定状态的想法。在所有这些发明中,受到推或拉的是膜片,而不是麦克风的任何其他部分。戈尔德施密特-爱因斯坦专利是唯一一项将该过程方法应用于杆状磁铁,以增强其磁致伸缩振动的专利。人们很容易将这个具体想法归因于爱因斯坦,但是就运用应力来抵消刚性这一想法而言,则不然。爱因斯坦给戈尔德施密特的下一封信中的文字支持了这个事后评论:"我仍然担心,尽管弹性补偿的想法确实不错,但它太微弱,因而无法付诸实践。"[196]

夸自己的想法"不错"不是他的作风,所以弹性补偿一定是戈尔德施密特的想法。

在同一封信中,爱因斯坦提到"技术实验公司……向我证明了我们将一起产下的蛋中,我作为父亲身份的占比"。(他在这里指的是来自技术实验公司的一封信。)[197]

1928年11月,爱因斯坦在寄给戈尔德施密特的自己照片上的献词中首次提到了这颗要一起产下的蛋(图4.33):

技术之曲处处响起,

让我兴奋敢于向前

说出一个大胆问题:

我俩一起下一个蛋？[198]

对此，戈尔德施密特以下面的小诗回复：

二人下一个蛋，
着实有点不易！
如果你不反对，
我想最好可以，
打赌各自下蛋，
最后炒在一起！[199]

然而，笔者必须强调，戈尔德施密特与爱因斯坦之间没有关于这项专利的明确通信，爱因斯坦提到的蛋可能指的是提交的两项发明或其中任何一项。

很显然，爱因斯坦对弹性补偿的怀疑评论，促使戈尔德施密特联系了西门子公司的研究实验室。正如他向爱因斯坦报告的那样，[200]其负责人格丁（Gerdin）对"增敏器"表现出兴趣，似乎已准备好进行测试。格丁还补充说，必须使用特定的铁合金才能得到足够的结果。

戈尔德施密特继续在信中写道，专利局只对该专利提出了形式上的反对意见（现在只涉及一个专利而不是两个；显然另一个已经被驳回了）。他说，他想和爱因斯坦讨论这个问题，以及一个他想和爱因斯坦一起开发的关于扬声器业务的全新想法。

第四章　欧洲的发明

图 4.33　给鲁道夫·戈尔德施密特的照片及其上的献词
承蒙耶路撒冷希伯来大学阿尔伯特·爱因斯坦档案馆惠允。

下蛋对母鸡和发明家来说都需要时间。它是一个过程的最终产品。戈尔德施密特一次又一次带着问题向爱因斯坦求助,并描述自己的担忧。他们的信件表明在合作中,双方就提案、猜测和想法的大小细节都进行了交流。

举几个例子,在1928年5月2日发出的、1922年之后(现存的)的第一封信中,戈尔德施密特请求爱因斯坦对前者打算提交给英国专利局的专利权利要求草案发表意见。[201]这是关于"一个处在磁性或静电吸引力下的膜片在人为产生的应力作用下……会处于伪无定向平衡态"。戈尔德施密特于5月29日向英国专利局提交了一项发明,[202]该发明描述的膜片与他信中提到的很相近。其中的专利权利要求与信中的内容没有对应。笔者不敢说专利的改写是爱因斯坦的功劳,但也不能说不是。

爱因斯坦的一个想法出现在戈尔德施密特的一封信中,该想法也涉及声音再现,但没有磁致伸缩。戈尔德施密特将爱因斯坦的提议和他自己的版本都画成了草图(分别对应图4.34的上下图)。[203]A是永磁体,B是舌片,C是电磁体,G和F是保持B固定的接头。倒立的"Y"是一个具有圆锥形尾端的杆。戈尔德施密特没有解释装置如何运作。显然,B的磁性是随线圈C中电流的变化而改变。B会在A的磁极间隙中上下移动,并再现控制电流的声音的振动。两个版本之间并无原则性的差异,只是具体实现方式不同。

"最好当面讨论细节。"戈尔德施密特提议。这是关于该装置的最后一句话。

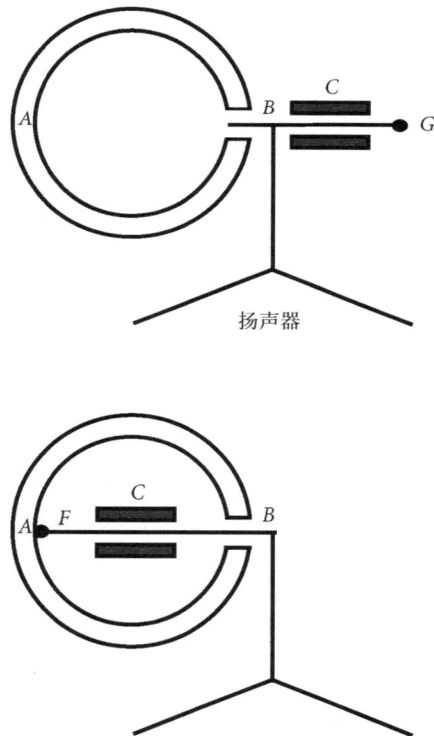

图4.34 爱因斯坦和戈尔德施密特提出的方案

根据鲁道夫·戈尔德施密特致爱因斯坦的信,1928年11月15日。

助听器

1931年10月，戈尔德施密特在给爱因斯坦的信中写道："关于您的非常有趣的建议，我还不知道能说些什么。""颅骨具有相对较高的刚度和高阻尼。正如您所指出的，磁铁的运动部分也可能因此更重。"[204]

由于没有现存的信件，我们只能猜测戈尔德施密特写的是关于爱因斯坦发明的、在书籍和论文中提到的助听器。一年多后，他们才恢复交流，以草图展示如何将手柄固定在颅骨上，并建议最好向牙医咨询如何操作。[205] 戈尔德施密特提名自己熟悉的一位牙医教授，同时不反对爱因斯坦或艾斯纳（Eisner）夫人也可能有适当的人选。

歌手奥尔加·艾斯纳（Olga Eisner）和她的丈夫、音乐会钢琴家布鲁诺·艾斯纳（Bruno Eisner）于1928年与爱因斯坦相识。没过多久，他就得知艾斯纳夫人患有听力减退，这对音乐家来说是一个严重的问题。爱因斯坦和戈尔德施密特决定建造一个方便的助听器。[206]

戈尔德施密特工作很卖力。写完第一封信的四天后，他提议用一层牙科水门汀将碟片固定在颅骨上。[207] 与此同时，阿尔伯特和埃尔莎·爱因斯坦找到了一位牙医——阿克斯豪森（Axhausen）教授。现在，戈尔德施密特改变了主意，提出了一种简单的、机械式的、将声音传输到颅骨的方式。[208] "我很想和您讨论利弊，靠写信是不可能的，您和您的妻子愿意来我们这里吃晚饭或喝杯茶吗？"

在爱因斯坦的推荐（相关文件已佚失）下，门德尔松一家

（Mendelssohns，显然是管理爱因斯坦所在的研究所财务的门德尔松银行的东家）愿意向爱因斯坦提供500到1 000马克的资助，并评论说，如果此事成功，"那么您将为人类带来前所未闻的恩惠"（不仅对有听力问题的人而言，这是闻所未闻）。[209]

与此同时，戈尔德施密特求助于劳滕施莱格 [Lautenschläger，很可能是柏林耳鼻喉科医生阿洛伊斯·马丽亚·劳滕施莱格（Aloys Maria Lautenschläger）] 以及外科医生诺伊珀特（Neupert）博士，讨论植入小碟片的细节和前景。他设想只为发明的技术部分申请专利，并再次征求爱因斯坦的意见。[210]

戈尔德施密特的下一封信写于1933年8月，正值他在巴黎进行临时访问。爱因斯坦当时留在比利时，准备前往美国。戈尔德施密特正在思考如何养活他的三个儿子、一个女儿和妻子。"我有一些新发明，"他写道，"我想念您的帮助……尤其是在解释现象方面。"[211] 他还在为奥尔加·艾斯纳研究助听器。他了解到，由于周期性咔嗒声的刺激作用，耳硬化症患者在火车上，听力会变正常，所以他和奥尔加·艾斯纳做了实验。他们乘坐木制（三等）和软垫座椅（二等）的火车车厢旅行；他让奥尔加·艾斯纳乘坐有轨电车，并建造了可以产生同样有效的刺激性噪声的装置，等等。爱因斯坦很快就回复了他的信。但我们得以知道这些回信，只是因为戈尔德施密特的信中提到了它们。一方面，爱因斯坦认可外部噪声的刺激；另一个方面，他很好奇接受刺激后多久能恢复听力。[212] 除此之外，他们见过面的唯一证据是爱因斯坦致奥尔加·艾斯纳的一封短信，说他在伦敦遇到了戈尔德施密特，并认为戈尔德施密特的"新方法是对的"。[213]1933年，爱因斯坦从比利时启程多次访问英国,所以这次会面一定发生在他于10月离开欧洲和戈尔德施密特之前,之后爱因斯坦再也没有回到欧洲。

戈尔德施密特留在了英国,仍然希望继续开发助听器,直到可以申请专利的阶段。1941年10月,他写信给爱因斯坦:"我希望我们的愉快合作可以重新开始,尽管距离很远。"[214] 他在几天前提交了一份关于一个简单装置的专利申请,该装置包括一块作为一种膜片的铁制薄片,它被固定在皮肤下的乳突骨上,并在其外面加上一块电磁铁。戈尔德施密特急得要把自己当成测试者。他把这个薄片贴在自己的头骨上,"当发现自己现在可以在外耳道被阻塞的情况下'通过磁性听音'时,我感到非常震惊",他附上了专利的说明。

爱因斯坦当时已经在普林斯顿(Princeton),尽管他很高兴得知戈尔德施密特还健在,但还是给对方泼了一盆冷水,指出"另外,这里[在美国]已有市售的设备……和我们过去的努力一样有年头了。……奥尔加·艾斯纳也有这样的装置['Sonotone'(声通助听器)]",使用该装置无须手术。[215] 然而,戈尔德施密特并未撤回他的申请,并于1943年获得该装置的英国专利。确实,这个专利不是与爱因斯坦共享的。[216]

戈尔德施密特的儿子汉斯·R. 戈尔德施密特-戈尔迪(Hans R. Goldschmidt-Goldie)在回答奥托·内森(Otto Nathan)询问自己是否收到爱因斯坦的来信时,[217] 提到"骨传导助听器的发展(爱因斯坦-戈尔德施密特专利)"。[218] 很明显,戈尔德施密特与爱因斯坦共享的专利不是助听器,而是磁致伸缩声音再现。从心理学的角度来看,一个带有爱因斯坦名字的专利与爱因斯坦如何帮助一位著名歌手的伟大故事之间是有怎样的密切关系，是很有意思的。

另一种说法也必须更正。布鲁诺·艾斯纳认为，戈尔德施密特的去世阻碍了助听器的全面发展。[219]正如我们刚刚看到的那样，它根本没有受到阻碍，而是得到了开发并获得了专利。

戈尔德施密特继续与爱因斯坦通信，直到1950年去世，但他再也没有提到助听器。

纳粹秘密国家警察盖世太保（Gestapo）在戈尔德施密特离开德国之前造访，并试图发现他和爱因斯坦从二人共有的专利中获得的可能收益，但一无所获。[220]无论爱因斯坦对戈尔德施密特的发明有什么贡献，他都是为了帮助他人——也是为了自己的消遣。

但是，戈尔德施密特却一再请求爱因斯坦帮助他为其研究筹集资金，[221]寻找赞助人，[222]或为其发明在美国申请专利铺平道路。[223]

第五章

美国的发明

测高仪

以下的诸多发明是爱因斯坦与古斯塔夫·布基（Gustav Bucky）合作开发的，后者是一位医生、X射线检查法专家，也是一位在其从事的领域内外都有成果的发明家。[1]布基一生中共取得了143项专利。其最著名的发明是对皮肤的"跨界射线疗法"（Grenz ray therapy）。波长为2埃的射线位于紫外线和软X射线的交界处（德语为Grenze）；它们被一层薄薄的（3毫米）组织吸收，对皮肤的辐照不会影响身体的深层部分。他的另一项至今仍在广泛使用的发明是布基隔膜。这是一个由铅条组成的网格，能够让辐照身体后以任意角度被散射的X射线无法到达胶片，避免影像质量降低。1933年，爱因斯坦在美国遇到其在德国的老熟人古斯塔夫·布基，一段孕育了多种与技术相关的构想的友谊就此开始。

1934年11月的某个时候，布基向爱因斯坦提议他们来建造一个简单的测高仪：在一根弹簧下端悬挂一个有质量的物体。在更高的地方，物体的重量减小，悬挂它的弹簧的伸长幅度也会减小。这一变化由一个指示器显示。关于这个测高仪的其他细节就不为人所知了。

爱因斯坦不太满意这个建议。[2]假设物体使弹簧伸长了100厘米（40英寸），引力场十万分之一的变化（相当于上升了约300米）导致的弹簧长度的变化仅为0.01毫米（0.000 4英寸），难以测出。但是，爱因斯坦想出了另一个主意：将密闭装有煤或石墨粉末的容器置于真空中，然后通过测量粉末的电阻变化进而测量高度。这种粉末非常细，表现得几乎像液体，因此它在给定的引力场中会显示出明确的电阻。粉末的密度对引力场的变化非常敏感，因此会造成粉末电阻值发生变化，可以用惠斯通电桥测量出这种变化。不过他指出，必须保护该装置不受到冲击，并建议使用万向悬架。此外，为了避免粉末中的不均匀性，电极应嵌入容器壁中（图5.1）。

然而，几天后，爱因斯坦提出了另一种设计。[3]假设有一个处于垂直位置的指示器，指示器上有一个螺旋形弹簧和一个具有一定质量的物体（图5.2）。当我们把指示器转离其垂直位置时，物体的重量会帮助我们转动，但弹簧会抵消其重量。如果施加第三个力，可以是一个弱弹簧的力或电磁效应，使指示器保持在一个倾斜且倾角较小的位置，那么这种方案将敏感到足以记录重力随高度的变化。倾斜整个装置也会有同样的效果。两个指示器若在垂线的两侧倾斜，就可以平衡不可避免的振荡。

爱因斯坦认为要花几年时间才能造出一个技术上合格的仪器——这似乎是源于他多年来研制陀螺罗盘的经验。

测高仪是他们在合作过程中迈出的不无艰辛的第一步。他们很快发起一个更为重要的计划：成立一个公司，以期为他们的研究提供资金并测试他们的发明。

1935年1月25日，布基向爱因斯坦汇报说，他向埃米尔·迈尔（Emil Mayer）寻求建议，这是一位在该领域拥有广泛的经验和人脉的技术顾问。[4]迈尔建议，先搞定一个小型机械制造车间，聘请一名机械师，如有需要，再聘请一位作为顾问的物理学家兼工程师。这只需花费几千美元。当这些条件准备就绪后，迈尔愿

图 5.1 爱因斯坦的第一个测高仪("Vakuum-Gefäß"意为真空容器;"Freie Oberfläche des Pulvers"意为无覆盖物的煤粉的表面;"Kohlepulver"意为煤粉;"Elektroden"意为电极)

爱因斯坦致古斯塔夫·布基(1934年11月8日)。承蒙耶路撒冷希伯来大学阿尔伯特·爱因斯坦档案馆惠允。

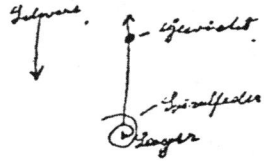

图 5.2 爱因斯坦的第二个测高仪("Schwere"意为重力;"Gewicht"意为重量;"Spiralfeder"意为螺旋形弹簧;"Lager"意为支撑物)

爱因斯坦致古斯塔夫·布基,1934年11月12日。承蒙耶路撒冷希伯来大学阿尔伯特·爱因斯坦档案馆惠允。

意以一定的股份加入他们。然后，他提议筹集5万美元的资本。对迈尔来说，爱因斯坦的名字是这个项目最为引人注目的招牌。

布基给出一个各种想法的清单。[5]后来有人［也许是爱因斯坦的秘书海伦·杜卡斯（Helen Dukas）］将其注明为"1935年"。清单中共列出26项，其中一些与布基的专业——X射线诊断及疗法有关：剂量测量仪、用于辐照的成型筒、自动冲洗器、用于冲洗胶片的加热及冷却盘管。然而，有些则令人惊讶，与其专业相去甚远：车辆的座椅；汽车燃油箱的物位测量；用经过石蜡处理的硬纸板制成的保温瓶；汽车车窗干燥器；（例如用于制造床的）可在负重下使压力均匀分布的弹簧；免湿的透气布料；自动及机械电话计数器；用于控制汽车速度的视觉和听觉信号装置；用压制金属制成的、在使用时可增加美观性的瓶托；可固定用于切割食物及进食的刀叉的扣件，以避免刀叉掉入盘中。有一件东西特别吸引我们的眼球：基于陀螺仪的飞机用人工地平。

布基认为，从项目开始到做出一两件产品之前，以1 000至3 000美元作为启动资金是比较明智的。[6]

爱因斯坦同意布基的想法，他甚至提议他们两个人只做专利申请的工作，而将实验和模型制作留给那些可以在迈尔的帮助下联系到的企业。他还同意由他们三个人——布基、爱因斯坦以及迈尔担负专利申请方面的财务开销。[7]

似乎在早先的一次交流中，布基和迈尔已经同意提交第一批专利申请：汽车座椅、免湿布料、廉价的保温包装、采用强电场的液体净化方法和陀螺装置。布基还补充说，他已经找到了一个车间。[8]

我们只能确定爱因斯坦在这些发明中的若干项里做出了贡献。

防水透气的衣服

这种特殊的织物由玻璃纸或其他合成材料材质的线制成，或由经过预浸的普通线制成。这些线编织得很紧，以至于线与线之间的缝隙只有水滴那么大（图5.3）。毛细压力会阻止水滴从外面渗透到里面，但水汽颗粒（汗液）和气体因其尺寸较小，所以可以从里面被排到外面。[9]

在提交专利申请之前，迈尔要求提供更多的细节，即缝隙的大小与织物厚度的比率，或粗细不一的线的具体粗细值。[10]在与爱因斯坦讨论了这一要求后，布基回复说，线在不湿润的情况下，即使是0.1毫米的净尺寸也足以防止水滴在1毫米压力①下穿透织物。[11]他们将权利要求局限在服装领域，并提议将发明的名称从"透气型的不湿织物"改为"透气防水服装"。迈尔接受了这一建议，将名称翻译为英文"improvements in waterproof fabrics"（关于防水织物的改进）（布基、爱因斯坦和迈尔之间用德语通信），并称专利将在几天内后提交。[12]

申请书的副本显示，爱因斯坦和布基再次被要求提交细节，因此他们补充了为应对不同大小的水滴（例如，视下雨时的气候

---

① 指1毫米汞柱单位的压力。——译者注

第五章　美国的发明

图示 1

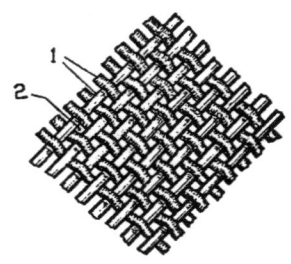

图示 2

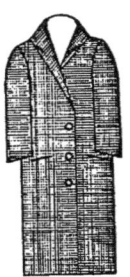

INVENTORS
ALBERT EINSTEIN AND
GUSTAV BUCKY
BY
ATTORNEY

图 5.3　防水服装

埃米尔·迈尔致古斯塔夫·布基的信的附件，1935年6月5日。承蒙耶路撒冷希伯来大学阿尔伯特·爱因斯坦档案馆惠允。

冷暖而定），织物缝隙的最大尺寸，以及双层结构如何在织物的某些部分得到使用以防止意外造成的湿润，"但不违背本发明的精神"。[13]这项专利的八项申请内容均以"防水服装，主要由……线制成"这一措辞开始。如果他们去掉"线"且只提到"一种织物"，其缝隙尺寸与他们在权利要求中说明的一样，那么他们就会比威尔伯特·戈尔（Wilbert Gore）、罗伯特·戈尔（Robert Gore）和罗伊纳·泰勒（Rowena Taylor）早40年申请到戈尔特斯（Gore-Tex）[①]的专利。

布基将迈尔的信和专利申请的副本一起转发给爱因斯坦，但心有不快。[14]布基抱怨说，尽管他们（布基和爱因斯坦）都表示反对，迈尔还是提交了专利。笔者并不知晓这其中的缘由。他们显然成功地撤回了申请，因为在布基与爱因斯坦的通信中没有提到"布特斯"（Bu-Tex）或"爱因斯特斯"（Eins-Tex），而且后来也没有相关专利授权。

隔热容器

另一项发明的申请提交于1935年6月5日。[15]廉价的绝缘包装或绝缘容器的壁是由两块经石蜡处理过的纸板制成，在其中间放入玻璃纤维。玻璃纤维会像玻璃一样起绝缘作用，其含有的微

---

① 戈尔特斯（Gore-Tex）是W. L. Gore & Associates的商品名，是由拉伸（膨胀）聚四氟乙烯（ePTFE）制成的微孔膜，既防风，又防水，还透气。由于这些特性，它常被用在功能性纺织品如户外、运动、休闲和防护工作服上。——译者注

孔可以防止空气在壁内流通。[16]

次年4月，专利代理人约瑟夫·奥本海默（Josef Oppenheimer）通知布基和爱因斯坦，专利审查员得出的结论是："申请人只是将这种工艺中多个可取的特点融合在一起，而非制造出一个新颖到能够获得专利的结合产物。"[17]

用静电方法过滤液体

在布基给迈尔的清单中，下一项共有发明是清理长期使用的液体如润滑油的方法。[18]将一块金属板的一面电镀上另一种金属涂层，然后将其切割成小块，甚至磨碎。两种金属之间的接触会产生强烈的电场，吸引污物并将其附着在金属颗粒上。然后，这些颗粒清洗后可以反复使用。

在提交申请之前，迈尔要求布基给出可用于这项发明的金属的具体示例。[19]第二天，经过与爱因斯坦的讨论，布基回答了迈尔提出的问题；[20]很明显，这项发明的设计要归功于爱因斯坦。如果两种金属在接触电势上有足够大的差值，例如锌和铜，那么就可以用于这一发明。没有必要让两种金属紧密地结合在一起，只需通过挤压，使混合物中的颗粒之间发生导电接触就足够了。到了7月，这项专利申请被提交至布里森与施伦克（Briesen & Schrenk）律师事务所，再由其转交至美国专利局。审查员发现了三项关于同一发明的专利。[21]尤其是卡布雷拉（Cabrera）的专利的基本理念（用锌、铜和其他金属的微细颗粒进行过滤）[22]看起来与爱因斯坦的相同,尽管两种金属没有结合在一起。[23]

爱因斯坦承认,从某种意义上说,他的理念确实早在人们的预料之中。[24]然而,他发现卡布雷拉的专利中有一处"印刷错误"。如果一个锌颗粒和一个铜颗粒在一种导电能力不良的液体中悬浮且彼此靠近,那么它们之间会有一个电势差,但没有电场。为了获得电场,这两个颗粒应该形成导电连接。这就需要通过相当大的压力将它们挤压在一起。出于这个原因,卡布雷拉的过滤器起不到作用。

测量数据的自动校正

这项发明第一次被提及是在1934年11月底。出生于柏林,曾在海德堡(Heidelberg)学习工程学的专利律师瓦尔特·S. 布莱施泰因(Walter S. Bleistein)致信布基,说自己在信中附上了一份将在德国提交的专利申请的初稿。[25]根据一份虽未署日期,但显然早于布莱施泰因这封信的文件,布基和爱因斯坦在之前就已经与勒菲纳格(Roefinag)研究公司制定了一份协议。协议中提到了他们二人作为合作发明者,授权并责成该公司在德国为同样的装置申请专利,并推动该发明的商业利用以期分享获利。[26]笔者猜测,勒菲纳格公司有且只有三个董事会成员:布基、爱因斯坦与迈尔。

这份初稿的内容涉及一个用于自动修正测量数据的装置。[27]

初稿阐述道:测量仪器的指示读数是相对的,因为它取决于环境条件，如气压和温度。对精密测量而言，得到的读数必须依据表格或通过计算加以修正；或用另一仪器测量修正因数；或使用显示修正数值的多重标尺。这些仪器可分为两类：一类仪器会显示实际情况和参考点之间的差异；而就另一类仪器而言，待测的数值是两个条件所作用的结果：一个是直接作用于测量仪器的条件，另一个则是其他某个条件。温度测量便是第一类仪器的应用实例，一个热偶元件接头处于待测区域内，另一个热偶元件接头处于室温下，后者未必恒定，可以以任何方式变化。湿度测量是第二类仪器的应用实例。其中，温度会对测量值产生影响。

　　布基和爱因斯坦的发明很简单。如遇到需要修正数据的情况，发明中的装置会相应改变测量仪器的标尺。这样，指针就会显示出修正后的数值。标尺可以通过计算或依据经验校准。

　　这项发明的设计有若干变种。就使用热偶元件测温而言，与毫伏表的标尺盘相连接的杆子会随室温高低发生膨胀或收缩，使标尺来回移动。[1]

　　对相对湿度的测量，可以通过一个对绝对湿度敏感的装置如一根头发来移动标尺；标尺依据相对湿度进行校准。[2]

　　至于压力校正，可以将压力源与气缸中的活塞连接，压力从而通过活塞移动标尺。

---

[1] 热偶元件毫伏表的输出已经表达相对温度。修正得到的是绝对温度。这里等于是把室温当成一个影响（绝对温度测量）的变化因素。——译者注
[2] 一般认为毛发湿度计测量的就是相对湿度。而作者认为毛发的长度是受其吸附水量的绝对值的控制：在一个较大应用范围内，吸附水量正比于相对湿度（其吸附系数接近一个常数）。——译者注

至今尚未发现关于该发明的专利。

飞机地平指示器

给迈尔的清单中提到的最后一项发明是一个作为飞机的人工地平或陀螺罗盘的"陀螺仪器"。爱因斯坦在1935年1月首次描述了这一发明。[28]

陀螺仪被安装在飞机机首或用线悬挂起来。陀螺本身并无直接驱动，而是靠旋转的外壳通过枢轴与周围空气的摩擦作用来驱动的。

如果陀螺仪的支撑点高于仪器的质心，那么陀螺就可以作为人工地平。外壳的倾斜大体上不会影响陀螺的独立运动。

外壳可以被悬挂在常平架上。这样，它的旋转就有稳定效果，由此该装置也可作为陀螺仪使用。因为陀螺仪不需要专门的驱动装置，所以可采用相对较低的旋转速度。

在美国专利局中搜索关于专利新颖性的信息时，[29]发现了约翰·莫里森（John Morrison）的一项专利[30]看上去与爱因斯坦和布基的专利一样。爱因斯坦觉得自己完全被人抢先，并惊讶这么老的专利居然没有被付诸任何实际应用。[31]为了显示仪器数据，莫里森在陀螺上安装了一面镜子用来映照天体。（这表明他打算将其与古典六分仪一起使用。）他还提出采用一个专门的装置来快速旋转陀螺。这表明，他想把该仪器用于间或性的而非持续性的观测，然而，爱因斯坦所构想的是持续性的操作。这是他们之间的一个重要区别。为了表明这一重点，爱因斯坦设计了一个光学装置来补充说明自己最初的专利描述（图5.4）。通过P、G、K、H，可以在M上看到L的图像。H的旋转轴固定在飞机上。K的角度变化导致L在M上的图像发生位移。

爱因斯坦接着问道，经过这样的改进，这个发明看起来是否有可能获得专利。他没有得到答案，也许是因为莫里森已经谨慎仔细地给出了读出设备结果的方法。后者不仅提到了通过镜子观测天体，还补充道，可以"在陀螺体上采用其他适宜的光学设计"，而爱因斯坦的新提议就是这样一种适宜的光学设计。也许是出于这个原因，爱因斯坦推迟了后续的步骤，直到找到对此感兴趣的合作企业。"我们自己的专利评估都是不利的，方方面面都处于弱势。如果没有资金与支持，我们肯定没戏，尤其是在自身也不想投入大量精力的情况下。"[32]

10月11日，布基收到了爱因斯坦寄来的对指示器的详细描述。布基用打字机将其重新打出来，并翻译成英文。[33]

这份文件看起来更像是一份规划方案，而不是专利申请。新的设计与之前介绍的设计基本相同，只是增加了光学附件，即指示器。爱因斯坦认为，陀螺的驱动是该发明的主要新颖之处。这未免让人感到诧异，因为我们已经知道莫里森的专利使用了同样的间接驱动。对之前描述真正的补充内容是，当陀螺开始旋转未沿水平方向时，阻尼陀螺进动的方法。也就是封闭在外壳中的空气在倾斜状态下，不会与陀螺一起旋转。但是，它将影响外壳自身的旋转。为了使这种干扰最小化，可以优化陀螺与外壳之间的空隙大小，以及空气所填充的空间的形状。也可以使用具有球形而非针状末端的枢

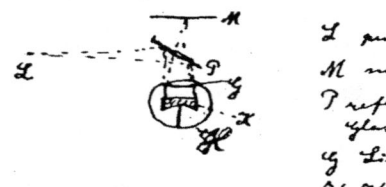

图5.4 人工地平("punkförmige Lichtquelle"意为点光源;"matte Glasscheibe"意为不透明玻璃板;"reflektierende und durchlässige Glasscheibe"意为反光和透明玻璃板;"Linse"意为透镜;"Kreiselkörper mit Spiegel oben"意为顶部有镜子的陀螺;"Drehgehäuse"意为旋转的外壳)

爱因斯坦致布里森与施伦克律师事务所,1935年7月13日。承蒙耶路撒冷希伯来大学阿尔伯特·爱因斯坦档案馆惠允。

轴来实现阻尼。如果框架不是固定在飞机上,而是悬挂在常平架上,那么它将保持水平位置,并且在指示器屏幕上,从光点的当前位置指向当陀螺位于水平位置时光点的位置,此指向方向即为南北方向。这项罗盘性的功能可以通过下列方式加以改进:在陀螺仪的框架与一个保持水平状态的平面之间实施自动连接,该连接在光点的控制下使框架和陀螺二者的轴保持平行。

1940年11月,布基请一位名叫沃尔特·S. 布莱斯顿(Walter S. Bleston)的专利律师寻找专门从事研制这种设备的公司。[布莱斯顿先生的名字中第一个名以及中名的首字母与在1936年担任其顾问的布莱施泰因相同。笔者颇为肯定他们是同一个人:布莱斯顿(Bleston)即布莱施泰因(Bleistein)美国化之后的形式。]布莱斯顿要求爱因斯坦提供更多的细节。[34]在总结了发明要点之后,布莱斯顿把注意力转向了这样一个事实:许多用作人工地平的陀螺不是由电动机而是由空气涡轮机驱动。相较于爱因斯坦采用的电动机,利用后一种驱动,陀螺可以更快地达到运行转速,这对需要即时数据指示的飞机来说更有用。对飞艇而言,更快的数据指示方式也更受欢迎,因为飞艇的陀螺具有更大的质量,因而会具有更大的惯性。

另一个问题可能是缺乏润滑。最后,爱因斯坦的陀螺是否能在飞机的大幅倾斜和颠簸中,保持其在枢轴上的位置,让人怀疑。上文提到的空气涡轮机陀螺不是安装在枢轴上,而是安装在普通的圆环(常平架)上。

布莱斯顿提出这些问题,是为了准备与一些公司例如先锋公司(Pioneer)或斯佩里公司交涉,而斯佩里公司就是在爱因斯坦参与的第一个专利案件中，安许茨一方的"敌人"。显然，布莱斯顿从爱因斯坦那里得到了满意的答案。至少我们可以猜测，正是布莱斯顿安排了于1941年4月16日举行的爱因斯坦与斯佩里陀螺仪公司专利部门代表的会面，并且爱因斯坦在这次会面中展示了他的发明。令人惊讶的是，他在此时已用空气驱动取代了外壳的电动机。该公司在"仔细考虑了您向我们披露的空气驱动的陀螺仪"后，给出了一个礼貌而拘谨的答复："虽然从表面上看，您的设计似乎比现在的设计简单，……但我们认为您的设计会比现在的模型更难制造、更昂贵。"该公司认为使用常平架并将陀螺像钟摆一样悬吊起来会更好。但是该公司承诺将建造一个实验模型进行测试，并向爱因斯坦告知测试结果。[35]

在一封未注明日期的信中，爱因斯坦表达了他对斯佩里公司的失望。"他们宁可卖贵的也不卖便宜的"，并要求布基不要为"那东西"而烦恼。"不做这件事的话，天也不会那么快就塌下来。"[36]

关于这项发明的最后一段文字见于一封写于1942年（可能是9月21日）的信中："能做陀螺的那个人还没出现呢。"[37]

这是在1935年初提交给迈尔的最后一项有利用前途的发明，但爱因斯坦与布基的合作并未到此结束。

静电麦克风

"我仍然在等待那个'麦克风'，"布基在1935年6月写道："你对它还有信心吗？"[38] 一个多月后，布里森与施伦克律师事务所向爱因斯坦发送了一份关于静电麦克风的专利可能的意见书。[39] 虽然这家事务所也将信的副本寄给了布基,却没有附上信中提及的专利文献的副本。因此,爱因斯坦很可能是这项发明的唯一发明者。

这种麦克风的设计理念是,声波压缩或膨胀电容器中固定极板之间的空气。空气的介电常数随其压力的变化而变化;因此,电容器的容量也会变化。电势的涨落引起了电流的涨落。这些涨落被一个反馈耦合放大后到达放大器。

这种麦克风是电容式麦克风的一种变体:它们都利用了电容器的容量变化,实现这种变化的方式或是通过隔板来改变电容器内极板之间的距离,或是改变介电常数。

布里森与施伦克律师事务所发现有三项专利覆盖了爱因斯坦的麦克风的全部或部分权利要求:彼得森(Petersen)的发明,[40] 斯皮德(Speed)的发明,[41] 以及罗伯茨(Roberts)和费里特(Ferriter)的发明。(笔者没能找到其中最后一项的信息。)

在他的回信中,[42] 爱因斯坦通过计算证明了彼得森的专利发明(也是一个没有运动部件的电容式麦克风)不起作用,因为电势涨落引起的电流涨落小于第一个电子管中的不规则涨落,原因在于电流的原子来源。这就是所谓的肖特基效应(Schottky effect)。[美国的专利及类似文献使用的术语是**射击效应**(shot effect),因为随机到来的电子射向电子管的阳极,引起随机噪声。这是"正规"的解释。对笔者来说,"shot"就等于去掉词尾的"Schottky"。] 由于这个原因,爱因斯坦继续说,他使用反馈耦合,提高了第一个阴极的电位。不过,最好还是对他的想法加以测试，并建造一个实验装置。布里森与施伦克律师事务所同意了这个建议。[43]

他们开始寻找一家公司来为这项测试提供资助，并且联系了美国无线电公司（Radio Corporation of America）的总裁戴维·萨尔诺夫（David Sarnoff）。（爱因斯坦第一次与后者见面是1921年4月他访问新不伦瑞克无线电台时。）[44]"我有点担心萨尔诺夫先生会利用我们的[专利]保护的不完善性来占我们的便宜，"爱因斯坦致信布基时写道，"但现在我们别无他法。"[45]"我们只能指望无线电公司的正直和善意，"他在下一封信中强调，"哪怕它就是打算抢我们的专利，我们也无能为力。……这就是为什么我认为我们不应该自己处理专利问题，而应该把它留给萨尔诺夫的人去做。这就是为什么我认为我们除了等待萨尔诺夫的回信，其他什么都别做。如果他提供一个具有不错的固定报酬的职位，也许我会接受，并且我会把钱分给你一半。……但是，如果他给的报酬太少，那么咱们就干脆不再忙这一摊子事了，还能省下精力、工夫和花销。……不要生我的气：对我来说，没钱没麻烦好过有很多钱和很多麻烦。除了思考和实在性的工作，我不喜欢别的事情。"[46]

在爱因斯坦与布基期待已久的回信中，萨尔诺夫向爱因斯坦允诺派马克斯·C.巴策尔（Max C. Batsel）来商讨关于麦克风和"精密测量仪器"的事宜。[47]巴策尔是位于新泽西州卡姆登（Camden）的美国无线电公司下属制造公司工程部的一名工程师。该制造公司将会建立实验模型并对其进行测试。"我非常希望我的公司能够与您建立合作关系，当然是您乐于接受的合作方式。"当爱因斯坦把这封信简述给布基时，说萨尔诺夫并没有提到发明的事情，只提到爱因斯坦作为技术顾问的工作。[48]笔者不知道为什么爱因斯坦对萨尔诺夫制造和检查实验模型的承诺未予置评。

在7月25日拜访了爱因斯坦后，巴策尔要求他的同事埃尔斯沃思·D. 库克（Ellsworth D. Cook）对爱因斯坦的麦克风提意见，并将库克的八页意见书转交给爱因斯坦。[49]

尽管库克承认，压力和电容器容量之间的线性关系使爱因斯坦的想法具有考虑价值，而且没有活动部件是另一个优势，但在声音记录中所用到的空气压力会导致静电容量发生极小的变化。[50]当时的麦克风能够记录下每平方厘米0.05达因①级别的声音。最低极限是由热骚动噪声决定的，但是放大器的第一个电子管的极板电路中的射击效应"看上去非常明确地排除了'介电常数'麦克风的实用可能性"。

运用合乎实际的假设，库克计算了两种类型麦克风的热骚动电压。他发现，就拾音和录音方面而言，介电常数麦克风产生的噪声过大。

几乎在同一时间，布里森与施伦克律师事务所要求爱因斯坦提供麦克风的草图和反馈耦合的详细信息，[51]但后者首先对巴策尔给予了回应。[52]

爱因斯坦赞同库克得出的结果，但也给出了两点反馈评述。首先，在方案中使用一个足够高的电阻，实际上，放电电流在相关的声音频率范围内可以忽略不计。同时电位的热涨落也被消

---

① 达因（dyne）是力的非法定计量单位。使1克质量的物体产生1厘米/秒²的加速度的力为1达因。——译者注

除。其次，通过反馈耦合，可以将射击效应减弱到不影响麦克风运作的程度。爱因斯坦之前已经向巴策尔提到过这一点。他还补充说，放大器的第一个电子管应该是一个低电压管，以避免电子撞击阴极并感生正离子，从而破坏栅极。

爱因斯坦提供了一个更详细的书面解释。

第二天，他答复了布里森与施伦克律师事务所，要求对方搁置此事。"最近，通过数学计算，我觉得你们描述的麦克风形式不可能发挥出令人满意的作用。"[53]

爱因斯坦也将其新的计算结果告知了巴策尔。[54]前者承认射击效应的重要性。他曾确信反馈耦合会消除这一效应，但是新近的计算让他相信自己犯了一个错误：反馈耦合会放大这种效应，就像它放大来自空气电容器的输出电流一样。反馈耦合的唯一好处是简化放大器。

然后，爱因斯坦用了一个近似计算来比较电动麦克风和静电麦克风二者的原理，结果是静电麦克风产生的电势是电动麦克风的十分之一。使用串级结构可以产生 10～50 倍的电势，很容易弥补静电麦克风的不足。在图 5.5 中，1，2，⋯，6 是彼此绝缘的金属板，交替具有或正或负的电势 P 和 $-P$。空气可以在金属板之间自由移动，但图中绘有阴影的板间部分除外，这些部分边上是封口的，与外界隔离，以保持其中的气压不变。这些电容器产生的电势涨落会累加起来，从而我们可以获得与单个电容器相同的效果，且不需要太高的电势。金属板彼此之间的电阻很大，从而可以维持板间的电势。这样就很容易产生 10 000 伏的电势，可以轻松获得远高于电动麦克风中的栅极电势。

第五章 美国的发明　　　　　　　　　　　　　　　　　　　　/ 211 /

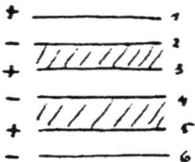

图 5.5　串级

爱因斯坦致巴策尔，1935年8月26日。承蒙耶路撒冷希伯来大学阿尔伯特·爱因斯坦档案馆惠允。

巴策尔虽然客气地认可了爱因斯坦做的比较，但觉得应该给出"关于实际使用要求的额外信息，这些要求是商业用麦克风的使用经验所确立下来的"。[55] 为了获得商业产品所要求的灵敏度，电动麦克风太重太大，但随着不断发展，可以在减小它们的尺寸的同时提高它们的灵敏度。它们的阻抗相当低，且由于麦克风的输出端连接在具有很高阻抗的"高真空管"的栅极和阴极之间，因而可以通过一个变压器将它们的电压提高约一千倍。这比爱因斯坦计算的电容式麦克风高一万倍，"就'射击效应'导致的噪声而言，这是一个巨大的优势"，然而，"即便采用您提出的巧妙的串级连接建议，利用空气介电常数变化的电容式麦克风是不具实用性的"。他们运用隔板的电容式麦克风的经验表明，保持足够的绝缘状态并不容易，而对于爱因斯坦提出的这一类型的麦克风，满足更高的绝缘电阻要求更困难。

爱因斯坦不相信可以用变压器来提高栅极电势。[56] 他尤其提到了原线圈的自感应不能很强；否则会损失高频成分。因为这一问题的计算并不容易，所以爱因斯坦提议进行实验。

三天后，他意识到，变压器不会截断高频成分。他建议只让原边的感抗大到足以压低电抗。"现在我已经无法判断动态或静态原理哪一个更好。二者无疑都应该仔细加以测验。"[57]

巴策尔在其回信中附上了一些简图，甚至还有一张配备了一种"实际上所有的广播电台都在使用的"带有变压器的电动麦克风的照片。[58] 他在信的最后礼貌地反问：如何从可与具有变压器的电动麦克风相媲美的静态麦克风中获得电压。人们可以感觉到他们二人之间的矛盾，就像之前爱因斯坦与基尔的舒勒之间一样——这都是生产线上的专家工程师与局外科学家之间的矛盾。

在一份手写稿中，爱因斯坦对变压1 000倍的可能性表示怀疑。[59]为了确保低频变压效果，原边至少需要300圈。另一方面，副边实际上不可能超过1万圈。这将产生30倍的变压。他甚至怀疑美国无线电公司是否曾经检验过变压比很高时，比例系数是否还能保持常数。显然是觉得这些反对意见有点傲慢，爱因斯坦在寄出的打字机打出的信中只要求提原、副边的实际圈数以及电磁体芯材料的磁导率。[60]

巴策尔从用于生产这种麦克风的工厂设计信息中找到了爱因斯坦所要求的数据，并将其寄给后者。[61]原线圈的圈数为14，副线圈的圈数为11 200。在工作状态下，镍钢合金电磁体芯的磁导率约为2 500。

爱因斯坦注意到，低频感抗并不比巴策尔的信中给出的阻抗高很多，尽管后者早先曾强调为了使声音均匀再现，这二者必须相差很大。[62]在低频段，只能把原边的感应电势的二十分之一乘以大约800的变压比。即便对更高的频率而言，这个比例会好些，然而副线圈的内部电容会产生影响，而这并不是那么容易计算出来的。"因此总而言之，在我看来，当使用变压器时，放大作用在不同频率并不一致。因此，使用变压器的理由在我看来是靠不住的。"

在回复爱因斯坦的信之前，巴策尔再次向库克寻求帮助。库克对50个周期和1万个周期的电路进行了计算，得出的结论是："50个周期和1万个周期的响应都达到了符合商业需要的满意程度。"[63]

除了转发库克的信，巴策尔还客气地提醒爱因斯坦注意自己在之前的信中已发送给对方的数据(爱因斯坦在自己的回信中并未认真留意这些数据)。[64] "我希望我们这封信能向您阐明在这些设计中所使用的常量的值,因为我确信我们之前的方式未让您明白这些事实。"

与此同时,爱因斯坦在等待萨尔诺夫参与这场争论,并继续讨论试验,特别是更重要的关于萨尔诺夫在信中提到的爱因斯坦和美国无线电公司之间的"关系"。到了10月底,爱因斯坦失去了耐心。显然他不愿意自己再去找萨尔诺夫,接手处理这件事的是埃尔莎。

"您和我的丈夫所商议的商业事项在当时没有取得成果,"她于10月29日(用英文)致信萨尔诺夫时写道,[65] "请允许我对您说,这件事对我的丈夫与我本人而言,都是一件十足的憾事。"埃尔莎将其归咎于环境而非萨尔诺夫,并询问是否可以恢复商谈。此外,"如果您能允许他(爱因斯坦)担任贵公司的科学顾问,那么他将非常高兴,而且他也许会在你们双方都能同意的明确条件下接受这一职务。我的丈夫很乐于解决技术方面的问题,之前在德国时,他就时不时涉猎这一领域"。值得注意的是,当时已病入膏肓的埃尔莎·爱因斯坦承担了这项为其丈夫求得一个职位的尴尬任务。更加尴尬的是,她没有得到任何答复。

在半年后的1936年5月20日,爱因斯坦用英文致信萨尔诺夫,提醒后者:"从我们的第一次商讨算起,时间已经过去了将近一年。从那时起,我与布基博士在技术事务方面已经没有什么交往,所以抛开他与一家技术企业建立更紧密的关系也不会有什么不妥。因此,如果您能再次回想起您在那时提出的建议,我将非常高兴。"[66]

他给出了两个理由：一是他"对技术问题一直很感兴趣"，二是他希望"在经济如此困难的时候，能够挣点钱，让几个优秀的年轻同事有可能继续从事理论问题的研究"。他不想要酬金，而是建议美国无线电公司向这些年轻科学家支付"适当的工资，并间或适当加薪"。这一安排也将有助于他自己的工作，因为可以不用被迫寻找助手。在信的结尾看出，爱因斯坦脑子里想的是他的年轻助手，"一个出生在美国的俄罗斯犹太人"。如果这位年轻人没有得到这一帮助，就只能走人。这位年轻的同事正要接受罗斯托夫大学（University of Rostov）的一个职位。提到这位助手出身的目的，可能是要解释一个美国人如何能在俄罗斯获得一个职位，同时可能引起萨尔诺夫的同情，因为萨尔诺夫自己就是一个出生在明斯克（Minsk）附近的犹太人。

萨尔诺夫答应"仔细考虑"爱因斯坦的建议，并承诺尽早答复。[67]6月7日，显然是在这位年轻助手的询问下，爱因斯坦给不出任何明确答复，只是说："萨尔诺夫还没有回复！"[68]他致这位年轻助手的信的收件人姓名是内森·罗森（Nathan Rosen）。在爱因斯坦于美国发表的最出色的成果之中，有两篇是他与罗森合著的：一篇提出了所谓的爱因斯坦-波多尔斯基-罗森佯谬（Einstein-Podolsky-Rosen paradox）；而另一篇描述了黑洞和白洞之间的虫洞，现在被称为爱因斯坦-罗森桥。罗森的成就和才华值得爱因斯坦为其付出关怀，爱因斯坦尽力帮助他获得一个体面的职位，如果在美国行不通，那就选择在苏联。爱因斯坦甚至在3月份给苏联人民委员会主席（相当于总理）维亚切斯拉夫·莫洛托夫

（Vyacheslav Molotov）写了一封推荐信。[69]

7月底，萨尔诺夫的秘书恩伯特·S. 里德（Engbert S. Reid）寄来了一封信。[70]收信人是海伦·杜卡斯。由此可以看出，爱因斯坦此前要求的是杜卡斯，而非病入膏肓的埃尔莎来提醒萨尔诺夫不要忘记其允诺。里德确认萨尔诺夫还没有撰写回信，但是他会在萨尔诺夫结束其欧洲之行并回国后提醒后者写信回复。萨尔诺夫最终还是没有写信回复。

在莫洛托夫那边，爱因斯坦倒是得到了回应。7月4日，他感谢莫洛托夫提供帮助。[71]这一年，罗森前往基辅大学（University of Kiev）任职，在那里工作了两年，然后回到美国，最后在以色列定居，并成为本-古里安大学（Ben-Gurion University）的校长。

液位指示器

1934年6月27日，布基向美国专利局提交了一份关于油箱液位指示器的专利申请，并在次年2月份被授予专利。[72]

由于某种原因，布基对这项发明并不满意。1935年6月，他向爱因斯坦报告说，自己现在已经为这种对汽车而言非常重要的仪表找到了一个令人满意的解决方案。[73]他提议将一个（图5.6的Ⅰ）或两个漏斗（图5.6的Ⅱ）浸入液体并照亮其表面。可见的圆形表面的直径与液体的高度成正比。第二个方案是第一个方案的变种：两个圆形表面的直径以及它们之间的距离随液体的深度而改变。

另一个解决方案是在一根棍子上非等距离地安装一些小镜子或小型反光球面，然后将其浸入液体中。第三种可能有效的方法是在棍子上缠绕一条螺旋状的反光带（图5.6的Ⅲ）。当被照亮时，反射在透明屏幕上的光线将显示液面的位置。这些指示器的制作成本很低。在白天，日光可以代替电灯发出的光。

一封没有日期的信似乎是爱因斯坦就这一发明的回信。[74]他对布基的提议并不满意，因为液体中的污物会影响观察。如果将液体本身的表面用于反射会更好一些，正如布基在他提出的第一个方案中所显示的那样。

爱因斯坦也有了自己的想法：使用一个由光构成的漏斗，即光锥（图5.7）。光源被投射在一个半透明的镜子上。它被液体表面反射，之后穿过半透明的镜子到达一个不透明的屏幕。液面越低，屏幕上的光斑就越小。然而，他对整个想法不满意。"我认为并没有真正好的**光学**解决方案。"

尽管如此，布基还是为申请专利撰写了一份说明书（未寻找到该说明书）。他显然建议为容器选用一个透明的盖子，透过它来观察液体的液面高度。爱因斯坦发现了三个问题。[75]其一，当容器外部温度低于其内部温度时，盖子可能会沾满液滴。其次，如果该容器是汽车的油箱，那么驾驶座上的司机只能通过光学装置间接地读取液位，但是专利申请说明中并未详细阐述这一装置。最后，该专利的构想是太奇怪，很容易被人忽视。他接着补充说："我还是不作为这两项专利的共同作者。我不仅没有参与它们的开发过程，而且不相信它们能有什么实际应用。"（这里提到的另一项专利是自调整照相机，关于其介绍见下一节。）

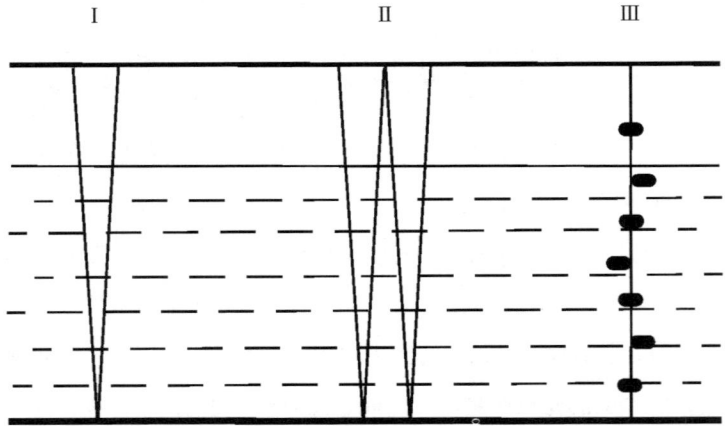

图5.6 布基的液位指示器

古斯塔夫·布基致爱因斯坦,1935年6月7日之后。①

---

① 即第74号注释中的文献,也就是那封没有日期的信。——译者注

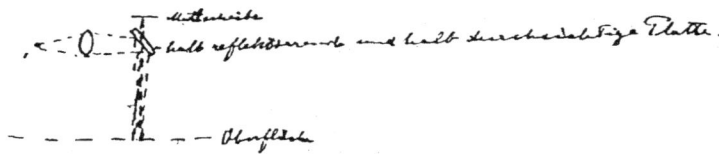

图5.7　爱因斯坦的液位指示器 ["Mattscheibe"意为不透明的屏幕；"halb reflektierende"意为半透明的（镜子）;"Oberfläche"意为（液体）表面]

爱因斯坦致古斯塔夫·布基，1935年6月7日之后。承蒙耶路撒冷希伯来大学阿尔伯特·爱因斯坦档案馆惠允。

正如爱因斯坦向布基反复强调的那样,他的主要问题是司机如何能够从座位上观察到汽油的液位。但既然布基已经向爱因斯坦保证这个问题可以解决,那么剩下的唯一令人感到头痛的问题是找到"汽车行业的人"来资助这项发明的开发。[76]实际上,布基以专利申请的形式写了新的关于这项发明的介绍。[77]他不仅将其原创设计的三种版本写在其中,而且将爱因斯坦的光锥版本也包含在内。他还详细说明了可以从驾驶座上读取液位高度的装置。

爱因斯坦提出了一个新的、电学的(而不是光学的)想法,即用一个垂直安装在油箱中的导体来显示液位的变化。[78]让我们用电流对这个导体进行加热。如果导体材料的电阻大小会受温度影响,那么导体浸没在油中的部分将比油面上的部分冷却得更快,因为后者只被周围的空气所冷却。随着液位降低,被油覆盖的部分越来越少,所以导体的平均温度会增加,其电阻也会增加。对液位的指示从而变成了对电阻的指示。

然而,电阻也会受油箱外的温度影响而变化。为消除这一干扰效应,可以通过使用两个材料和横截面大小相同但外形不同的导体:一个是带状,另一个是线状。带状导体由于表面较大,所以比线状导体更快失热,而二者的其余电阻由于横截面相同而保持相同,不受外界温度的影响。让我们在惠斯通电桥中连接这两根导体(图5.8)。其中a和b是大小相等的电阻;左边是线状导体,右边则是带状导体。如果在A和B之间施加一定的电势,那么C测量的电流将只取决于汽油的液位。

也可以用接触大热容而不会升温的导体来代替带状导体。还

第五章 美国的发明

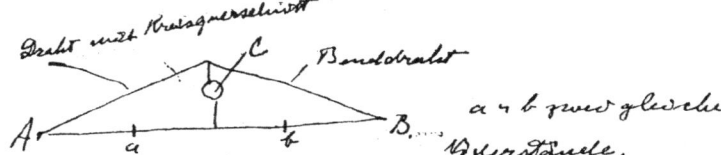

图 5.8 惠斯通电桥 ("Draht mit Kreisquerschnitt" 意为圆形截面的线状导体; "Banddraht" 意为带状导体; "*a* u. *b* zwei gleiche Widerstände" 意为 *a* 和 *b* 的电阻值相等)

爱因斯坦致古斯塔夫·布基,无日期。承蒙耶路撒冷希伯来大学爱因斯坦档案馆惠允。

有其他可能行得通的方法。

1936年11月，爱因斯坦披露了其中的一种方法：在一根棍子的不同高度处安装若干热偶元件，并把它们串联起来。[79]将这根棍子浸在油箱中，然后再于油箱之外使用一个热偶元件，使其接触邻近的大热容。如果向由以上器件组成的电路输入交流电，那么油箱外的热偶元件不会升温，而那些浸在油中的热偶元件也不会升温。然而，那些在油箱外①置于空气中的热偶元件则不会有这样的降温效果。

该发明并没有被授予专利。

光强自调整照相机

自动照相机第一次被提及是在爱因斯坦于1935年7月9日前后撰写的信中。[80]信中，爱因斯坦提出了三个困难：光电流太弱，以至于无法移动用来控制照相机入射光强度的滤光器；很难让处于倾斜状态的照相机保持平衡；无法通过使用高光强度来缩短曝光时间。如果我们看一下最终的专利说明中的图示，就会更容易理解他所写的内容了。[81]

在图5.9的图示1中，13是照相机10的侧面图中的物镜；15是一个市售光电池，其连接着一个可以在入射光束中使滤光器23移动如在物镜的两个透镜之间的装置。滤光器是透明的，颜色则

---

① 此处似乎应该是内，原文有误。——译者注

是从一端的无色渐变至另一端的黑色（图示4）。它的功能是在光电池的控制下，持续减弱入射光线。图示2和图示3显示的是针对不同的快门时间，光圈对光强进行的粗略设定；自动滤光器可进行微调。

爱因斯坦在其中一个图示中发现了一个错误。[82]可变光圈（图示2和图示3）必须安装在光束最窄处，且要在物镜处，不能靠近感光板。条带滤光器的宽度（图示4）也应与光圈的开口宽度相同。他对该专利的主权利要求的表述也不满意。因为最终的专利说明显示，其已经根据这个建议进行了修改，所以爱因斯坦做出这一评论的时间是在该专利被授予之前，即1936年10月27日之前，甚至可能是1935年12月11日申请提交之前。

布基与爱因斯坦都成为该专利的所有者。爱因斯坦心中感到不安。"可移动的自动光圈已经获得了专利，这令我感到高兴，"他致信布基，"但是，我根本没有费任何心思去构思这个东西。我必须实实在在地强调这点。"[83]然而，没有什么能够减损其名字的魅力。当关于这项发明的消息传到媒体界时，《纽约时报》头条出现的是爱因斯坦的名字而不是布基的名字。爱因斯坦被报道成是"照相装置的发明者"，而布基的名字则屈居于小标题之中。[84]

获得该专利后不久，专利的发明者们通过勒菲纳格研究公司向德国专利局提交了一份申请。[85]

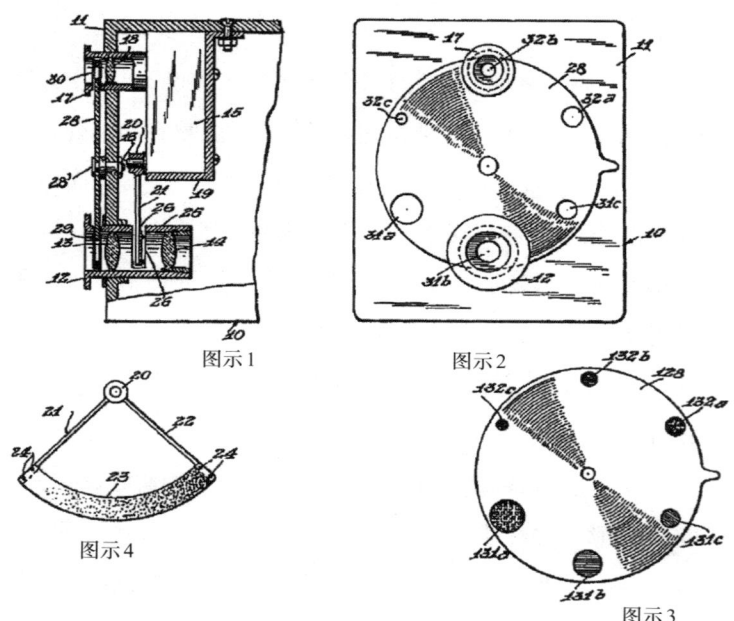

图 5.9　US2058562 号专利　光强自调整照相机

钢带录音

在阅读爱因斯坦1936年3月9日写给布基的信时，我们惊讶地发现他们打算实现"以磁性方式按比例记录声波"，[86]也就是发明磁带录音机。感到惊讶的原因是自1929年以来，德国人和英国人已经发明并使用了在钢带上的磁性录音技术，尽管没有形成商业规模。然而，这项发明在20世纪30年代末才传到美国海岸，这或许能解释为什么布基会觉得他的想法值得申请专利。

这封信之外，并无其他相关资料，所以我们不知道布基的想法具体是什么。爱因斯坦在信中为自己先前的反对意见道歉，并解释了为什么现在他认为这个过程在物理上是可以实现的。"用移动着的交变磁场磁化一条钢带"，他写道，"磁化曲线肯定会出现令人厌恶的失真"，但可以通过以下方式补救。

让我们设想，以强磁场沿 R 方向磁化一个铁片。在该方向上会有一个剩磁 I。如果用一个弱磁场沿相反方向磁化铁片，则铁片的磁化程度会降低 ΔI，这一降低值与弱磁场强度成正比。如果用一个交变弱磁场来磁化一个先前已被磁化的钢带，那么只能记录下与原来的磁化方向 R 相反的半波。

现在将一个恒磁场 H（爱因斯坦显然是误写为"退磁场"①）与一个弱磁场 h 叠加后的磁场作为记录对象，并保持 h 的幅度始终小于 H。因为这个场是 $H+h$，而 H 是恒定的，所以记录结果将与弱电场精确成正比。"这应该是可以实现的，肯定比唱片强。"他总结说。

---

① 此处，爱因斯坦并未误写，这里的 $H+h$ 就是上一段中的退磁场。

如果布基成功获得了专利，那么他和爱因斯坦就会作为美国磁带录音领域的先驱者而被纪念。

飞机速度表

1942年9月8日，布基致信爱因斯坦，信中说："在乘坐火车的时候，我想到了一个解决飞机速度表问题的方案。我深深着迷于此，认为它就像是哥伦布的蛋①一样。"在描述了这个想法后，他以一个问句结束了这封信："这个鸡蛋散发着糟糕的味道吗？"[87]笔者相信读者还记得，从前哥伦布解决了如何直立鸡蛋的问题，他把鸡蛋轻轻地往桌面上一敲，使其顶部蛋壳稍微碎裂。至少哥伦布的鸡蛋这一说法的大众版本就是这样。

布基提出在飞机内用机械装置，沿与飞机机身对称轴垂直的方向接连发射小球，并让这些小球与风接触；在击中目标后，小球会滚动回来。测量飞机速度的依据是小球轨迹的变化。决定轨迹的因素有风压、小球的发射速度以及飞机产生的加速度［原文如此］。前两个因素可以独立测量，因此借助于轨迹的偏离程度，便可测定第三个因素，即飞机的速度。

布基继续混乱不清地写道，当飞机静止不动时，我们顺着垂直于机身对称轴的方向发射小球，小球会沿着一条垂直于机身对

---

① 如同下文解释的那样，传说哥伦布用敲碎鸡蛋顶部的方法使鸡蛋立起来。这个故事也用来说明有些发明或创意虽然操作起来简单，但不易想到。——译者注

称轴的直线运动。如果有风吹来,球的速度将是发射速度与风速的矢量和,其轨道是一条直线(!)。

如果飞机在静止的空气中飞行(?),小球的运动速度将是飞机的加速度与小球发射速度的矢量和。

此外,如果有风吹过,小球的轨迹将呈现抛物线的形状。

如果保持这些条件不变,小球将会始终击中目标的同一个位置,布基继续说道。风速变化的影响也可以通过一个简单的机制来消除。如果在长方形的目标上安装一系列电接触点,那么小球将依据飞机的速度击中其中的一个电接触点,并且速度信号可以在具有发光速度读数带的屏幕上观察到。"技术方面对我来说是清晰明了的,没有什么难以解决的困难。"他补充说。

笔者可以想象出,当爱因斯坦看到这份杂乱无章的说明时,他的眼睛会睁得有多大。飞行员真正看到的只是这样的现象:在风的恒定压力影响下,小球的飞行轨迹总是一条其起点方向垂直于飞机的速度方向的抛物线。依据这样的组合运动方式,可以测量出飞机相对于周围空气的速度。对一个医学博士来说,用"加速度"这个词来表示飞机的"速度"只不过是一个小小的错误。布基的信让我们明白,为什么他需要一个受过科班训练的物理学家来检验他的想法。

爱因斯坦不想告诉布基"鸡蛋的味道难闻到什么程度"。[88]他向后者解释说,如果小球在飞机静止时击中了距其某一距离的目标,那么在飞机飞行时,小球仍会击中距其这一距离的目标,原因在于风的压力恒定。在"枪"和目标之间的距离不变的情况下,击中目标的位移只取决于飞机**相对于空气**的速度,据此,这道难题就解决了。这意味着爱因斯坦默认布基打算测量的是空速而非地速。或者说，爱因斯坦是用这种方式告诉布基，后者想要发明的是一个空速表。

然而，空气压力不仅取决于飞机的速度，爱因斯坦继续说，还取决于空气的密度。为了消除这种影响，爱因斯坦提出了两种可能性（图5.10）。

第一种是叶片稍微倾斜的风轮。在不考虑阻力的情况下，它的转数会与飞机的空速完全成正比。所以这个装置的工作原理类似汽车速度表。

第二种可能性是"以常规方式"，通过测量气压来测量速度。即使用一个朝向飞行方向的皮托管测量一个腔室中的总压力，另需一个具有孔洞的腔室，孔洞开口方向垂直于飞行方向，用于测量静压。由这两个压力之间的差值会得到因飞行速度而产生的动压。在图中，一根管子插进了两个腔室。笔者不清楚图示中的内容是否有误，因为按照正确的方式，管子应该像皮托管一样只进入上方腔室，或者这是笔者因缺乏相关细节而无法解释的另一种设计方案。腔内测得的压力为x_2。

如前所述，空气压力不仅与空气的速度成正比，还与空气的密度成正比。然而，如果通过同时压缩空气来补偿密度（在图中，似乎压缩的是同一个腔室），"以体积比测量出的补偿压力也将与空气密度成正比"，爱因斯坦继续说。假定x_1是压缩的压力；那么比率x_2/x_1与空气密度无关。但是他补充说，压缩必须在环境温度下进行，所以这个想法难以实现。另一个问题是会有冰生成，但可以通过把所有东西放在一个盒子里来加以避免。

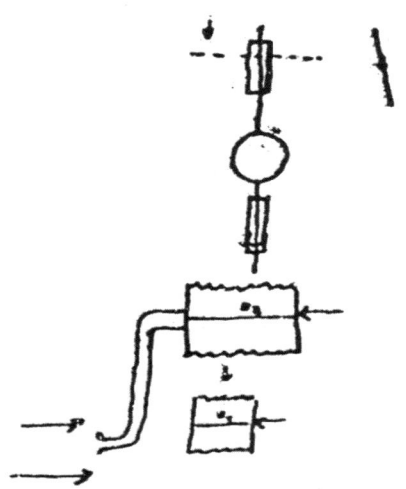

图5.10 爱因斯坦的空气测速仪

爱因斯坦致古斯塔夫·布基,1942年10月8日。承蒙耶路撒冷希伯来大学阿尔伯特·爱因斯坦档案馆惠允。

爱因斯坦是否发明了现代空速表？没有必要把它的历史追溯到遥远的过去。空速指示器由加州理工学院的研究生利奥·N. 施维恩（Leo N. Schwien）于1940年发明并被授予专利。[89]它不仅利用了皮托管和另一个测量静压的管子，而且还对空气密度和温度的变化进行了补偿。

爱因斯坦的想法虽然是原创的，但他和布基的方案因为二人对与其同时代的文献的无知而成为一场徒劳。

计时器

可能是在1942年秋季，爱因斯坦为布基绘制了一个计时器的草图（图5.11）。[90]

设想有一个封闭的、平行六面体状的水箱，由其相对两侧、位于中部位置的支撑物支撑。水箱里装有半满的水，里面有一个垂直壁，该壁的顶部和底部都有孔。如果没有这些孔，水箱在任何倾斜位置都会处于平衡状态。现在，在左边放置一个额外的重物并安装一个接触杆。

当开启可控电流时，让装置处于力学平衡状态，然后将其松开。装置翻转的时间取决于重物和壁下方孔的大小。这个翻转时间可以被轻松地设置为1秒。

布基在1942年9月19日致爱因斯坦的信可能就是对这个提议的回复。[91]"当然，你的小玩意儿对静止状态的操作而言还是很好的。然而，我们应该在照相机处于各种可能的姿态时都能正常使用它。就我所知，发生翻转的前提是其处于水平姿态。"由此可以猜测，计时器是与自动照相机一起被使用的。

"我不知道照相机必须能在任意姿态下使用。"爱因斯坦回答说。[92]这种让液体流过狭窄小孔的想法也可以满足这个要求。我们必须使用一个像手风琴一样有弹性壁的容器（图5.12）。

空气也可以用来代替液体，因为如果空气在容器中占有的体积不太大，它的表现就类似于不可压缩的流体。"如果这个东西['手风琴']在闪光灯电流关闭时被放开，"爱因斯坦继续说，"那么通过调整弹簧的力，便可以轻松地决定触点闭合的时间长度。弹簧应该倾斜安装，以免受到重力和震动等影响。"

我们没有找到关于这个计时器的应用方式的详细信息。

曼哈顿计划的前夜

1941年12月初，美国国防研究委员会主席万尼瓦尔·布什（Vannevar Bush）通过普林斯顿高等研究院院长弗兰克·艾德洛特（Frank Aydelotte）与爱因斯坦取得联系，并向其请教一个理论问题。

我们不知道这个问题具体是什么，但它与使用气体扩散法浓缩天然铀的较轻同位素铀235有关。铀235将被作为爆炸物，用于研制一种未来的炸弹。我们不知道艾德洛特和布什向爱因斯坦透露了多少关于研制该炸弹的重要性，但这个问题在军事上的重要性是明确地告诉了他："我知道他［爱因斯坦］对做任何可能对国家事业有用的事情都有着巨大的满足感。"艾德洛特在附有爱

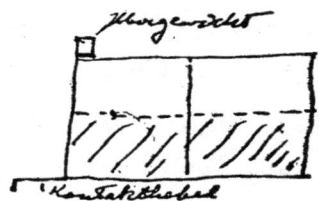

图 5.11 计时器("Übergewicht"意为额外的重物;"Kontakthebel"意为接触杆)

爱因斯坦致古斯塔夫·布基,1942年9月19日之前。承蒙耶路撒冷希伯来大学阿尔伯特·爱因斯坦档案馆惠允。

 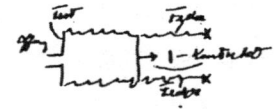

图 5.12 计时器的不同版本("Offng"意为开口;"Fest"意为固定壁;"Feder"意为弹簧;"Kontakt"意为触点)

爱因斯坦致古斯塔夫·布基,1942年9月21日,星期一。承蒙耶路撒冷希伯来大学阿尔伯特·爱因斯坦档案馆惠允。

因斯坦手写的计算步骤、寄给布什的信中写道。⁹³（出于安全原因，爱因斯坦被要求不要将该信用打字机打出来。）艾德洛特还说，爱因斯坦愿意继续做一些计算工作，"如果您打算请他研究这一问题的其他方面"。

布什将艾德洛特的信和爱因斯坦在几天之内做出的计算结果转发给了哈罗德·C. 尤里（Harold C. Urey），后者时任哥伦比亚大学（Columbia University）教授，也是当时在哥伦比亚大学进行的与原子弹计划相关的战争研究的主管①。尤里对此的评论是，爱因斯坦"只处理了那个经典问题"。⁹⁴

同时，艾德洛特重申，如果能向其指出继续研究的"方向"，那么爱因斯坦会愿意继续提供帮助。他还转达了爱因斯坦的意见："问题的某些方面可以通过一些简单的实验来解决……"⁹⁵

尤里在12月29日回信布什。⁹⁶"由于他（爱因斯坦）采用了平均速度，所以他也就略去了问题的一部分，"他写道，"也许有东西流动通过我们的膜的小孔，但同时起作用的因素还有扩散。"爱因斯坦的计算过于简单，以至于无法解决这个问题。爱因斯坦是否只考虑了流动而忽略了扩散？

我们从布什在次日写给艾德洛特的回信中得知，布什处理这个问题的时间可追溯至"大约15年前，……我被彻底难住了"。⁹⁷布什继续写道，爱因斯坦通过简化假设来降低这一问题的难度，但是之前已有人使用了这种方法。当然，如果被给予更多的信

---

① 曼哈顿计划于1942年正式开始实施，但在此之前，美国已经开始了早期关于核裂变的军事应用试验，典型的例子就是在哥伦比亚大学进行的气体扩散法浓缩铀235的工作。——译者注

息，爱因斯坦可以接着做下去，但"我不想继续下去的原因是，我根本不能确定，如果让爱因斯坦全面接触到这个问题，那么他就会用不恰当的方式来讨论它，我心中有这种怀疑，不想在此问题上将机密信息向其透露到这样的地步：告诉他这个问题在国防领域中的位置，以及整件事情的军事方面"。他很乐意向爱因斯坦提供他所需要的所有信息，但"华盛顿这里的人对他的整个历史研究了一番，鉴于这些人的态度，这是完全不可能的"。[98]最好是找另一位物理学家来完成这个任务，因为爱因斯坦个人方面的问题超过预期的利益。

尤里在给布什的回信详细强调了这一观点。[99]爱因斯坦使用的是"最为普通的那一类数学方法，"尤里写道，"他从来没有做过任何涉及仔细的、长篇的、困难的详细计算的事情。"（这可谓是对这位广义相对论的提出者以及统一场论的先驱者的一句饶有趣味的评论。）问题的解决需要努力地工作数周，尤里继续说，以期得出数量结果。尤里的结论是："不可能将这个具体的问题给予爱因斯坦并期待结果。"布什认同这个意见，并转而去联系诺伯特·维纳（Norbert Wiener）。[100]

我们无法通过查阅布什在"大约15年前的"文字来进一步了解想让爱因斯坦解决的问题。笔者成功找到的唯一一篇由布什撰写的关于气体扩散法的论文发表于1922年。[101]在这篇文章中，布什和史密斯①为自己设定的目标是建造气体传导装置，以为精

---

① 根据这篇文章的原文内容，这位史密斯英文名为"C. G. Smith"，身份是美国电气工程师学会（AIEE, American Institute of Electrical Engineers）的准会员。——译者注

馏器之类使用。他们研究了气态离子通过多孔壁的渗透行为，但在论文中并没有涉及细节。

爱因斯坦则不得不再等待两年，才被允许从事"对国家事业有用"的研究。

鱼雷兵爱因斯坦

1943年5月13日，作为之前拜访爱因斯坦一事的后续，斯蒂芬·布鲁诺尔（Stephen Brunauer）中尉向爱因斯坦提出了与美国海军部军械局研究和发展处合作的请求。[102]在获得其"上司"弗兰克·艾德洛特的同意后，[103]爱因斯坦表示他乐于合作，并希望圆满完成这项任务。[104]

斯蒂芬·布鲁诺尔出生于匈牙利，原名伊什特万·布鲁瑙尔（István Brunauer）①，因匈牙利的大学在第一次世界大战后限制招收犹太学生而离开了自己的祖国。他曾就读于纽约市立学院（City College of New York）和哥伦比亚大学，学习化学和英语专业并以优等成绩毕业。在美国农业部化学与土壤局固氮实验室工作期间，布鲁诺尔在导师保罗·H. 埃梅特（Paul H. Emmett）的指导下，仅用一年时间就在约翰斯·霍普金斯大学（Johns Hopkins University）获得了博士学位。之后，在其同胞爱德华·特勒

---

① 依据匈牙利语姓名的姓在前，名在后的习惯，布鲁诺尔的匈牙利语原名为"Brunauer István"。——译者注

（Edward Teller）的理论工作基础上，布鲁诺尔与埃梅特完成了一个项目的实验部分的工作，该项目在日后被称为布鲁诺尔-埃梅特-特勒方法（Brunauer-Emmett-Teller method, B. E. T. method, 简称B. E. T. 方法）。这三位科学家在1939年发表了这一方法，据此可以根据精细粉末所吸附的气体的量计算出这些粉末的表面积。[105]

尽管布鲁诺尔因B. E. T. 方法为自己赢得了声誉，但实验室希望把重点放在其他研究领域，所以他不得不四处寻找合适的职位。珍珠港事件爆发后不久，他征召服役，被授予海军上尉军衔，并担任海军军械局高爆炸药研发小组的组长。[106]

爱因斯坦的名字在美国陆军、海军的研究管理机构和国防研究委员会（National Defense Research Council）的一次联席会议上被提及。[107]布鲁诺尔好奇地向在座的人问道，爱因斯坦是否为他们所属的部门中的任何一个工作。他得到的答案是，"哦，他是个和平主义者"，或者"他对任何实用性的东西都不感兴趣……只对他的统一场论感兴趣"。出于某种原因，布鲁诺尔认为爱因斯坦不可能对反希特勒的战争不感兴趣，所以写信给爱因斯坦，请求见上一面。

事实上，爱因斯坦和布鲁诺尔很有可能彼此相识。1931年，布鲁诺尔与美国大学妇女协会的成员埃丝特·考金博士（Dr. Esther Caukin）结婚。爱因斯坦在为被迫离开德国的女性学者寻找职位时，曾求助于该协会，并且至少从1938年4月到12月，与埃丝特·考金-布鲁诺尔保持着联系。[108]

爱因斯坦对布鲁诺尔于1943年来信（已佚失）的答复是肯定的，所以他们于5月13日之前的某个时候在爱因斯坦家里见了一面。(然而,布鲁诺尔在其简短的叙述中错误地把他们见面的日期记为5月16日。布鲁诺尔在5月13日撰写的信中确认了二人讨论的结果。)[109]

布鲁诺尔直接向爱因斯坦询问是否愿意成为海军在高爆炸药研究领域的顾问。爱因斯坦很高兴地答应了,布鲁诺尔也很高兴地说:"你被录用了。""人们认为我只对理论感兴趣,而对任何实用性的东西都不感兴趣,"爱因斯坦补充说,"这并不正确。我曾在位于伯尔尼的专利局工作过,也参与研制了许多发明。陀螺仪也属于此列。"[110]

布鲁诺尔成功地为军械局招募到了爱因斯坦,这件事引起了轰动。他们(指军械局的人员)相信"爱因斯坦是我们中的一员"。爱因斯坦肯定也很高兴,如果不是出于其他原因,那就单单因为,如同他告诉布鲁诺尔的那样,"我是海军的一员,但没有被要求理海军的发型"。[111]

确切说来,爱因斯坦不算是海军的一员。他是以文职身份与海军签订了一份研究合同。正如布鲁诺尔在5月13日所写的信中向爱因斯坦解释的那样,海军采用两种类型的文职聘用合同:一种是与机构签订,另一种是与个人签订。布鲁诺尔补充说,爱因斯坦甚至可以在没有签订任何合同的情况下非正式地为他们工作。在与艾德洛特协商后,爱因斯坦选择了个人签订合同并工作。布鲁诺尔给出了每天25美元的薪酬,这是可以得到的最高上限。"一笔低到可笑的薪酬。"布鲁诺尔后来回忆说。他还指出,柯克伍德(Kirkwood)博士将向爱因斯坦介绍到目前为止所做的工作。约翰·甘布尔·柯克伍德(John Gamble Kirkwood)是康奈尔大学（Cornell University）的一名教授，其专业是冲击波研究。布鲁诺尔补充说，他已要求E. 布赖特·威尔逊（E. Bright Wilson）与柯克伍德联系。威尔逊是位于马萨诸塞州伍兹霍尔（Woods Hole, Massachusetts）的水下炸药研究实验室的研究主任，也是普林斯顿大学（Princeton University）的校友，在加州理工学院获得了物理化学博士学位。[112]

布鲁诺尔提议在5月30日与柯克伍德一同拜访爱因斯坦，[113] 并告知后者，担任国防研究委员会下辖某部门主管的约翰·E. 伯查德（John E. Burchard）已经授权他使用军械局的图书馆。[114]

没有任何关于柯克伍德与布鲁诺尔拜访爱因斯坦的细节信息存世，甚至他们是否会面也无从而知。然而，接下来的两封信表明，爱因斯坦被授予的任务是提出关于鱼雷爆炸效力最大化的想法——这也是柯克伍德和其他人［包括我们将看到的约翰·冯·诺伊曼（John von Neumann）］进行的流体及空气动力学研究的一个实际应用领域。

为什么恰恰就是鱼雷呢？

"鱼雷大丑闻"在1941年底至1943年8月份期间达到了高潮阶段。[115] 主要问题有（鱼雷）航深自控、磁感应引信的不可靠性，以及触发引信的不可靠性。我们所感兴趣的是其中的第二和第三个问题。触发引信会在鱼雷击中目标时发挥作用；磁感应引信或近炸引信，则是在军舰下方引爆鱼雷的战斗部。触发引信的问题是当鱼雷以90度角方向击中目标时，不能正常发挥效果；近炸引信的问题尤其是就Mk.6型鱼雷而言，当鱼雷接近目标舰只时，近炸引信会检测到地磁场的水平分量的变化，因为这个分量与磁纬度成反比，所以在磁极附近，引信就变得越来越不可靠。由于这一故障，近炸引信在1943年底被放弃了。

海军方面的注意力随后转向触发引信，但是它也有一个问题：鱼雷速度升高会导致鱼雷在撞击舰只时惯性力增大，这往往会使控制撞针冃的纵向销钉发生弯折。

笔者的猜测是，布鲁诺尔给爱因斯坦布置了重新考虑磁感应引信的任务，这一点在下文中会清晰地展现出来。

爱因斯坦求助于他的两位同事（沃尔特·波特？）怀特[（Walter Porter?）White]和一个叫陶布（Taub）的人寻求帮助，请他们帮忙查找文献资料。[116]笔者不知道爱因斯坦是否成功获得了充足的相关信息，但是他构想出了下述方案（图5.13）。S是一个产生交变磁场的电磁体；两个s是两个串联在一起的导电线圈。当S在其中感应出电流时，两个s会产生具有相反磁极的磁场。该装置在鱼雷已经远离发射舰只的情况下使用，以免被发射舰只的磁场触发。

鱼雷的水深必须足够，才能从目标舰只的下方通过。当它接近目标舰只时，舰体将在两个线圈s中感应出一个额外的磁场，磁场首先在第一个线圈中变强，然后在另一个线圈中变强，产生一个电流，其强度将按照下述曲线变化（图5.14）。当鱼雷通过目标舰只的舰体中部M时，来自舰体两侧的电场将相互抵消，电流强度会短暂地降至零。我们现在需要的是一个电动装置：其可以在最初逐渐增大的电流强度降为零时发挥作用。但是，爱因斯坦告诫说，这个想法可能并不新颖，或者技术上也许难以实现。

对这一构想的回复并非来自布鲁诺尔，而是来自军械局局长

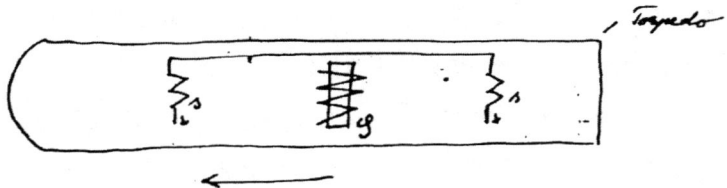

图5.13 鱼雷爆炸

爱因斯坦致斯蒂芬·布鲁诺尔,1943年6月18日。承蒙耶路撒冷希伯来大学阿尔伯特·爱因斯坦档案馆惠允。

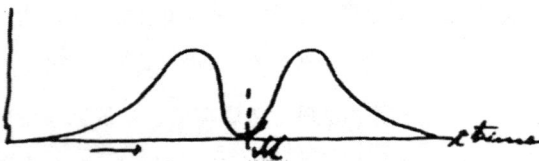

图5.14 电流随时间变化的曲线

爱因斯坦致斯蒂芬·布鲁诺尔,1943年6月18日。承蒙耶路撒冷希伯来大学阿尔伯特·爱因斯坦档案馆惠允。

威廉·H. P. 布兰迪（William H. P. Blandy）海军少将。布兰迪的回复部分是欢迎爱因斯坦的加入，部分则是礼貌地提醒爱因斯坦标记机密信件的方式不正确。[117] "您正确地做到了将信装入双重信封内，并在内层信封上标有'机密'字样后加以邮寄，"他写道，"除此之外，规定还要求在信的每一页上都清晰地盖上'机密'戳。"

然而，布兰迪不仅提醒了这位被称为"爱因斯坦教授"的平民在通信中有义务严格遵守规定，而且还认真思考了爱因斯坦的想法。他说海军中有与爱因斯坦所设想的类似的装置，并提出派两位专家——约翰·巴丁（John Bardeen）和弗兰克·布朗（Frank Brown）去与爱因斯坦展开进一步的讨论。巴丁在当时以平民物理学家的身份在海军军械实验室工作，研究方向为保护美军船舰与潜艇免受磁性水雷与鱼雷攻击。战后，他两度成为诺贝尔物理学奖得主，第一次是在1956年，因为发明晶体管；第二次是在1972年，因为提出超导理论。[118]

巴丁和布朗在1943年7月2日拜访了爱因斯坦。[119]一份总结了爱因斯坦设想的备忘录如下："向一个原线圈通入交流电，然后将两个副线圈对称地放置于原线圈的前方和后方，相对连接（connected in opposition）。这三个线圈的轴线既可以全部是垂直方向，或全部是水平方向。这时，当原线圈位于目标舰只的龙骨正下方时，鱼雷将不会收到来自目标舰只的信号，但当鱼雷通过船侧下方时，线圈的对称性会受到干扰，鱼雷将收到信号。该电路被设计为在交流电压经历最大值后回落至零时引爆鱼雷。"

海军军械实验室的人员此前已经试验过一种与此相同的引

信，他们遇到的工程问题包括合适的频率，因海水、涡流以及线圈的几何结构而导致的衰减与相移。"爱因斯坦博士的方案主要不关于这一问题的工程方面，而是关于靠近龙骨处的点火位置……虽然这是整个问题的一个重要部分，但由于其他工作的紧迫性，所以我们不得不推迟关于这个问题的详细思考。"备忘录如此总结道。另一个问题是鱼雷当靠近目标舰只尤其是平底舰船时的点火位置。爱因斯坦还强调了鱼雷在未击中目标的情况下自毁的重要性。

备忘录还提到了爱因斯坦在7月5日致信巴丁和布朗，提出了另一种设计方案：一个原线圈与一个副线圈互相垂直。这样可以没有临界调整就实现互感系数为零。平底的目标舰只的问题仍然存在，但是如果这种舰只的边缘下方的信号强度足够大，"舰只中部下方没有信号，实际上可能会变成一项有利因素"。① 巴丁和布朗提议在模型测试中检验这一方案，并随时通知爱因斯坦关于军械实验室的感应引信项目的进展。

布鲁诺尔于8月12日致信爱因斯坦，称海军军械实验室正在试验后者提出的关于鱼雷的两项方案，并且实验室会提交一份试验报告。[120] 笔者未能找到该报告。

7月中旬，布鲁诺尔称他将于7月19日同约翰·冯·诺伊曼一起拜访爱因斯坦，[121] 而爱因斯坦已准备好接待他们。[122]

冯·诺伊曼对流体力学湍流和冲击波理论的兴趣是由非线性偏微分方程问题激发的。在加入洛斯阿拉莫斯科学实验室（Los

---

① 平底船的问题是在信号达到最大值后，回零比较平缓。——译者注

Alamos Scientific Laboratory）从事原子弹的研制之前，他是海军军械局的成员。[123] 冯·诺伊曼在1941—1944年期间的发表作品清单提及了呈交给军械局的关于冲击波的报告；他似乎被要求与爱因斯坦宽泛地谈论一些关于冲击波的问题，而下一封布鲁诺尔致爱因斯坦的信（7月28日）可能也会谈到这次会面的细节，但是这封信已佚失；该信只在爱因斯坦于7月30日的回信中被提及。[124] 我们从中可以推断，布鲁诺尔一定征求过爱因斯坦就鱼雷对装甲舰体的破坏作用的看法。爱因斯坦声称自己能够简化水下爆炸的数学描述。他已经和约翰·冯·诺伊曼讨论过这个想法，并很乐意与后者合作。爱因斯坦与冯·诺伊曼在进行这次讨论时，布鲁诺尔并不在场；要么是，爱因斯坦与冯·诺伊曼在7月16日会面时，布鲁诺尔不在场；要么就是，如果7月16日布鲁诺尔在场，但爱因斯坦提到的是发生在7月16日至30日之间某一天的第二次会面。在二人的一次会面中，爱因斯坦向冯·诺伊曼阐述了自己关于增强鱼雷战斗部杀伤力的想法。

布鲁诺尔急于了解细节，[125] 爱因斯坦随之在8月22日的致信中提供了这些细节。[126] 这个想法的要点是，如果想要获得最佳的杀伤效果，鱼雷就应在其头部而不是尾部更接近目标舰只的舰体时爆炸。

在E处（图5.15中的图示2）发生的爆炸所产生的压力会使弹性墙的各个部分产生一定的速度，而弹性墙通过塑性形变会吸收这些部分所具有的动能。如果变形程度足够严重，钢板就会破裂。

变形部分的大小随h的增加而增加，并且由于相等的能量弥

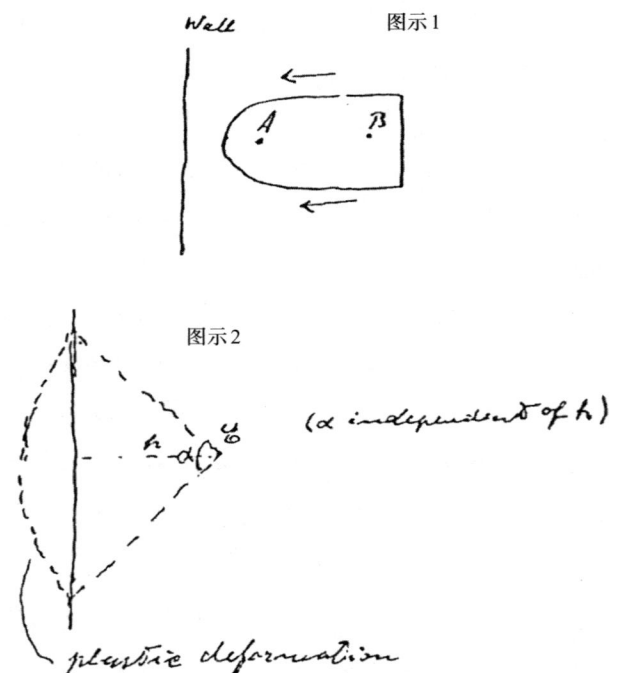

图 5.15　鱼雷爆炸

爱因斯坦致斯蒂芬·布鲁诺尔，1943年8月22日。承蒙耶路撒冷希伯来大学阿尔伯特·爱因斯坦档案馆惠允。

散在更大的区域，形成孔洞的概率也将随之减小。应爱因斯坦的要求，8月9日前来拜访他的海军少校罗伊·W. 戈兰森（Roy W. Goranson）向他展现了具有这种杀伤效果的图片。[127]这些图片通常显示舰船舷侧板上的一个周围有放射状破裂的中心孔，表明最大变形发生在中心位置。

爱因斯坦提议进行两次爆炸：一次较弱的爆炸旨在产生中心孔，然后另一次爆炸用于产生放射状破裂。如果第一次爆炸是在鱼雷的尾部引爆，意味着h的值更大，因而能量将不足以产生中心孔。

他还提议为鱼雷设计一个中空的头部，"以确保能够穿孔"（图5.16）。施瓦茨①猜测，鱼雷的头部可能应该配备有一个抛射体，以增加刺穿船体的可能性，而不仅仅使船体摇晃。[128]在第二张图示中，爱因斯坦绘制了一个相同的中空的鱼雷头部，但是里面有一个可以自由移动的盘状物，可在鱼雷撞击目标舰只时撞击鱼雷头部的顶端。

布鲁诺尔很高兴读到爱因斯坦的新建议，并提议利用柯克伍德的隔膜损伤理论将其以数学形式表现。同时，布鲁诺尔称自己打算在9月4日同冯·诺伊曼一起拜访爱因斯坦。[129]

然而，爱因斯坦认为，更多的计算无助于解决问题，因为要简化这项工作就必须引入不甚可靠的假设，从而可能会大大影响得出的结果。"在我看来，实验是唯一可信赖的确认方式。"他如

---

① 指注释128中的文献的作者弗雷德里克·D. 施瓦茨（Frederic D. Schwarz）。——译者注

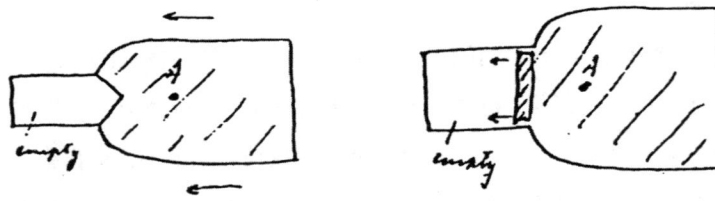

图5.16　鱼雷的头部
爱因斯坦致斯蒂芬·布鲁诺尔，1943年8月22日。承蒙耶路撒冷希伯来大学阿尔伯特·爱因斯坦档案馆惠允。

此强调道，并称赞柯克伍德是这项事业的参与者中经验最为丰富的专家。[130]

8月13日，爱因斯坦向布鲁诺尔提到了自己曾向戈兰森推荐的某种保护舰只不受鱼雷伤害的方法：即与鱼雷的破坏力最大化相反的问题。[131]我们没有关于这次讨论的具体信息，只有戈兰森撰写的关于在能量吸收系统方面已经进行的研究的后续信件。遗憾的是，我们无处寻找到有助于理解爱因斯坦给出的解释的图示。

万尼瓦尔·布什曾邀请爱因斯坦担任国防研究委员会下属第八处的顾问。爱因斯坦向布鲁诺尔征求意见：这个职位是否与他在海军的职位冲突。布鲁诺尔坦白说，就是他本人向布什提出了这份邀请爱因斯坦任职的建议。[132]

1943年10月，爱因斯坦提出了一个在鱼雷与目标舰只平行接触时的助爆技巧。他认为，借此可以产生比头部或尾部助爆更好的效果。[133]当鱼雷接近目标舰只时，因舰只附近的水流受到拖拽，所以鱼雷处的水流速度会逐渐增加，因而鱼雷的头部会转向舰只航行的方向。鱼雷的螺旋桨将保持鱼雷的头部接触舰只侧壁，直至鱼雷转向与舰只侧壁平行；然后鱼雷开始远离舰只侧壁。这正是助爆的时机。启动爆炸的方式可以使用一个装置，当鱼雷的某一点接触到舰体时，该装置就启动爆炸；第二种是使用定时引信，当鱼雷头部接触到舰体时，引信被点燃；第三种是将前两种方式融合：使用一个接触装置，当鱼雷已经与舰体呈锐角时，该装置便点燃定时引信。

陆军工程师重新设计了接触型起爆器的撞针，从而最终解决了这个问题。[134]

尽管爱因斯坦患了轻微流感，[135]但他还是在1944年1月3日与布鲁诺尔（现在已晋升为海军少校）见了面，并提出在鱼雷爆炸前，将其停止在与舰体侧壁呈平行位置上的想法。然而第二天，爱因斯坦就意识到这个想法行不通，因为要阻止速度为每秒25米（每小时56英里）的100千克（220磅）重的鱼雷，需要的力量是300吨（66万磅）。这么大的力量肯定会摧毁这枚鱼雷。因此，鱼雷必须在其速度降低以及其组成部件发生变形之前爆炸。如果鱼雷的头部有一个深度为10厘米（约4英寸）的中空前端（图5.17），那么前端的皱缩将使鱼雷与目标舰体撞击和爆炸之间的时延增加0.004秒。[136]

爱因斯坦下一封现存的信是写给布鲁诺尔和乔治·伽莫夫（George Gamow）的。[137]这封信只有六行字与一个手绘图示，显然只是一番内容更长的讨论的一部分。在信中，爱因斯坦设想了一种起爆器，它可以凭借其惯性变得几乎等同于一道坚硬的墙壁。"在选择起爆与气囊的位置时，考虑到的是能够在最短的时间内有效地压缩气囊。"爱因斯坦希望这种起爆器能保证气囊被快速压缩（图5.18）。

由于写明了"铅或钢"作为爆炸场所，这一次爱因斯坦讨论的显然不是鱼雷，而可能是水雷，即用于摧毁海岸设施和船只的水下炸弹。这一点在伽莫夫的回忆中得到了证实。他被选中每两周带着一个装满机密文件、厚厚的手提箱去拜访爱因斯坦。伽莫夫后来回忆道："当时曾提出过许多各式各样的建议，例如沿一条通往日本海军基地入口处的抛物线路径布下一系列水雷，接着是

图 5.17　鱼雷的头部

爱因斯坦致斯蒂芬·布鲁诺尔，1944年1月4日。承蒙耶路撒冷希伯来大学阿尔伯特·爱因斯坦档案馆惠允。

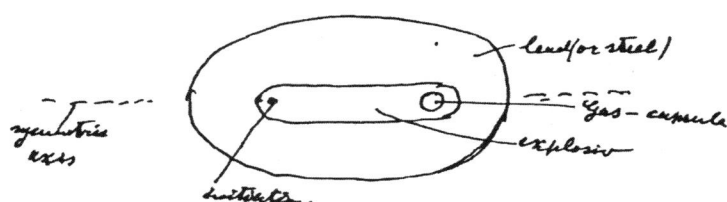

图 5.18　疑似水雷起爆器示意图

爱因斯坦致斯蒂芬·布鲁诺尔和乔治·伽莫夫，1944年10月15日。承蒙耶路撒冷希伯来大学阿尔伯特·爱因斯坦档案馆惠允。

将航空炸弹连续不断地空投到日本航空母舰的飞行甲板上。爱因斯坦通常在书房里接待我，……我们两个人把所有的建议挨个过目一遍。他实际上同意了所有的提议，并一个劲地说：'啊，行！很有意思！太独出心裁了。'第二天，当我把爱因斯坦的评论意见向负责军械局的海军上将汇报时，这位将军喜形于色。①"[138]

布鲁诺尔的回忆与此不同："伽莫夫在之后几年里给人的印象是，他是海军与爱因斯坦之间的联络人，他每两周拜访爱因斯坦一次，教授'听着'，但没有做出任何贡献——这些都是不真实的。拜访爱因斯坦频率最高的是我，大约是每两个月一次。"[139]

爱因斯坦并没有在他的军事项目上花很多时间。当布鲁诺尔就这方面询问爱因斯坦时，[140]后者给出的答复是三个月中能有五天的时间。[141]布鲁诺尔认为这太少了，并提出每周花上一天，即从6月1日到8月31日的13天。[142]爱因斯坦接受了这个提议。[143]笔者未能找到爱因斯坦与海军的合同。如果这份合同的期限是一年（爱因斯坦与军械局签订了另一份合同，期限从1945年7月1日到1946年6月30日，即一年，但没有任何提供咨询的义务），[144]那么，他由此在这两年中获得的收入约为2 500美元，年薪约为1 250美元——是他十年前入职高等研究院时薪水的十分之一。

"举出一些具体的研制成果并将之归功于爱因斯坦是不合适的。"在评价爱因斯坦的贡献时，布鲁诺尔如是说道。"战争期间研制的新型且更有效的高爆炸药是团队合作的结果，而爱因斯坦

---

① 引用来源：《伽莫夫自传》，[美]伽莫夫（Gamow, G）著，王晓华译，上海翻译出版公司，1988年。——译者注

是这个团队中的一员。他还做出了另一项贡献——鼓舞士气。想到'爱因斯坦是我们中的一员'可以提升士气。"[145]

这也适用于爱因斯坦在技术领域的所有贡献。他总是作为团队中的一员来贡献才智，而团队中的成员们，无论人数是少还是多，都会觉得爱因斯坦同他们并肩作战。

注 释

前 言

1. В. Я. Френкель and Б. Е. Явелов, *Эйнштейн: изобретения и эксперимент*, 2. изд. (Москва: Наука, 1990).V. Y. Frenkel and B. E. Yavelov, Einstein: Inventions and Experiments, 2nd ed. (Moscow: Nauka, 1990). 维克托·弗仑克尔和鲍里斯·亚韦洛夫曾发表一篇题为 "What May Happen to a Man Who Thinks a Great Deal but Reads Very Little" 的短文，载于 Yuri Balashov and Vladimir Vizgin, eds., *Einstein Studies in Russia* (Boston: Birkhäuser, 2002), pp. 297–306.
2. Karl Wolfgang Graff, "Albert Einstein als Erfinder in den Jahren 1907–1933" (Thesis, Historisches Institut der Universität Stuttgart, 2004).
3. Michael Eckert, *The Dawn of Fluid Dynamics: A Discipline between Science and Technology* (Weinheim, Germany: Wiley-VCH, 2006), pp. 57–81.
4. Jobst Broelmann, *Intuition und Wissenschaft in der Kreiseltechnik. 1750 bis 1930* (Munich: Deutsches Museum, 2002).
5. Dieter Lohmeier and Bernhardt Schell, eds., *Einstein, Anschütz und der Kieler Kreiselkompass—Einstein, Anschütz and the Kiel Gyro Compass*, 2nd ed. (Kiel, Germany: Raytheon Marine GmbH, 2005).
6. Matthew Trainer, "Albert Einstein's Patents", *World Patent Information* 28 (2006): 159–65.
7. I. Rosenberg to Einstein, May 24 and June 19, 1919, *Collected Papers of Albert Einstein* (*CPAE*; Princeton, NJ: Princeton University Press, 1987–2009), vol. 9, pp. 567 and 570, resp.
8. Einstein to I. Rosenberg, May 25, 1919, *CPAE*, vol. 9, p. 567.
9. Hermann Anschütz-Kaempfe to Einstein, Aug. 20, 1922, Albert Einstein Archives, Jerusalem (AEA), [37 382].
10. Einstein to Elsa Einstein, May 4, 1922, AEA, [143 124].
11. Einstein to Elsa Einstein, Aug. 14, 1923, AEA, [143 127].
12. Lohmeier and Schell, *Einstein, Anschütz und der Kieler Kreiselkompaß*.
13. [Max Born, ed.,] *The Born-Einstein Letters, 1916–1955: Friendship, Politics and Physics in Uncertain Times* (Houndmills: Macmillan, 2005), p. 138.

导 论

1. 关于爱因斯坦公司的细节，见 Nicolaus Hettler, "Die Elektrotechnische Firma J. Einstein u. Cie in München–1876–1894" (Dissertation, Universität Stuttgart, 1996). Stefan Siemerd 的 "'In the Brightest Arc Lamps and Incandescent Lights': The Electrical Factory *Jakob Einstein und Cie*" 是一部简短但图文并茂的公司历史，载于 Jürgen Renn, ed., *Albert Einstein Chief Engineer of the Universe: One Hundred Authors for Einstein* (Weinheim, Germany: Wiley-VCH Verlag, 2005), pp. 128–133.
2. Otto Neustätter to Einstein, Mar. 12, 1929, Albert Einstein Archives, Jerusalem (AEA), [30 436].
3. Einstein to Mileva Marić, Sept. 6, 1900, *Collected Papers of Albert Einstein* (*CPAE*; Princeton, NJ: Princeton University Press, 1987–2009), vol. 1, doc. 74.
4. "Autobiographisches–Autobiographical Notes" (1946), in Paul A. Schilpp, ed., *Albert Einstein Philosopher-Scientist* (Evanston, IL: Library of Living Philosophers, 1949), pp. 14–15; "Autobiographische Skizze" (1955), in Carl Seelig, ed., *Helle Zeit–dunkle Zeit. In memoriam Albert Einstein* (Zurich: Europa, 1956), p. 10.
5. Ibid., p. 12.
6. Friedrich Haller to Bundesrat, Sept. 5, 1904, AEA, [70 075].
7. Max Flückiger, *Albert Einstein in Bern: das Ringen um ein neues Weltbild; eine dokumentarische Darstellung über den Aufstieg eines Genies* (Bern: Haupt, 1974), p. 65. 英译自 *CPAE*, vol. 5, doc. 34, n. 1.
8. 爱因斯坦在1918年8月11日之前致海因里希·灿格，*CPAE*, vol. 8, doc. 597. 他在1918年11月10日左右以类似的语气写给米列娃·爱因斯坦-马里奇，*CPAE*, vol. 8, doc. 648.
9. A. Einstein and Jakob Grommer, "Beweis der Nichtexistenz eines überall regulären zentrisch-symmetrischen Feldes nach der Feld-Theorie von Th. Kaluza", *Scripta Universitatis Bibliothecae Hierosolymitanarum. Mathematica et Physica* 1 (1923): no. 7.
10. Einstein to Franz Rusch, Mar. 18, 1921, *CPAE*, vol. 12, doc. 105.
11. Einstein to Heinrich Zangger, before Aug. 11, 1918, *CPAE*, vol. 8, doc. 597.
12. Einstein to Arnold Sommerfeld, Feb. 5, 1919, *CPAE*, vol. 9, doc. 5.
13. Einstein to Hermann Weyl, June 6, 1922. AEA, [24 071].
14. Einstein to Michele Besso, Dec. 12, 1919, *CPAE*, vol. 9, doc. 207.
15. Einstein to Friedrich Kottler, July 29, 1920, *CPAE*, vol. 10, doc. 88.
16. Spencer R. Weart, and Gertrud Weiss Szilárd, eds., *Leo Szilard: His Version of*

the Facts: Selected Recollections and Correspondence (Cambridge, MA: MIT Press, 1978), pp. 9–12.
17. Einstein to Heinrich Zangger, before Aug. 11, 1918, *CPAE*, vol. 8, doc. 597.
18. Einstein to Otto Marx, Dec. 22, 1917, *CPAE*, vol. 6, doc. 415.
19. Einstein to Chester A. Clark, after June 17, 1921, *CPAE*, vol. 12, doc. 150.
20. Einstein to Michele Besso, before July 26, 1920, *CPAE*, vol. 10, doc. 85.
21. Gerald Holton, *Thematic Origins of Scientific Thought: Kepler to Einstein* rev. ed. (Cambridge, MA: Harvard University Press, 1988), p. 395.
22. Thomas P. Hughes, "Einstein, Inventors, and Invention", *Science in Context* 6 (1993): 25–42.

第一章 思考

1. G. B. Seybold, "A Sailing Ship without Sails: New Wonder of the Seas", *Popular Science Monthly*, Feb. 1925, www.rexresearch.com/flettner/flettner.htm.
2. Albert Einstein Archives, Jerusalem (AEA), [29 132].
3. Albert Einstein, "El buque de Flettner", *La Prensa* (Buenos Aires), Apr. 13, 1925, p. 10. Its original German manuscript is in AEA, [1 049].
4. Ludwig Prandtl, "Magnuseffekt und Windkraftschiff", *Die Naturwissenschaften* 13 (1925): 93–108.
5. Jakob Ackeret, *Das Rotorschiff und seine physikalischen Grundlagen* (Göttingen: Vanderholdt & Ruprecht, 1925).
6. 关于弗莱特纳通往转子船的道路以及他与普朗特研究所的合作，见Anton Flettner, *Mein Weg zum Rotor* (Leipzig, Germany: Koehler & Amelang, 1926).
7. "America's First Rotor Boat", *Popular Science Monthly*, Sept. 1925, www.rex research.com/flettner/flettner.htm.
8. C. P. Gilmore, "Spin Sail Harnesses Mysterious Magnus Effect for Ship Propulsion", *Popular Science*, Jan. 1984, www.rexresearch.com/flettner/flettner.htm.
9. DE 10 2006 025 732 A1 2007.12.06: Rolf Rohden, "Magnusrotor", 2007.
10. Albert Einstein, "Die Ursache der Mäanderbildung der Flußläufe und des sogenannten Baerschen Gesetzes", *Die Naturwissenschaften* 14 (1926): 223–24. 英译自Albert Einstein, *Ideas and Opinions* (New York: Crown, 1982), p. 249.
11. Harold Mottsmith and Irving Langmuir, "Radial Flow in Rotating Liquids", *Physical Review* 20 (1922): 95.
12. James Thomson, "On the Origin of Windings of Rivers in Alluvial Plains, with Remarks on the Flow of Water round Bends in Pipes", *Proceedings of the Royal*

Society of London 25 (1876-77): 5-8.
13. Ludwig Prandtl, "Bemerkung zu dem Aufsatz von A. Einstein 'Die Ursache...'", *Die Naturwissenschaften* 14 (1926): 619-20.
14. J. Isaachsen, "Über einige Wirkungen von Zentrifugalkräften in Flüssigkeiten und Gasen", *Civilingenieur* 42 (1896): 353-86; "Innere Vorgänge in strömenden Flüssigkeiten und Gasen", *Zeitschrift des Vereines der deutschen Ingenieure* 55 (1911): 215-21.
15. [Max Born, ed.,] *The Born-Einstein Letters, 1916-1955: Friendship, Politics and Physics in Uncertain Times* (Houndmills: Macmillan, 2005), p. 138.
16. Ibid., p. 140.
17. D. Montgomery, "On Stirring a Cup of Tea", *American Journal of Physics* 19 (1951): 477; J. Satterly, "Rotating Liquid Motions", *American Journal of Physics* 27 (1959): 526.
18. R. A. Alpher and R. Herman, "Tea Leaves, Baer's Law, and Albert Einstein", *American Journal of Physics* 28 (1960): 5-8.
19. Harold Mottsmith and Irving Langmuir, "Radial Flow in Rotating Liquids", *Physical Review* 20 (1922): 95.
20. Kent A. Bowker, "Albert Einstein and Meandering Rivers", http://searchand discovery.net/documents/Einstein/albert.htm, accessed May 16, 2008. 最初发表于*Earth Science History* 7 (1988): 45.
21. S. A. Schumm, ed., *River Morphology* (Stroudsburg, PA: Dowden, Hutchinson and Ross, 1972), p. 234.
22. Andrew S. Goudie, "Baer's Law of Stream Deflection", *Earth Sciences History* 23 (2004): 278-82.
23. A. E. Scheidegger, *Theoretical Geomorphology* (Berlin: Springer, 1961).
24. Jesus Martinez-Frias, David Hochberg, and Fernando Rull, "Contributions of Albert Einstein to Earth Sciences: A Review in Commemoration of the World Year of Physics", http://arxiv.org/fkp/physics/papers/0512114.pdf, accessed May 17, 2008.
25. T. B. Liverpool and S. F. Edwards, "The Dynamics of a Meandering River", *Physical Review Letters* 75 (1995): 3016-19; F. Noisy, T. Pastutto, G. Gauthier, P. Gondret, and M. Rabaud, "Instabilités spirales entre disques tournants", *Bulletin S. F. P.* 135 (2001): 4-8.
26. Stephen Pincock, "Einstein's Tea-Leaves Inspire New Gadget", *ABC Science Online*, Jan. 17, 2007, www.abc.net.au/science.
27. Dian R. Arifin, Leslie Y. Yeo, and James R. Friend, "Microfluidic Blood Plasma

Separation via Bulk Electrodynamic Flows", *Biomicrofluidics* 1, 014103 (2007): 1–13.
28. Andrew S. Goudie, "Baer's Law of Stream Deflection", *Earth Sciences History* 23 (2004): 278–82.

第二章 实验

1. Albert Einstein, "Theoretische Bemerkungen zur Supraleitung der Metalle", in *Het natuurkundig laboratorium der Rijksuniversiteit te Leiden in de jaren 1904–1922. Gedenkboek aangeboden aan H. Kamerling Onnes, Directeur van het laboratorium, bij gelegenheid van zijn veertigjarig professoraat op 11 november 1922* (Leiden, the Netherlands: Ijdo, 1922), p. 429.
2. *Kaizo* 5, no. 2 (Feb. 1923): 1–7.
3. Einstein to Mileva Marić, Sept. 10 and 28(?), 1899, *Collected Papers of Albert Einstein* (*CPAE*; Princeton, NJ: Princeton University Press, 1987–2009), vol. 1, docs. 54 and 57, resp.
4. Einstein to Wilhelm Wien, July 10, 1912, *CPAE*, vol. 5, doc. 413.
5. Roland Eötvös, "Über die Anziehung der Erde auf verschiedene Substanzen", *Mathematische und naturwissenschaftliche Berichte aus Ungarn* 8 (1891): 65–68.
6. Albert Einstein, "Zur Elektrodynamik bewegter Körper", *Annalen der Physik* 17 (1905): 891–921, *CPAE*, vol. 2, doc. 23.
7. Walter Kaufmann, "Die magnetische und elektrische Ablenkbarkeit der Becquerelstrahlen und die scheinbare Masse der Elektronen", *Königliche Gesellschaft der Wissenschaften zu Göttingen. Mathematisch-physikalische Klasse. Nachrichten* (1901): 143–55; "Über die Konstitution des Elektrons", *Königlich Preußische Akademie der Wissenschaften* (Berlin), *Sitzungsberichte* (1905): 949–56.
8. Albert Einstein, "Über eine Methode zur Bestimmung des Verhältnisses der transversalen und longitudinalen Masse des Elektrons", *Annalen der Physik* 21 (1906): 3–56, *CPAE*, vol. 2, doc. 36.
9. Albert Einstein, and Wander J. de Haas, "Experimenteller Nachweis der Ampèreschen Molekularströme", *Deutsche Physikalische Gesellschaft, Verhandlungen* 17 (1915): 152–70, *CPAE*, vol. 6, doc. 13. 英文发表为 Albert Einstein and Wander J. de Haas, "Experimental Proof of the Existence of Ampère's Molecular Currents", *Koninklijke Akademie van Wetenschappen te Amsterdam. Section of Sciences. Proceedings* 1 (1915–16): 696–711, *CPAE*, vol. 6, doc. 14. 这些论文在Albert Einstein, "Experimenteller Nachweis der

Ampèreschen Molekularströme", *Die Naturwissenschaften* 3 (1915): 237–38, *CPAE*, vol. 6, doc. 15中做了总结.
10. Albert Einstein, "Ein einfaches Experiment zum Nachweis der Ampèreschen Molekularströme", *Deutsche Physikalische Gesellschaft. Verhandlungen* 18 (1916): 173–77, *CPAE*, vol. 6, doc. 28.
11. Peter Galison, *How Experiments End* (Chicago: University of Chicago Press, 1986), pp. 47–52.
12. Einstein to Emile Meyerson, Jan. 27, 1930, Albert Einstein Archives, Jerusalem (AEA), [35 384].
13. Einstein and Wander J. de Haas, "Experimenteller Nachweis der Ampèreschen Molekularströme", *Deutsche Physikalische Gesellschaft, Verhandlungen* 17 (1915): 152–70, esp. 153, 156, *CPAE*, vol. 6, doc. 13.
14. Einstein to Wander de Haas, [1922–28], AEA, [70 414].
15. J. N. Fisher, "Some Further Experiments on the Gyromagnetic Effect", *Proceedings of the Royal Society* A 109 (1925): 7–27.
16. *Physikalische Berichte* 8 (1922): 1400–1401.
17. Peter Pringsheim to Einstein, Aug. 17, 1924, AEA, [19 146].
18. Albert Einstein, "Schallausbreitung in teilweise dissoziierten Gasen", *Preußische Akademie der Wissenschaften* (Berlin), *Sitzungsberichte* (1920): 380–85, *CPAE*, vol. 7, doc. 39.
19. Friedrich Keutel, "Ueber die spezifische Wärme der Gasen" (Thesis. Berlin: Ebering, 1910).
20. Eduard Grüneisen, and Erich Goens, "Schallgeschwindigkeit in Stickstofftetroxyd. Eine untere Grenze seiner Dissoziationsgeschwindigkeit", *Annalen der Physik* 72 (1923): 193–220.
21. Arend J. Rutgers, "Zur Dispersionstheorie des Schalles", *Annalen der Physik* 16 (1933): 350–59; Karl F. Herzfeld, "Fifty Years of Physical Ultrasonics", *Journal of the Acoustical Society of America* 39 (1966): 1–11.
22. Hermann Anschütz-Kaempfe to Einstein, Dec. 28, 1920, *CPAE*, vol. 10, doc. 247; Einstein to Hermann Anschütz-Kaempfe, Oct. 11, 1921, *CPAE*, vol. 12, doc. 263; Max Schuler to Einstein, Nov. 7, 1921, *CPAE*, vol. 12, doc. 290; Einstein to Max Schuler, Dec. 1, 1921, *CPAE*, vol. 12, doc. 309.
23. Dieter Lohmeier and Bernhardt Schell, eds., *Einstein, Anschütz und der Kieler Kreiselkompass—Einstein, Anschütz and the Kiel Gyro Compass*, 2nd ed. (Kiel: Raytheon Marine GmbH, 2005), p. 39.
24. Einstein to Max Schuler, Dec. 1, 1921, *CPAE*, vol. 12, doc. 309.

25. Einstein to Hermann Anschütz-Kaempfe, Jan. 9, 1922, AEA, [81 205].
26. Einstein to Hermann Anschütz-Kaempfe, Sept. 17, 1921, *CPAE*, vol. 12, doc. 237.
27. Einstein to Hermann Anschütz-Kaempfe, June 18, 1922, AEA, [80 280].
28. Einstein to Hendrik A. Lorentz, Jan. 23, 1915, *CPAE*, vol. 8, doc. 47.
29. Hans Mühsam to Einstein, Aug. 4, 1942, AEA, [38 339].
30. AEA, [17 078].
31. Hermann Mark to Peter Bergmann, Apr. 11, 1967, AEA, [17 080].
32. Albert Einstein, "Zur affinen Feldtheorie". *Preußische Akademie der Wissenschaften* (Berlin), *Sitzungsberichte* (1923): 137–40.
33. Hermann Mark to Peter Bergmann, Apr. 11, 1967, AEA, [17 080].
34. W. F. G. Swann and A. Longacre, "An Attempt to Detect a Magnetic Field Resulting from the Rapid Rotation of a Copper Sphere", *Physical Review* 31 (1928): 1115–16.
35. Einstein to Hendrik A. Lorentz, Jan. 1, 1921, *CPAE*, vol. 12, doc. 3.
36. Einstein to Paul Ehrenfest, Jan. 20, 1921, *CPAE*, vol. 12, doc. 24.
37. Einstein to Max Born, Jan. 31, 1921, *CPAE*, vol. 12, doc. 37.
38. Max Born to Einstein, Feb. 12, 1921, *CPAE*, vol. 12, doc. 47.
39. Paul Ehrenfest to Einstein, Jan. 22, 1921, *CPAE*, vol. 12, doc. 30.
40. Einstein to Max Born, Aug. 22, 1921, *CPAE*, vol. 12, doc. 211.
41. Einstein to Arnold Sommerfeld, Sept. 27, 1921, *CPAE*, vol. 12, doc. 247.
42. Einstein to Heinrich Zangger, Sept. 29, 1921, *CPAE*, vol. 12, doc. 249; Einstein to Michele Besso, Oct. 20, 1921, *CPAE*, vol. 12, doc. 275.
43. Albert Einstein, "Über ein den Elementarprozeß der Lichtemission betreffendes Experiment", *Preußische Akademie der Wissenschaften* (Berlin), *Sitzungsberichte* (1921): 882–83, *CPAE*, vol. 7, doc. 68. 1921年12月6日提交。
44. 对爱因斯坦关于极隧射线的多勒频移的想法的重新描述,见爱因斯坦1921年9月9日给阿诺尔德·索末菲的信的注5, *CPAE*, vol. 12, doc. 261.
45. Hans Geiger to Einstein, Nov. 7, 1921, *CPAE*, vol. 12, doc. 289.
46. Walther Bothe to Einstein, Dec. 7, 1921, *CPAE*, vol. 12, doc. 316.
47. Albert Einstein, Hans Geiger, Walther Bothe, "Über ein optisches Experiment, dessen Ergebnis mit der Undulationstheorie unvereinbar ist", 1922年1月19日在普鲁士科学院演讲的不完整手稿, AEA, [2 086], 公布在*Preußische Akademie der Wissenschaften* (Berlin), *Sitzungsberichte* (1922): 2.
48. Einstein to Hedwig and Max Born, Dec. 30, 1921, *CPAE*, vol. 12, doc. 345.
49. Arnold Sommerfeld to Einstein, Jan. 11, 1922, AEA, [21 347].

50. Paul Ehrenfest to Einstein, Jan. 19 and 26, 1922, AEA, [10 009] and [10 013].
51. 正如爱因斯坦在1922年1月18日或之后给阿诺尔德·索末菲的信，AEA，[21 402]，以及1922年1月19日和22日之间给保罗·埃伦费斯特的信，AEA，[10 011]中提到的.
52. Einstein to Paul Ehrenfest, [Jan. 26, 1922], AEA, [10 015].
53. Albert Einstein, "Zur Theorie der Lichtfortpflanzung in dispergierenden Medien", *Preußische Akademie der Wissenschaften* (Berlin), *Sitzungsberichte* (1922): 18–22.
54. Einstein to Hans Albert and Eduard Einstein, Feb. 12, 1922, AEA, [75 615].
55. Einstein to Paul Ehrenfest, Feb. 12, 1922, AEA, [10 019].
56. Einstein to Paul Ehrenfest, between Jan. 19 and 22, 1922, AEA, [10 011].
57. W. Orthmann to Peter Pringsheim, and Pringsheim to Einstein, Nov. 12, 1923, AEA, [19 140].
58. Peter Pringsheim to Einstein, July 19, 1922, AEA, [19 138].
59. Peter Pringsheim to Einstein, Nov. 17, 1923, AEA, [19 144].
60. Arnold Sommerfeld to Arthur Compton, Oct. 9, 1923，见Michael Eckert and Karl Märker, eds., *Arnold Sommerfeld Wissenschaftliche Briefwechsel Band 2*: 1919–1951 (Berlin: Deutsches Museum Verlag für Geschichte der Naturwissenschaften und der Technik, 2004), p. 153. 他还向查尔斯·E.门登霍尔(Charles E. Mendenhall)提到，当他与爱因斯坦相处几天时，他们大部分时间是在讨论康普顿的实验(见他给尼尔斯·玻尔的信，1923年1月21日，同上，第144页).
61. Arthur Compton, "A Quantum Theory of the Scattering of X-Rays by Light Elements", *Physical Review* 21 (1923): 207.
62. Arthur Compton, and Samuel Allison, *X-Rays in Theory and Experiment*, 2nd ed. (New York: Van Nostrand, 1935), p. 48.
63. "Das Komptonsche Experiment. Ist die Wissenschaft um ihrer selbst wissen da?" *Berliner Tageblatt*, Apr. 20, 1924, Morgen Express Ausgabe, 1. Beiblatt.
64. Hermann Mark to Einstein, Sept. 14, 1923, AEA, [17 076].
65. Peter Debye, "Zerstreuung von Röntgenstrahlen und Quantentheorie", *Physikalische Zeitschrift* 24 (1923): 161–66.
66. G. E. M. Jauncey, and Carl H. Eckart, "Is There a Change of Wave-Length on Reflection of X-rays from Crystals?" *Nature* 112 (1923): 325–26.
67. Hermann Mark to Einstein, Sept. 28, 1923, AEA, [17 077].
68. Arthur Compton, "The Spectrum of Scattered X-Rays", *Physical Review* 22 (1923): 409–13.

注　释　／ 261 ／

69. Hermann Mark to Peter G. Bergmann, Apr. 11, 1967，以及to Gerald Holton, Jan. 9, 1986, AEA, [17 080] and [73 352], resp.
70. Hermann Mark, "Der Comptoneffekt. Seine Entdeckung und seine Deutung durch die Quantentheorie", *Die Naturwissenschaften* 30 (1925): 494–500; H. Kallmann and Hermann Mark, "Der Comptonsche Streuprozeß", *Ergebnisse der exakten Naturwissenschaften* 5 (1926): 267–325.
71. Albert Einstein, "Vorschlag zu einem die Natur des elementaren Strahlungs-Emissionsprozesses betreffenden Experiment", *Die Naturwissenschaften* 14 (1926): 300–301.
72. Emil Rupp, "Interferenzuntersuchungen an Kanalstrahlen", *Annalen der Physik* 79 (1926): 1–34.
73. Einstein to Emil Rupp, Mar. 20, 1926, AEA, [70 701].
74. Paul Ehrenfest to Einstein, Apr. 7, 1926, AEA, [10 134].
75. Albert Einstein, "Über die Interferenzeigenschaften des durch Kanalstrahlen emittierten Lichtes", *Preußische Akademie der Wissenschaften* (Berlin), *Sitzungsberichte* (1926): 334–40.
76. Emil Rupp, "Über die Interferenzeigenschaften des Kanalstrahllichts", *Preußische Akademie der Wissenschaften* (Berlin), *Sitzungsberichte* (1926): 341–51.
77. 关于爱因斯坦与鲁普合作的历史和详细分析，见Jeroen van Dongen, "Emil Rupp, Albert Einstein and the Canal Ray Experiments on Wave-Particle Duality: Scientific Fraud and Theoretical Bias", *Historical Studies in the Physical and Biological Sciences* 37 suppl. (2007): 73–120.
78. Jeroen van Dongen, "The Interpretation of the Einstein-Rupp Experiments and Their Influence on the History of Quantum Mechanics", *Historical Studies in the Physical and Biological Sciences* 37 suppl. (2007): 121–30.
79. 蒂尔曼·绍尔（Tilman Sauer）将零散的相关资料进行了整理，并在这篇内容翔实的论文中介绍了爱因斯坦从理论与实验方面对超导领域的思考："Einstein and the Early Theory of Superconductivity, 1919–1922", *Archive for History of Exact Sciences* 61 (2007): 159–211. 本小节的内容也依此文而展开.
80. Einstein to Paul Ehrenfest, Sept. 2, 1921, *CPAE*, vol. 12, doc. 225.
81. Einstein to Hendrik A. Lorentz, Jan. 1, 1921, *CPAE*, vol. 12, doc. 3.

第三章　专家意见

1. *Collected Papers of Albert Einstein* (*CPAE*; Princeton, NJ: Prince ton University Press, 1987–2009), vol. 5, doc. 67. 主要专利是CH38853: "Wechselstromkollektormaschine

mit Kurzschlußbürsten und diesen gegenüberliegenden Hilfspulen zur Funkenvermeidung."爱因斯坦审查的专利申请最终以CH39988发表："Wechselstromkollektormaschine mit Kurzschlußbürsten und diesen gegenüberliegenden Hilfspulen zur Funkenvermeidung. Zusatzpatent zum Hauptpatent 38853."

2. Schweizerisches Bundesarchiv, Bern, Switzerland, E 22/2338, Dossier Einstein, AEA, [72 270].
3. CH35840: Ignacy Mościcki, "Apparat zur Erzeugung von Stickstoffoxyden auf elektrischem Wege", 1906年1月26日提交.
4. K. Drewnowski et al., *Profesor Dr. Ignacy Mościcki. Życie i działaność na polu nauki i techniki* (Warsaw: Nakład komitetu uczczenia 30-lecia pracy naukowej Profesora Dr. Ignacy Mościckiego, 1934), p. 12.
5. Zofia Gołąb-Meyer, "Prezydent Rzeczypospolitej Polskiej Ignacy Mościcki i Albert Einstein", *Foton* 91 (Winter 2005): 45–47. 英文为"Albert Einstein and Mościcki's Patent Application", *Physics Teacher* 44 (2006): 212–13. 笔者把这个参考资料归功于特雷弗·利普斯科姆.
6. Einstein to Ignacy Mościcki, Sept. 8, 1932, AEA, [20 170].
7. Ignacy Mościcki to Einstein, Sept. 27, 1932, AEA, [71 782].
8. Einstein to Ignacy Mościcki, Oct. 19, 1932, AEA, [20 176].
9. 阿尔贝特·戈克尔1908年6月28日的日记(Marianne Baumhauer, Freising, Germany, cited in *CPAE*, vol. 5, doc. 104, n. 5); 另见Einstein to Albert Gockel, Dec. 3, 1908 and Mar. 25(?), 1909, *CPAE*, vol. 5, docs. 130 and 144, resp.
10. Joseph Kowalski to Einstein, Mar. 30, 1908, *CPAE*, vol. 5, doc. 94.
11. www.ige.ch/e/institut/i1094.shtm (Swiss Federal Institute of Intellectual Property).
12. CH39853: Joseph Lemblé, "Elektrische Typenschiffchen-Schreibmaschine", 1907.
13. CH39561: Xaver Koller, "Kiessortiermaschine", 1907.
14. CH39619: Kammerer & Schneider, "Wetteranzeiger, der durch die Feuchtigkeit der Luft beeinflußt wird", 1907.
15. 关于对爱因斯坦在赫尔曼·安许茨-肯普费的法律案件中的专家意见的翔实历史介绍, 见该书的引言部分: Dieter Lohmeier, and Bernhardt Schell, eds., *Einstein, Anschütz und der Kieler Kreiselkompass–Einstein, Anschütz and the Kiel Gyro Compass* 2nd ed. (Kiel, Germany: Raytheon Marine GmbH, 2005) by Bernhardt Schell.
16. DE182855: Hermann Anschütz-Kaempfe, and Friedrich von Schirach, "Kreiselapparat", 1907.

17. DE34513: Marinus Gerardus van den Bos, and Barend Janse, "Neuerung an Schiffscompassen", 1886.
18. DE236200: Anschütz & Co., "Kreiselkompaß, dessen Rotationsachsen in der Horizontalebene teilweise gefesselt ist und daher Schwingungen um die Nord-Südrichtung ausführt", 1911.
19. Felix Klein, and Arnold Sommerfeld, *Über die Theorie des Kreisels* (Leipzig, Germany: Teubner, 1897–1910).
20. Arnold Seligsohn, *Patentgesetz und Gesetz, betreffend den Schutz von Gebrauchsmustern*, 6th ed. (Berlin: De Gruyter, 1920), p. 399.
21. "Expert Opinion on Legal Dispute between Anschütz & Co. and Sperry Gyroscope Company", Feb. 6, 1915, *CPAE*, vol. 6, doc. 12.
22. "Supplementary Expert Opinion", Aug. 7, 1915, *CPAE*, vol. 6, doc. 19.
23. Einstein to Hermann Anschütz-Kaempfe, Aug. 22, 1918, *CPAE*, vol. 8, doc. 606. 关于有据可查的诉讼历史，见Lohmeier and Schell, *Einstein, Anschütz und der Kieler Kreiselkompass*, pp. 23–28.
24. 它被授予DE307847: "Einrichtung am Kreiselkompassen zur Vermeidung von Schlingerfehlern", 1918.
25. DE241637: Anschütz & Co., "Kreiselapparat", 1911.
26. Anschütz & Co. to Einstein, June 6, 1918, *CPAE*, vol. 8, doc. 559.
27. Anschütz & Co. to Einstein, June 21, 1918, *CPAE*, vol. 8, doc. 568.
28. Anschütz & Co. to Einstein, July 12, 1918, *CPAE*, vol. 8, doc. 587.
29. Albert Einstein, "Private Expert Opinion on the Objection to Patent Application G 43359 of the Society of Nautical Instruments on the Basis of Patent 241637", July 16, 1918, *CPAE*, vol. 7, doc. 11.
30. 它被授予DE307847: "Einrichtung am Kreiselkompassen zur Vermeidung von Schlingerfehlern", 1918.
31. DE 308721: Gesellschaft für Nautische Instrumente GmbH, "Einrichtung zu Kreiselkompassen zur Vermeidung von Schlingerfehlern. Zusatz zum Patent 307847", 1918, and DE 308722: "Einrichtung an Kreiselkompassen zur Vermeidung von Schlingerfehlern. Zusatz zum Patent 307847", 1918.
32. Oscar Martienssen to Einstein, Mar. 25, 1922, Albert Einstein Archives, Jerusalem (AEA), [85 064].
33. Oscar Martienssen, "Die Theorie des Kreiselkompasses", *Zeitschrift für Instrumentenkunde* 32 (1912): 309–21.
34. Oscar Martienssen, "Ein neuer Kreiselkompaß", *Zeitschrift für Instrumentenkunde* 39 (1919): 165–80.

35. Richard Grammel, *Der Kreisel. Seine Theorie und seine Anwendungen* (Berlin: Springer, 1920).
36. Einstein to Oscar Martienssen, . Mar. 27, 1922, AEA, [44 385].
37. Einstein to Hermann Anschütz-Kaempfe, Mar. 27, 1922, AEA, [80 287].
38. Oscar Martienssen to Einstein, Mar. 28, 1922, AEA, [84 219]. 它被授予DE307847：Gesellschaft für Nautische Instrumente GmbH, "Einrichtung am Kreiselkompassen zur Vermeidung von Schlingerfehlern", 1918; DE241637: Anschütz & Co., "Kreiselapparat", 1911.
39. Einstein to Elsa Einstein, Apr. 9 [8], 1922, AEA, [143 122].
40. Einstein to Maurice Solovine, Apr. 20, 1922, AEA, [80 843].
41. Albert Einstein, "Second Supplementary Expert Opinion in the Matter of the Society of Nautical Instruments vs. Anschütz & Co.", after June 9, 1922, AEA, [84 218].
42. DE211634: Hartmann & Braun AG, "Gyroskopkompaß mit mehreren je mit verschiedenen Freiheitsgraden ausgestatteten rotierenden Massen. Zusatz zum Patent 174111", 1909.
43. Hermann Anschütz-Kaempfe to Einstein, June 25, 1922, AEA, [37 378]; Einstein to Hermann Anschütz-Kaempfe, July 1, 1922, AEA, [80 288].
44. Einstein to Hermann Anschütz-Kaempfe, July 16, 1922, AEA, [80 720].
45. Lohmeier and Schell, *Einstein, Anschütz und der Kieler Kreiselkompass*, p. 34.
46. 在这一案子中，笔者利用了约布斯特·布勒尔曼的手稿"Anschütz, Drexler und die Kreiselbau-Gesellschaft"。德意志博物馆：慕尼黑，未注明。
47. DE326737: Kreiselbau GmbH, "Vorrichtung zum Berichtigen der Neigungsanzeige für Fahrzeuge, insbesondere Flugzeuge", 1917.
48. Albert Einstein, "Court Expert Opinion in the Matter of Anschütz & Co. vs. Kreiselbau-Co.", July 23, 1919, *CPAE*, vol. 7, doc. 21.
49. DE301738: Anschütz & Co., "Anzeigevorrichtung für die Drehungen eines Flugzeuges um die senkrechte Achse", 1917.
50. 见DE262409: Louis Marmonier, "Vorrichtung für Stabilisierung von Luftfahrzeugen, insbesondere Flugzeugen, mittels eines Kreiselpendels", 1913; DE267061: Wilhelm Wolfromm, "Lagenanzeiger für Flugzeuge mit vor einem Skalenblatt liegenden Zeigern für Angabe der Längs-und Querneigung", 1913; DE286217: Edmund Sparmann, "Selbsttätiger Kreiselstabilisator für Flugzeuge", 1915.
51. Hugo Licht to Wolfgang Otto, Sept. 20, 1919, Archiv, Anschütz & Co. GmbH/Raytheon Marine GmbH, Kiel, Germany M 819a/I.

52. Ibid.
53. Hugo Licht to Hermann Anschütz, November 5, 1921, Archiv, Anschütz & Co. GmbH/Raytheon Marine GmbH, Kiel, Germany, M 819b.
54. Th. Rosenbaum, "Zur Theorie des Kreisels", *Schiffbau* 12 (1910–11): 115–23.
55. Hugo Licht to Hermann Anschütz, Nov. 5, 1921, Archiv, Anschütz & Co. GmbH/Raytheon Marine GmbH, Kiel, Germany, M 819b.
56. Max Schuler to Richard Grammel, Nov. 1, 1920, Archiv, Anschütz & Co. GmbH/Raytheon Marine GmbH, Kiel, Germany, M 1185.
57. Ludwig Prandtl to Max Schuler, Aug. 11, 1920, Archiv, Anschütz & Co. GmbH/Raytheon Marine GmbH, Kiel, Germany, M 1112.
58. Albert Einstein, "Response to the Expert Opinion of Hans Wolff in the Legal Dispute between Anschütz & Co and Kreiselbau GmbH", Jan. 18, 1922, AEA, [79 227].
59. GB125096: James B. Henderson, "Apparatus for Indicating Changes in the Course of a Ship, Airship, Aeroplane or the Like, also Applicable for Automatic Steering", 1919, 1916年提交的申请.
60. Lohmeier and Schell, *Einstein, Anschütz und der Kieler Kreiselkompass*, p. 30.
61. Albert Einstein, "Reply to the Plaintiff's Written Statement of 27. December 1916", *CPAE*, vol. 6, doc. 44.
62. Mercur Flugzeugbau GmbH to Einstein, Dec. 29, 1917, *CPAE*, vol. 8, doc. 422.
63. Alfred Zehder to Mercur Flugzeugbau, Dec. 4, 1917, AEA, [35 350].
64. DE269498: Allgemeine Elektrizitäts-Gesellschaft, "Verfahren zur Herstellung vom Wolframdrähten für Glühkörper elektrischer Glühlampen", 1914.
65. DE297015: Konrad Sannig & Co., GmbH., "Verfahren zur Herstellung von Draht aus Wolfram und Wolframlegierungen durch Pressen des Ausgangsmaterials zu Stangen, Glühen dieser Stangen zum Zwecke des Zusammenbackens der Wolframpartikel bei 1000° bis 1200° und Zusammensintern durch Stromwärme im Wasserstoffstrome und darauffolgende mechanische Bearbeitung", 1917.
66. Albert Einstein, "Expert Opinion on German Patent 269 498 of the A.E.G., Berlin, on a 'Method for the Production of Tungsten Wires for Filaments in Incandescent Lamps'", Jan. 10, 1920, *CPAE*, vol. 7, doc. 30.67.
67. Konrad Sannig & Co., GmbH, to Einstein, Nov. 18, 1920, *CPAE*, vol. 10, Calendar; AEA, [35 371].
68. Einstein to Konrad Sannig & Co., GmbH, after Nov. 18, 1920, *CPAE*, vol. 10, Calendar; AEA, [35 372].

69. Einstein to Allgemeine Elektrizitäts-Gesellschaft Berlin, "Remarks to an Opinion Prepared for Mr. Sannig", Jan. 16, 1922, AEA, [35 378].
70. Georg Count von Arco to Einstein, Nov. 11, 1920, *CPAE*, vol. 10, doc. 199.
71. DE291604: Gesellschaft für drahtlose Telegraphie GmbH, "Einrichtung zur Erzeugung elektrischer Schwingungen", 1919.
72. DE310152: Dr. Erich F. Huth GmbH and Ludwig Kühn, "Schaltungsweise zur Schwingungserzeugung mit Vakuumröhren", 1919.
73. Albert Einstein, "Private Expert Opinion for Telefunken on the Patents of Meissner and Kühn", after Nov. 11, 1920, *CPAE*, vol. 7, doc. 48.
74. DE304283: Gesellschaft für drahtlose Telegraphie m. b. H., "Aus einer Kathodenstrahlröhre in Rückkopplungsschaltung bestehender Generator elektrischer Schwingungen", 1920. 关于这两项发明的细节，见 Jonathan Zenneck, and Hans Rukop, *Lehrbuch der drahtlosen Telegraphie*, 5th ed. (Stuttgart: Enke, 1925), p. 613.
75. Albert Einstein, "Court Expert Opinion in the Matter of Signal Co. vs. Atlas Works", around Dec. 3, 1921, *CPAE*, vol. 7, doc. 66.
76. DE256747: Aurel Meckel, "Vorrichtung zur Bestimmung der Richtung von Schallwellen", 1913; DE257211: "Vorrichtung zur Bestimmung der Richtung von Schallwellen. Zusatz zum Patent 256747", 1913; DE257212: "Vorrichtung zur Bestimmung der Richtung von Schallwellen. Zusatz zum Patent 256747", 1913.
77. DE131235: Mario Russo D'Asar, "Vorrichtung zur Melden der Annäherung von Schiffen mittels unter Wasser angeordneter Schallaufnehmer", 1902.
78. GB1910-15102 (A): Thomas J. Bowlker, "Improvements in Apparatus for Submarine Signalling", 1911; US224199: A. M. Mayer, "Topophone", 1879.
79. DE301669: Erich von Hornbostel, and Max Wertheimer, "Vorrichtung zur Bestimmung der Schallrichtung", 1920.
80. 见 *CPAE*, vol. 7, p. 478, n. 2.
81. Albert Einstein, "Court Expert Opinion in the Matter of Atlas Works vs. Signal Co.", Dec. 3, 1921, *CPAE*, vol. 7, doc. 67.
82. DE301669: Erich von Hornbostel, and Max Wertheimer, "Vorrichtung zur Bestimmung der Schallrichtung", 1920.
83. Albert Einstein, "Court Expert Opinion in the Matter of Signal Co. vs. Atlas Works", around Dec. 3, 1921, *CPAE*, vol. 7, doc. 66; US224199: A. M. Mayer, "Topophone", 1879; DE99667: David P. Heap, "Schallweiser mit zwei akustischen Empfängern", 1898; DE93144: E. Hardy, "Apparat zur

注　释

Bestimmung der Herkunftsrichtung eines Schalles", 1897.
84. US964380: Thomas J. Bowlker, "Apparatus for Submarine Signaling", 1908. 同样的发明在英国获得了专利[81]; FR456318. Salomon, Charles. "Appareil destiné à déterminer la direction des ondes sonores et plus généralement de toutes ondes susceptibles d'être transformées en ondes sonores d'intensité proportionelle", 1916.
85. Heinrich Löwy, *Elektrodynamische Erforschung des Erdinneren und Luftschiffahrt* (Vienna: Manz, 1920).
86. 他们的意见可以在加利福尼亚州帕萨迪纳的加州理工学院的特奥多尔·冯·卡门收藏中找到.
87. DE401448: Heinrich Löwy, "Verfahren zur Erforschung des Erdinnern mittels eines von einem Luftschiff oder Flugzeug über den Boden geführten offenen oder geschlossenen Schwingungskreises", 1924, 1921年11月2日提交.
88. Heinrich Löwy to Theodore von Kármán, Nov. 16, 1921. 在同一天致多瑙河国家法语协会（Société Française des Pays Danubiens）的维利·海尔珀恩（Willy Heilpern）的信中, 勒维用类似的语调表达了自己的观点. 这两封信都收录于特奥多尔·冯·卡门收藏中的G7.1号文件夹.
89. Albert Einstein, "Expert Opinion on Heinrich Löwy's Invention", Oct. 12, 1921, Theodore von Kármán Collection, folder G7.1.
90. Société Française des Pays Danubiens Marcel Schwob & Cie to Einstein, Nov. 7, 1921, *CPAE*, vol. 12, doc. 291.
91. Heinrich Löwy to Zeppelin Luftschiffbau GmbH, Mar. 9, 1922, Theodore von Kármán Collection, folder G7.1.
92. Rudolf Goldschmidt to Einstein, Mar. 7, 1921, *CPAE*, vol. 12, doc. 82.
93. E. Kreowski to Einstein, June 13, 1947, AEA, [35 537].
94. DE348111, 347785, 357007, and 370019.
95. US1386329: Rudolf Goldschmidt, "Mechanism for Converting Rotary into Reciprocatory Motion", 1921.
96. Rudolf Goldschmidt to Einstein, Jan. 14, 1922, AEA, [35 496].
97. US85721, 236697, 942299, 955339, 1091533, 1125700. 1192502, 1204245, 1249094, 1280269, 1286617, 1332864, 1363495, 1367117.
98. 关于戈尔德施密特的US1386329号的专家意见, 无日期[1922年1月14日之后], AEA, [35 494].
99. Paul Hausmeister to Einstein, Jan. 24, 1922, AEA, [43 865].
100. Einstein to Paul Hausmeister, Jan. 26, 1922, AEA, [43 867].
101. CH107196: Paul Hausmeister. "Verfahren zur Herstellung von Druckgasen",

Oct. 1, 1924.
102. GB24260: Richard Eisenmann. "Improvements in or Relating to Electrically-Operated Musical Instruments", and A68245: Richard Eisenmann. "Umlaufender Stromunterbrecher zur Erzeugung von Tönen". 二者都是在1914年获得的.
103. Richard Eisenmann to Einstein, July 18, 1922, AEA, [43 602].
104. US1350214: "Device for Regulating and Maintaining Constant the Speed of Motors", 1920.
105. Richard Eisenmann to Einstein, July 18, 1922, AEA, [43 602].
106. Einstein to Richard Eisenmann, July 27, 1922, AEA, [85 510].
107. Per Bloland, "The Electromagnetically-Prepared Piano and Its Compositional Implications", www.stanford.edu/ ~ bloland/Assets/EMPP-Comp-Implications.pdf.
108. Max Gasser to Einstein, Feb. 4, 1948, AEA, [35 364]. 他提到两项专利（见下文注释112和113）.
109. Landgericht I to Einstein, Nov. 12, 1923, AEA, [35 361].
110. Einstein to Landgericht I, Apr. 4, 1923. 爱因斯坦随信附上了他的意见书："Sachverständiges Gutachten zum Prozess Inag contra Optikon". 这篇意见书在爱因斯坦档案（AEA）中既有爱因斯坦的手写版本，AEA, [35 355]，也有他签名的打字机打出的版本，[35 356].
111. DE298086: Firma Ed. Messter, "Verfahren zur Herstellung von photographischen Aufnahmen von Flugzeugen aus mittels einer Filmbandes", 1919; DE332233: "Verfahren zur photographischen Geländeaufnahme vom Flugzeug aus. Zusatz zum Patent 298086", 1921年，或其相关的奥地利、瑞士和丹麦专利之一.
112. DE306384: Max Gasser, "Verfahren mittels dreier gegebener Punkte durch mechanische Ausmeßvorrichtungen mechanische Berechnungsapparate und durch geodätisch orientierte Doppelprojektionseinrichtungen lufttopographische Karten für eine photogeodätische Landesvermessung herzustellen", 1921. 该工艺在美国也获得了 US1585484: "Process and Apparatus for the Production of Aerogeodetical Stereophotographs", 1926.
113. DE306385: Max Gasser, "Verfahren und Vorrichtung zur Herstellung von Landkarten aus übergreifenden schiefen Aufnahmen", 1921.
114. Albert Einstein, "Gutachten zum Patentstreit der Deutschen Kabelwerke gegen Standard Telephones & Cables Ltd betreffend die Patente 341 678 und 390 178", Mar. 1928, AEA, [35 341].

115. DE341678: Western Electric Co., Inc, New York, "Verfahren zur Herstellung von Magnetkernen aus fein zerteilten, durch Isolierstoff voneinander getrennten magnetischen Stoffteilchen", 1921. 西电公司在1925年之前一直是标准电话公司的名称.
116. DE390178: Bell Telephone Mfg. Co., Antwerpen, "Verfahren zur Herstellung von Magnetkernen für Pupin-Belastungsspulen, Magnete u. dgl.", 1924.
117. DE26813: C. Wetter, "Neuerung an Elektromagneten und Magnetkernen für dynamo-elektrische Maschinen und ähnliche Apparate", 1884.
118. DE226347: S. Hilpert, "Verfahren zur Herstellung magnetisierbarer Materialien von gleichzeitigen geringen elektrischer Leitfähigkeit für elektrische und magnetische Apparate", 1910; DE227788: "Zusatzpatent", 1910.
119. SU10133: I. E. Kechedzhiev-Kechedzhan (Кечеджиев-Кечеджан), "Описание трубы для наблюдения вблизи видимого наложения Солнца", Вестник Комитета по делам изобретений 5 (1929): 337. 姓名变体、关于望远镜的描述和苏联方面的实施过程的来源是迪特尔·霍夫曼 (Dieter Hoffmann) 的一篇演讲文本，其收录于D. Schulze, G. Wendel, K.-F. Wessel, and H. Scholz, eds., *Wissenschaftshistorisches Kolloquium anläßlich des 75. Geburtstages von Prof. em. Dr. habil. Friedrich Herneck* (Berlin: Sektion Wissenschaftstheorie und-organization der Humboldt-Universität zu Berlin, 1984), pp. 126–30.
120. Gesellschaft für Kulturelle Verbindung der Sowjetunion mit dem Auslande to Einstein, Feb. 19, 1930, AEA, [35 342].
121. Einstein to Gesellschaft für Kulturelle Verbindung der Sowjetunion mit dem Auslande, Feb. 25, 1930, AEA, [35 343].
122. Walter Kocherthaler to Einstein, June 15, 1934, AEA, [35 348].
123. Einstein to Walter Kocherthaler, June 24, 1934, AEA, [35 347].
124. US1951214: "Tinted Toilet Mirror" 和US1951213: "Color-Filter Mirror" 于1934年3月13日被授予柏林的彼得·施伦博姆.
125. Walter Kocherthaler to Einstein, July 5, 1934, AEA, [35 349].
126. Otto Henselman to Einstein, Aug. 7, 1944, AEA, [55 279].
127. US2215701: Otto Henselman, "Bearing Roller", 1940.
128. Einstein to Otto Henselman, Sept. 13, 1944, AEA, [55 283]. 也有一份德语草稿，AEA, [55 280].

第四章 欧洲的发明

1. Albert Einstein, "Eine neue elektrostatische Methode zur Messung kleiner Elektrizitätsmengen", *Physikalische Zeitschrift* 9 (1908): 216–17, *Collected*

Papers of Albert Einstein (CPAE; Princeton, NJ: Princeton University Press, 1987–2009), vol. 2, doc. 48.

2. Albert Einstein, "Zur Theorie der Brownschen Bewegung", *Annalen der Physik* 19 (1906): 371–81; "Theoretische Bemerkungen über die Brownsche Bewegung", *Zeitschrift für Elektrochemie und angewandte physikalische Chemie* 13 (1907): 41–42; "Ueber die Natur der Bewegungen mikroskopisch kleiner, in Flüssigkeiten suspendierter Teilchen", *Naturforschende Gesellschaft Bern. Mitteilungen* (1907): no. 1038; and "Elementare Theorie der Brownschen Bewegung", *Zeitschrift für Elektrochemie und angewandte physikalische Chemie* 14 (1908): 235–239, CPAE vol. 2, docs. 32, 40, 43, and 50, resp.
3. Albert Einstein, "Über die Gültigkeitsgrenze des Satzes vom thermodynamischen Gleichgewicht und über die Möglichkeit einer neuen Bestimmung der Elementarquanta", *Annalen der Physik* 22 (1907): 569–72, CPAE, vol. 2, doc. 39.
4. Einstein to Conrad and Paul Habicht, July 15, 1907, CPAE, vol. 5, doc. 48.
5. Einstein to Paul and Conrad Habicht, Aug. 16, 1907, CPAE, vol. 5, doc. 54.
6. Einstein to Conrad and Paul Habicht, Sept. 2, 1907, CPAE, vol. 5, doc. 56.
7. Einstein to Conrad Habicht, Dec. 24, 1907, CPAE, vol. 5, doc. 69.
8. Emil Bose to Einstein, Feb. 12, 1908, CPAE, vol. 5, doc. 83.
9. Paul Habicht to Einstein, Feb. 19, 1908, CPAE, vol. 5, doc. 86.
10. Adolf Gasser to Einstein, Mar. 9, 1908, CPAE, vol. 5, doc. 92.
11. Albert Einstein, "Eine neue elektrostatische Methode zur Messung kleiner Elektrizitätsmenge", *Physikalische Zeitschrift* 9 (1908): 216–17, CPAE, vol. 2, doc. 48.
12. Joseph Kowalski to Einstein, Mar. 30, 1908, CPAE, vol. 5, doc. 94.
13. Paul Habicht to Einstein, June 1908, CPAE, vol. 5, doc. 104.
14. Paul Habicht to Einstein, Apr. 4, 1908, CPAE, vol. 5, doc. 95.
15. Paul Habicht to Einstein, May 17, 1908, CPAE, vol. 5, doc. 99.
16. 见 Paul Habicht to Einstein, Apr. 4, 1908, CPAE, vol. 5, doc. 95, n. 5.
17. Einstein to Jakob Laub, after Nov. 1, 1908, CPAE, vol. 5, doc. 125.
18. Einstein to Albert Gockel, Dec. 3, 1908, CPAE, vol. 5, doc. 130.
19. Einstein to Jakob Laub, Mar. 20, 1909, CPAE, vol. 5, doc. 143.
20. Einstein to Albert Gockel, Mar. 25(?), 1909, CPAE, vol. 5, doc. 144.
21. Einstein to Conrad Habicht, Apr. 15, 1909, CPAE, vol. 5, doc. 150.
22. Einstein to Conrad Habicht, Sept. 3, 1909, CPAE, vol. 5, doc. 177.
23. Einstein to Conrad Habicht, Nov. 5, 1909, CPAE, vol. 5, doc. 185.
24. Einstein to Conrad Habicht, Mar. 4, 1910, CPAE, vol. 5, doc. 198.

25. Conrad Habicht, and Paul Habicht, "Elektrostatischer Potentialmultiplikator nach A. Einstein", *Physikalische Zeitschrift* 11 (1910): 532-35.
26. Einstein to Heinrich Zangger, Dec. 25, 1911, *CPAE*, vol. 5, doc. 330.
27. Einstein to Michele Besso, Feb. 4, 1912, *CPAE*, vol. 5, doc. 354.
28. Paul Habicht to Einstein, Dec. 27, 1911, *CPAE*, vol. 5, doc. 332.
29. Conrad Habicht, and Paul Habicht, "Essai de démonstration avec le multiplicateur de potentiel d'après Einstein", *Archives des sciences physiques et naturelles* 33 (1912): 258-59. 另见 Einstein to Michele Besso, Mar. 26, 1912, *CPAE*, vol. 5, doc. 377.
30. 关于小机器的发展的全面说明,见编者按 "Einstein's 'Maschinchen' for the Measurement of Small Quantities of Electricity", in *CPAE*, vol. 5, pp. 51-55.
31. Albert Einstein, "Méthode pour la détermination de valeurs statistiques d'observations concernant des grandeurs soumises des fluctuations irrégulières", *Archives des sciences physiques et naturelles* 37 (1914): 254-56, *CPAE*, vol. 4, doc. 29.
32. Albert Einstein, "Eine Methode zur statistischen Verwertung von Beobachtungen scheinbar unregelmässig quasiperiodisch verlaufender Vorgänge", [after 28 Feb. 1914], *CPAE*, vol. 4, doc. 30.
33. Einstein to Adolf Schmidt, Oct. 30, 1914, *CPAE*, vol. 8, doc. 37.
34. Adolf Schmidt, "Ein Planimeter zur Bestimmung der mittleren Ordinaten beliebiger Abschnitte von registrierten Kurven", *Zeitschrift für Instrumentenkunde* 25 (1905): 261-73.
35. Adolf Schmidt to Einstein, Oct. 31, 1914, *CPAE*, vol. 8, doc. 38.
36. Albert Einstein, "Elementare Theorie der Wasserwellen und des Fluges", *Die Naturwissenschaften* 4 (1916): 509-10, *CPAE*, vol. 6, doc. 39.
37. N. Joukowsky, "Über die Konturen der Tragflächen der Drachenflieger", *Zeitschrift für Flugtechnik und Motorluftschiffahrt* 1 (1910): 281-84.
38. Ludwig Prandtl, "Abriss der Lehre von der Flüssigkeits-und Gasbewegung", in *Handwörterbuch der Naturwissenschaften* (Jena: Fischer, 1913), pp. 101-40.
39. M. Wilhelm Kutta, "Über eine mit der Grundlagen des Flugproblems in Beziehung stehende zweidimensionale Strömung", *Königlich-Bayerische Akademie der Wissenschaften* (Munich), *Sitzungsberichte. Mathematisch-physikalische Klasse* (1910): 1-58; "Über ebene Zirkulationsströmungen nebst flugtechnischen Anwendungen", *Königlich-Bayerische Akademie der Wissenschaften* (Munich), *Sitzungsberichte. Mathematisch-physikalische Klasse* (1911): 65-125.

40. Ludwig Prandtl, and Frederick Lanchester, "Tragflügeltheorie. I , II ", *Gesellschaft der Wissenschaften zu Göttingen. Nachrichten* (1918): 451-77; (1919): 107-37.
41. Paul Ehrhardt to Einstein, Aug. 26, 1954, Albert Einstein Archives, Jerusalem (AEA), [59 556].
42. Carl Seelig, *Albert Einstein. Leben und Werk eines Genies unserer Zeit* (Zurich: Europa, 1960), p. 251.
43. *W. W. I Aero*, no. 118 (Feb. 1988): 43.
44. Albrecht Fölsing, *Albert Einstein: Eine Biographie*, 2nd ed. (Frankfurt am Main: Suhrkamp, 1993), pp. 446-47; 英译本, pp. 399-400.
45. Paul Ehrhardt to Einstein, Sept. 26, 1954, AEA, [59 557].
46. Einstein to Michele Besso, May 14, 1916, *CPAE*, vol. 8, doc. 219.
47. 见Michael Eckert, *The Dawn of Fluid Dynamics: A Discipline between Science and Technology* (Weinheim, Germany: Wiley-VCH, 2006), p. 68.
48. Julius C. Rotta, *Die Aerodynamische Versuchsanstalt in Göttingen. Ein Werk Ludwig Prandtls, ihre Geschichte von den Anfangen bis 1925* (Göttingen, Germany: Vanderhoeck & Ruprecht, 1990), p. 174.
49. 见Michael Eckert, *The Dawn of Fluid Dynamics: A Discipline between Science and Technology* (Weinheim, Germany: Wiley-VCH, 2006), p. 61.
50. Max Munk, and Carl Pohlhausen, "Messungen an einfachen Flügelprofilen", *Technische Berichte* 1 (1917): table 149.
51. Ibid.
52. Peter Grosz, "Herr Dr. Prof. Albert Who? Einstein the Aerodynamicist That's Who! Or Albert Einstein and His Role in German Aviation in World War I ", *W. W. I Aero*, no. 118 (Feb. 1988): 42-46.
53. Paul Ehrhardt to Einstein, Aug. 26, 1954, AEA, [59 556].
54. Einstein to Paul Ehrhardt, Sept. 7, 1954, AEA, [76 235].
55. Fragment of a letter of Einstein to Otto Marx, Dec. 22, 1917, *CPAE*, vol. 8, doc. 415.
56. Grosz, "Herr Dr. Prof. Albert Who?".
57. Seelig, *Albert Einstein. Leben und Werk eines Genies unserer Zeit*, p. 252.
58. *Österreichisches Aero Club. Mitteilungen* (1920), p. 140.
59. Hans Usener, *Der Kreisel als Richtungsweiser. Seine Entwickelung. Theorie und Eigenschaften* (Munich: Militärische Verlagsanstalt, 1917), 由安许茨和乌泽纳本人寄给爱因斯坦, *CPAE*, vol. 8, docs. 603 and 606.
60. Hermann Anschütz-Kaempfe to Einstein, Oct. 10, 1920, *CPAE*, vol. 10, doc.

172.
61. Hermann Anschütz-Kaempfe to Einstein, Dec. 28, 1920, *CPAE*, vol. 10, doc. 247.
62. Hermann Anschütz-Kaempfe to Einstein, Mar. 10, 1921, *CPAE*, vol. 12, doc. 92.
63. Einstein to Hermann Anschütz-Kaempfe, Mar. 13, 1921, *CPAE*, vol. 12, doc. 95.
64. Hermann Anschütz-Kaempfe to Einstein, July 23, 1921, *CPAE*, vol. 12, doc. 191.
65. Einstein to Hermann Anschütz-Kaempfe, July 28, 1921, *CPAE*, vol. 12, doc. 194.
66. Schleswig-Holsteinische Landesbibliothek, Kiel, Zg.-Nr.: 57/1992, *CPAE*, vol. 12, appendix A.
67. Einstein to Hermann Anschütz-Kaempfe, Sept. 18, 1921, *CPAE*, vol. 12, doc. 239.
68. Hermann Anschütz-Kaempfe to Einstein, Sept. 20, 1921, *CPAE*, vol. 12, doc. 241.
69. Einstein to Hermann Anschütz-Kaempfe, Sept. 17, 1921, *CPAE*, vol. 12, doc. 237.
70. Einstein to Hermann Anschütz-Kaempfe, Sept. 18, 1921, *CPAE*, vol. 12, doc. 239.
71. Einstein to Hermann Anschütz-Kaempfe, Mar. 13, 1921, *CPAE*, vol. 12, doc. 95.
72. Einstein to Hermann Anschütz-Kaempfe, June 18, 1922, AEA, [80 280].
73. Hermann Anschütz-Kaempfe to Einstein, Aug. 20, 1922, AEA, [37 382].
74. Hermann Anschütz-Kaempfe to Einstein, Dec. 6, 1923, AEA, [37 389].
75. Hermann Anschütz-Kaempfe to Einstein, Nov. 9, 1924, in Dieter Lohmeier and Bernhardt Schell, eds., *Einstein, Anschütz und der Kieler Kreiselkompass-Einstein, Anschütz and the Kiel Gyro Compass*, 2nd ed. (Kiel, Germany: Raytheon Marine GmbH, 2005), no. 57.
76. Einstein to Hermann Anschütz-Kaempfe, Aug. 31, 1925, AEA, [37 395].
77. "Giro" to Einstein, Oct. 11, 1926, AEA, [35 401].
78. Einstein to Wolfgang Otto, Oct. 28, 1926, AEA, [80 660].
79. Wolfgang Otto to Einstein, Nov. 2, 1926, AEA, [37 401].
80. Hermann Anschütz-Kaempfe to Einstein, June 25 and July 2, 1922, AEA, [37 398] and [37 379].
81. Einstein to Elsa Einstein, Apr. 28, 1923, AEA, [143 129].
82. Einstein to Hermann Anschütz-Kaempfe, Sept. 8(?), 1923, AEA, [80 282].
83. Einstein to Karl Glitscher, May 27, 1925, AEA, [37 394].
84. Hermann Anschütz-Kaempfe to Arnold Sommerfeld, July 12, 1922, in Lohmeier and Schell, *Einstein, Anschütz und der Kieler Kreiselkompass*, no. 37.

85. Hermann Anschütz-Kaempfe to Reta Anschütz, Nov. 2, 1920, Deutsches Museum, München, Nachlass Anschütz.
86. Karl Glitscher to Hermann Anschütz-Kaempfe, Mar. 31, 1921, in Lohmeier and Schell, *Einstein, Anschütz und der Kieler Kreiselkompass*, p. 40.
87. Einstein to Elsa Einstein, Apr. 28, 1923, AEA, [143 129].
88. Max Schuler, "Die geschichtliche Entwicklung des Kreiselkompasses in Deutschland. Teil 1: Schiffskreiselkompasse", *VDI Zeitschrift* 104 (1962): 469–76.
89. Einstein to Arnold Sommerfeld, Feb. 5, 1919, *CPAE*, vol. 9, doc. 5.
90. Einstein to Elsa Einstein, Sept. 14, 1920, *CPAE*, vol. 10, doc. 149.
91. Hermann Anschütz-Kaempfe to Einstein, Oct. 10, 1920, *CPAE*, vol. 10, doc. 172.
92. Einstein to Elsa Einstein, Sept. 14, 1920, *CPAE*, vol. 10, doc. 149.
93. Einstein to Elsa Einstein, Apr. 28, 1923, AEA, [143 129].
94. Einstein to Elsa Einstein, Sept. 14, 1920, *CPAE*, vol. 10, doc. 149.
95. Hermann Anschütz-Kaempfe to Einstein, Dec. 19, 1920, *CPAE*, vol. 10, doc. 237.
96. Hermann Anschütz-Kaempfe to Einstein, Nov. 10, 1921, *CPAE*, vol. 12, doc. 293.
97. Einstein to Arnold Sommerfeld, Dec. 18–20, 1920, *CPAE*, vol. 10, doc. 236.
98. Hermann Anschütz-Kaempfe to Einstein, Dec. 28, 1920, *CPAE*, vol. 10, doc. 247.
99. Einstein to Hermann Anschütz-Kaempfe, July 22, 1921, *CPAE*, vol. 12, doc. 189.
100. Einstein to Mileva Einstein-Marić, Aug. 21, 1921, *CPAE*, vol. 12, doc. 218.
101. Einstein to Hermann Anschütz-Kaempfe, July 1, 1922, AEA, [80 288].
102. Albert Einstein, "In memoriam Walther Rathenau", *Neue Rundschau* 33, part 2 (1922): 815–16.
103. Einstein to Max Planck, July 6, 1922, AEA, [77 023].
104. Einstein to Marie Curie, July 11, 1922, AEA, [34 776].
105. Hermann Anschütz-Kaempfe to Arnold Sommerfeld, July 12, 1922, in Lohmeier and Schell, *Einstein, Anschütz und der Kieler Kreiselkompass*, no. 37.
106. Einstein to Hermann Anschütz-Kaempfe, July 12, 1922, AEA, [80 721].
107. Ibid.
108. Einstein to Hermann Anschütz-Kaempfe, July 16, 1922, AEA, [80 720].
109. Hermann Anschütz-Kaempfe to Einstein, July 19, 1922, AEA, [37 381].
110. Hermann Anschütz-Kaempfe to Einstein, Mar. 31, 1923, AEA, [37 383].

111. Hermann Anschütz-Kaempfe to Einstein, Dec. 28, 1920, *CPAE*, vol. 10, doc. 247.
112. Hermann Anschütz-Kaempfe to Einstein, Mar. 18, 1922, AEA, [37 375].
113. Hermann Anschütz-Kaempfe to Einstein, June 9, 1922, AEA, [37 377].
114. Einstein to Elsa Einstein, Apr. 21, [1923], AEA, [143 128].
115. "Giro" to Einstein, Oct. 11, 1926, AEA, [35 401.0].
116. DE394667: Anschütz & Co., "Kreiselapparat für Meßzwecke" , 1924.
117. Einstein to Hermann Anschütz-Kaempfe, Feb. 17, 1925, AEA, [84 235].
118. Albert Einstein and Hans Mühsam, "Experimentelle Bestimmung der Kanalweite von Filtern" , *Deutsche medizinische Wochenschrift* 4 (1923): 1012–13.
119. Hans Mühsam, "Zur Eichung von Filters" , *Gesundheits-Ingenieur* 46 (1923): 440.
120. Karol J. Mysels, "Einstein's Last Contribution to Surface Chemistry" , *Langmuir* 5 (1989): 1265–67.
121. *Standard Test Method for Maximum Pore Diameter and Permeability of Rigid Porous Filters for Laboratory Use*, ASTM E128–99 (2005).
122. Einstein to Michele Besso, Dec. 12, 1919, *CPAE*, vol. 9, doc. 207; Einstein to Paul Ehrenfest, Sept. 1, 1921, *CPAE*, vol. 12, doc. 219.
123. Walther Nernst to Einstein, July 29, 1921, *CPAE*, vol. 12, doc. 195.
124. Karl Wolfgang Graff, "Albert Einstein als Erfinder in den Jahren 1907–1933" (Thesis, Historisches Institut der Universität Stuttgart, 2004), p. 213.
125. Contract proposal to A. Borsig GmbH, Berlin-Tegel, Feb. 1922, AEA, [18 447], [35 352].
126. Einstein to the board of trustees of the Kaiser Wilhelm Institute of Physics, Jan. 28, 1922, AEA, [81 934].
127. Einstein to Hans Albert and Eduard Einstein, Mar. 4, 1922, AEA, [75 660].
128. Graff, "Albert Einstein als Erfinder in den Jahren 1907–1933" , p. 217.
129. Hans Albert Einstein to Einstein, between Feb. 12 and Mar. 4, 1922, AEA, [144 029].
130. 有关情况和可能的细节，见Graff, "Albert Einstein als Erfinder in den Jahren 1907–1933" , pp. 213–17.
131. Leó Szilárd to Einstein, Sept. 10, 1926, AEA, [35 555].
132. Leó Szilárd to H. Peiser (Bamag-Meguin), Nov. 8, 1926, and "Vertragentwurf" attached to it, AEA, [35 562], [35 563].
133. Leó Szilárd to Béla Szilárd, Oct. 26, 1926, AEA, [35 560].
134. Graff, "Albert Einstein als Erfinder in den Jahren 1907–1933" , p. 227.

135. Einstein to Leó Szilárd, Sept. 15, 1928, AEA, [21 432]. 这张明信片没有被邮寄出去.
136. DE456152: Platen-Munters Refrigerating System Aktiebolag, "Verfahren zur Steigerung des Umlaufs eines Hilfsmittels in Absorptionskälteapparaten", 1928.
137. DE410715: Platen-Munters Refrigerating System Aktiebolag, "Verfahren zur Kälteerzeugung nach dem Absorptions-Diffusionsprinzip", 1925. 1911年在瑞典获得专利.
138. Chris Holland, "We Are Going Back to Future", www.democraticunderground.com/discuss/duboard.php?az=view_all&address=115x142895. 感谢艾丽斯·卡拉普莱斯（Alice Calaprice）让笔者注意到这份报告.
139. Andy Delano, "Design Analysis of the Einstein Refrigeration Cycle" (Ph.D. dissertation, Georgia Institute of Technology, June 1998), www.me.gatech.edu/energy/andy_phd/.
140. DE441752: Clemens Bergl and Walther Dietrich, "Verfahren zur Erzeugung von Kälte mit Hilfe organischer Flüssigkeiten ohne Wiedergewinnung derselben als solcher", 1927.
141. Graff, "Albert Einstein als Erfinder in den Jahren 1907–1933", p. 263.
142. Ibid., pp. 260–63.
143. Leó Szilárd to Einstein, Mar. 22, 1930, AEA, [35 586].
144. DE533945: Leó Szilárd, "Pumpe", 1931; DE531581: Leó Szilárd, "Pumpe, insbesondere zur Verdichtung von Gasen und Dämpfen in Kältemaschinen", 1933.
145. DE548136: Leó Szilárd, "Kältemaschine", 1932.
146. DE570959: Leó Szilárd, "Vorrichtung zur Bewegung von flüssigem Metall", 1933.
147. DE556536: Leó Szilárd, "Kältemaschine", 1932.
148. DE533945: Leó Szilárd, "Pumpe", 1931.
149. DE564680: Leó Szilárd, "Kältemaschine", 1932.
150. DE562898: Leó Szilárd, "Wärmeübertrager", 1932.
151. DE581780: Leó Szilárd, "Kompressor, insbesondere für Kältemaschinen", 1933.
152. DE562523: Leó Szilárd, "Absperrorgan", 1932.
153. DE543214: Leó Szilárd, "Vorrichtung zur Bewegung von flüssigen Metallen", 1932; DE555141: "Vorrichtung zur Bewegung von flüssigen Metallen", 1932; DE568680: "Stator für Kältemaschinen", 1933.
154. [Albert Korodi and László Bihaly], AEG Technische Bericht No. 689: Entwicklungsarbeiten an einer Kompressions-Kältemaschine mit Wanderfeld-Flüssigkeitmotor, Aug. 16, 1932, Deutsches Technikmuseum, Berlin.

注 释

155. Einstein to Leó Szilárd, Sept. 15, 1928, AEA, [21 432]. 这张明信片没有被邮寄出去.
156. DE476812: Leó Szilárd, "Verfahren zum Gießen von Metallen in Formen unter Anwendung elektrischer Ströme", 1929. 申请日期为1926年1月20日.
157. US853789: Frank Holden, "Mercury-Meter", 1907.
158. Graff, "Albert Einstein als Erfinder in den Jahren 1907-1933", p. 274.
159. DE319231 and GB126947: Julius F. G. P. Hartmann, "Improvements in or Relating to Apparatus for Producing a Continuous Electrically Conducting Liquid Jet", 1919; DE281727: Brown, Boveri & Cie, "Verfahren und Einrichtung zur Herstellung eines Vakuums oder einer Verdichtung von Gasen oder Dämpfen", 1914; and Technical Report of GEC, no. 17,351. 见 Graff, "Albert Einstein als Erfinder in den Jahren 1907-1933", p. 274.
160. DE511137: Allgemeine Elektrizitäts-Gesellschaft (Waldemar Brückel), "Elektrodynamische Pumpe", 1930.
161. US1792449: Millard C. Spencer, "Fluid-Conductor Motor", 1931.
162. US1660407: Kenneth T. Bainbridge, "Liquid-Conductor Pump", 1928.
163. Leó Szilárd to Einstein, Sept. 27, 1930, AEA, [35 590].
164. Leó Szilárd to Einstein, Oct. 10, 1931, AEA, [21 437].
165. Leó Szilárd to Einstein, July 27, 1932, AEA, [35 618].
166. Leó Szilárd to Einstein, Sept. 27, 1930, AEA, [35 590].
167. Leó Szilárd to Einstein, Mar. 22, 1930, AEA, [35 586].
168. Leó Szilárd to Einstein, July 23, 1931, AEA, [35 600].
169. Gano Dunn to Einstein, Feb. 21 and 25, 1931, AEA, [35 591] and [35 593], resp.
170. "Finds New Method for Refrigeration. D. Daniel F. Comstock, Research Engineer, Invents Method Adapted to Cool Homes", *Wall Street Journal*, Aug. 22, 1930.
171. US1924914: Daniel F. Comstock, "Absorption System", 1930.
172. Leó Szilárd to Einstein, Apr. 3, 1931, AEA, [35 597].
173. 齐拉的专利权转让请求, Dec. 1, 1931, AEA, [35 617].
174. Einstein to Leó Szilárd, July 6, 1932, AEA, [35 614].
175. Leó Szilárd to Einstein, July 14, 1932, AEA, [35 616].
176. Leó Szilárd to Einstein, Sept. 10, 1926, AEA, [35 555].
177. 在莱奥·齐拉给爱因斯坦的建议底部, June 30, 1931, AEA, [35 598].
178. Einstein to American General Consulate, Oct. 27, 1931, AEA, [21 440].
179. Reichspatentamt to Einstein, Mar. 20, 1933, AEA, [35 623].
180. Reichspatentamt to Einstein, Apr. 27, 1933, AEA, [35 624], [35 625].

181. Melanie Jaeger to Einstein, Apr. 9, 1934, AEA, [35 626]; Einstein to Melanie Jaeger, Apr. 13, 1934, AEA, [35 627]; Melanie Jaeger to Einstein, n.d., AEA, [35 629]; Melanie Jaeger to Einstein, n.d., AEA, [35 630].
182. Julius Janowitz to Einstein, Apr. 26, 1934, AEA, [35 628].
183. Leó Szilárd to Einstein, Apr. 1, 1927, AEA, [35 567].
184. Leó Szilárd to Einstein, Oct. 12, 1929, AEA, [35 585].
185. Leó Szilárd to Einstein, Oct. 12, 1929, AEA, [35 584].
186. H. R. G. Goldie to Otto Nathan, Aug. 3, 1975, AEA, [35 540].
187. DE590783: Albert Einstein and Rudolf Goldschmidt, "Vorrichtung, insbesondere für Schallwiedergabegeräte, bei der elektrische Stromänderungen durch Magnetostriktion Bewegungen eines Magnetkörpers hervorrufen", 1934.
188. Rudolf Goldschmidt to Einstein, Feb. 28, 1929, AEA, [35 501].
189. Einstein to Rudolf Goldschmidt, Mar. 8, 1929, AEA, [35 502].
190. "Magnetische Einrichtung, insbesondere zur Betätigung von Lautsprechern, Relais und Messinstrumenten", AEA, [35 506].
191. DE590783: Albert Einstein and Rudolf Goldschmidt, "Vorrichtung, insbesondere für Schallwiedergabegeräte, bei der elektrische Stromänderungen durch Magnetostriktion Bewegungen eines Magnetkörpers hervorrufen", 1934.
192. "Elektromagnetische Antriebsystem für Lautsprecher", AEA, [35 504]; "Elektromagnetisches Triebsystem", AEA, [35 505].
193. E. Kreowski to Einstein, June 13, 1947, AEA, [35 537].
194. Tekniske Forsøgsaktieselskab to Einstein, Apr. 9, 1929, AEA, [35 507].
195. DE521989: Rudolf Goldschmidt, "Verfahren zum Einregulierung von Telephonmembranen nach dem Zusammenbau mit dem Magneten", 1931.
196. Einstein to Rudolf Goldschmidt, Apr. 12, 1929, AEA, [35 510].
197. Tekniske Forsøgsaktieselskab to Einstein, Apr. 9, 1929, AEA, [35 507].
198. AEA-Pix [64 022]. 简·迪特里希翻译.
199. Rudolf Goldschmidt to Einstein, Nov. 30, 1928, AEA, [35 498]. 简·迪特里希翻译.
200. Rudolf Goldschmidt to Einstein, Sept. 25, 1929, AEA, [35 512].
201. Rudolf Goldschmidt to Einstein, May 2, 1928, AEA, [35 499].
202. GB321395: Rudolf Goldschmidt, "Diaphragm Especially for the Reproduction of Sound", 1929.
203. Rudolf Goldschmidt to Einstein, Nov. 15, 1928, AEA, [35 500].
204. Rudolf Goldschmidt to Einstein, Oct. 31, 1931, AEA, [35 513].
205. Rudolf Goldschmidt to Einstein, Nov. 2, 1932, AEA, [35 514].
206. Bruno Eisner, "Begegnung mit Einstein", *Aufbau (Reconstruction*, 在纽约发

行的一份美国的周刊,"Der Zeitgeist"增刊, Mar. 9, 1962, pp. 21-22(由布鲁诺·艾斯纳的回忆录中第129—138页的内容精简而成), AEA, [81 102].
207. Rudolf Goldschmidt to Einstein, Nov. 6, 1932, AEA, [35 515].
208. Rudolf Goldschmidt to Einstein, Nov. 13, 1932, AEA, [35 516].
209. Mrs. Mendelssohn to Einstein, Nov. 21, 1932, AEA, [38 517].
210. Rudolf Goldschmidt to Einstein, Nov. 26, 1932, AEA, [35 518], [35 519].
211. Rudolf Goldschmidt to Einstein, Aug. 19, 1933, AEA, [35 520].
212. Rudolf Goldschmidt to Einstein, Aug. 22 and Aug. 24, 1933, AEA, [35 521] and [35 522].
213. Eisner, "Begegnung mit Einstein".
214. Rudolf Goldschmidt to Einstein, Oct. 31, 1941, AEA, [35 523].
215. Einstein to Rudolf Goldschmidt, Dec. 20, 1941, AEA, [35 527].
216. GB553955: Rudolf Goldschmidt, "Improvements in or Relating to Electro-Magnetic Sound-Transmission Apparatus", 1943.
217. Otto Nathan to H. R. G. Goldie, Oct. 25, 1957, AEA, [35 539].
218. H. R. G. Goldie to Otto Nathan, Aug. 3, 1975, AEA, [35 540].
219. Eisner, "Begegnung mit Einstein".
220. H. R. G. Goldie to Otto Nathan, Aug. 3, 1975, AEA, [35 540].
221. Rudolf Goldschmidt to Einstein, Nov. 6, 1932, AEA, [35 515].
222. Rudolf Goldschmidt to Einstein, Aug. 22 and Aug. 24, 1933, AEA, [35 521] and [35 522].
223. Rudolf Goldschmidt to Einstein, Oct. 5 and Nov. 14, 1942, AEA, [35 529] and [35 534].

第五章 美国的发明

1. 关于布基的生活和工作,见Karin Bormacher, "Gustav Bucky (1880-1963) Biobibliographie eines Röntgenologen und Erfinders" (Inaugural-Dissertation, Freie Universität, Berlin, 1967).
2. Einstein to Gustav Bucky, [Nov. 8, 1934], Albert Einstein Archives, Jerusalem (AEA), [35 417].
3. Einstein to Gustav Bucky, Nov. 12, 1934, AEA, [35 416].
4. Gustav Bucky to Einstein, Jan. 25, 1935, AEA, [35 422].
5. "Liste der zu bearbeitenden Ideen", [Jan. 1935], AEA, [35 423].
6. Gustav Bucky to Einstein, Feb. 10, 1935, AEA, [35 424].
7. Einstein to Gustav Bucky, Feb. 11, 1935, AEA, [35 426].
8. Gustav Bucky to Emil Mayer, Mar. 5, 1935, AEA, [35 452].

9. Gustav Bucky to Emil Mayer, Mar. 5, 1935: "Gasdurchlaessiges nicht benetzbares Gewebe", AEA, [35 455].
10. Emil Mayer to Gustav Bucky, Mar. 15, 1935, AEA, [35 444].
11. Gustav Bucky to Emil Mayer, Mar. 16, 1935, AEA, [35 443].
12. Emil Mayer to Gustav Bucky, June 5, 1935, AEA, [35 429]. 它于1935年6月6日归档，序列号为25239。
13. Attachment to Emil Mayer's letter to Gustav Bucky, June 5, 1935, AEA, [35 439].
14. Gustav Bucky to Einstein, June 7, 1935, AEA, [35 427], [35 428].
15. Emil Mayer to Gustav Bucky, June 5, 1935, AEA, [35 429]. 它于1935年6月6日归档，序列号为25239。
16. Gustav Bucky to Emil Mayer, Mar. 5, 1935: "Billiges waermeisolierendes Verpackungsgefaess", AEA, [35 454].
17. Josef Oppenheimer to Einstein [?], Apr. 18, 1936, AEA, [35 439.1], [35 440].
18. Gustav Bucky to Emil Mayer, Mar. 5, 1935: "Fluessigkeitsreinigung durch starke elektrische Felder", AEA, [35 454.1].
19. Emil Mayer to Gustav Bucky, Mar. 15, 1935, AEA, [35 444].
20. Gustav Bucky to Emil Mayer, Mar. 16, 1935, AEA, [35 443].
21. Briesen & Schrenk to Einstein, July 10, 1935, AEA, [35 456.1].
22. US1743526: Charles T. Cabrera, "Filtering Medium", 1930.
23. Briesen & Schrenk to Einstein, July 10, 1935, AEA, [35 457].
24. Einstein to Briesen & Schrenk, July 13, 1935, AEA, [35 462]. 一份打字机打出的该信副本[35 461]所署的日期是7月15日。
25. Walter S. Bleistein to Bucky, Nov. 28, 1934, AEA, [35 418].
26. "Abkommen zwischen der Roefinag, Aktiengesellschaft ... und den Herren Dr. Gustav Bucky ... und Professor Dr. Albert Einstein", [after Mar. 5, 1935], AEA, [35 420].
27. Roefinag, Aktiengesellschaft in Zürich Schweiz, "Vorrichtung zum selbsttätigen Einbeziehen eines Korrekturfaktors in die Anzeigen eines Messinstrumentes", [Nov. 28, 1934], AEA, [35 421]; Gustav Bucky to Emil Mayer, Mar. 5, 1935: "Vorrichtung zur automatische Korrektionsablesung", AEA, [35 453.1].
28. Emil Mayer to Einstein, Mar. 12, 1935, AEA, [35 442]. 爱因斯坦关于陀螺仪的手稿日期是1935年1月，其副本是于1935年2月28日打字机打出的[35 441]，附在迈尔的信中。
29. Briesen & Schrenk to Einstein, July 10 and 11, 1935, AEA, [35 456], [35 458], [35 459].

30. GB19073785: John T. Morrison, "Improvements in Gyrostatic Apparatus", 1908.
31. Einstein to Briesen & Schrenk, July 13, 1935, AEA, [35 462]. 一份打字机打出的该信副本[35 461]所署的日期为7月15日.
32. Einstein to Gustav Bucky, July 20, 1935, AEA, [35 434].
33. Einstein to Gustav Bucky, Oct. 11, 1940, AEA, [35 446]. 其英译本也可查阅, AEA, [35 447].
34. Walter S. Bleston to Einstein, Nov. 1, 1940, AEA, [35 445].
35. Herbert Thompson to Einstein, May 6, 1941, AEA, [35 449].
36. Einstein to Gustav Bucky, no date, AEA, [35 450].
37. Einstein to Gustav Bucky, [Sept. 21, 1942] Monday, AEA, [35 482].
38. Gustav Bucky to Einstein, June 7, 1935, AEA, [35 427].
39. Briesen & Schrenk to Einstein, July 10, 1935, AEA, [35 456.1].
40. US1783138: Aage V. Petersen, "Transforming of Acoustic Swingings into Electric Capacity Swingings", 1930.
41. US1687231: James B. Speed, "Translating Device", 1928.
42. Einstein to Briesen & Schrenk, July 13, 1935, AEA, [35 462]. 一份打字机打出的该信副本[35 461]所署的日期为7月15日.
43. Briesen & Schrenk to Gustav Bucky, July 18, 1935, AEA, [35 464].
44. 在RCA的新布朗斯维克站. József Illy, ed., *Albert Meets America: How Journalists Treated Genius during Einstein's 1921 Travels* (Baltimore: Johns Hopkins University Press, 2006), p. 130.
45. Einstein to Gustav Bucky, July 13, 1935, AEA, [35 460].
46. Einstein to Gustav Bucky, July 20, 1935, AEA, [35 434].
47. David Sarnoff to Einstein, July 22, 1935, AEA, [51 590].
48. Einstein to Gustav Bucky, July 24, 1935, AEA, [35 466].
49. M. C. Batsel to Einstein, Aug. 14, 1935, AEA, [25 368], [25 369].
50. Elsworth D. Cook to M. C. Batsel, Aug. 13, 1935, AEA, [25 369].
51. Briesen & Schrenk to Einstein, Aug. 20, 1935, AEA, [35 467].
52. Einstein to M. C. Batsel, Aug. 22, 1935, AEA, [25 370].
53. Einstein to Briesen & Schrenk, Aug. 23, 1935, AEA, [35 468].
54. Einstein to M. C. Batsel, Aug. 26, 1935, AEA, [25 371].
55. M. C. Batsel to Einstein, Sept. 5, 1935, AEA, [25 373].
56. Einstein to M. C. Batsel, Sept. 6, 1935, AEA, [25 374].
57. Einstein to M. C. Batsel, Sept. 9, 1935, AEA, [25 376].
58. M. C. Batsel to Einstein, Sept. 10, 1935, AEA, [25 378].

59. Einstein to M. C. Batsel, [Sept. 13, 1935], draft, AEA, [25 380].
60. Einstein to M. C. Batsel, Sept. 13, 1935, AEA, [25 379].
61. M. C. Batsel to Einstein, Sept. 19, 1935, AEA, [25 381].
62. Einstein to M. C. Batsel, Sept. 22, 1935, AEA, [25 383].
63. Elsworth D. Cook to M. C. Batsel, Sept. 27, 1935, AEA, [25 385].
64. M. C. Batsel to Einstein, Sept. 27, 1935, AEA, [25 384].
65. Elsa Einstein to David Sarnoff, Oct. 29, 1935, AEA, [71 804], [51 591]. 这封信的德文和英文版本可在AEA找到。因为英文版本有日期和地点，而且其英文是埃尔莎·爱因斯坦的风格特点，所以笔者引用这个版本，尽管德文可能是原文。
66. Einstein to David Sarnoff, May 20, 1936, AEA, [51 594].
67. David Sarnoff to Einstein, May 26, 1936, AEA, [51 594].
68. Einstein to Nathan Rosen, June 7, 1936, AEA, [89 307].
69. Einstein to Vyacheslav Molotov, Mar. 23, 1936, AEA, [20 212].
70. Engbert S. Reid to Helen Dukas, July 30, 1936, AEA, [51 595].
71. Einstein to Vyacheslav Molotov, July 4, 1935, AEA, [20 215].
72. US1992192: Gustav Bucky, "Oil Tank Level Indicator", 1935.
73. Gustav Bucky to Einstein, June 7, 1935, AEA, [35 427].
74. Einstein to Gustav Bucky, after June 7, 1935, AEA, [35 431].
75. Einstein to Gustav Bucky, [July 9, 1935], AEA, [35 432].
76. Einstein to Gustav Bucky, July 20, 1935, AEA, [35 434].
77. "Level Indicator", no date, AEA, [35 437].
78. Einstein to Gustav Bucky, no date, AEA, [35 435].
79. Einstein to Gustav Bucky, Nov. 3, 1936, AEA, [37 436].
80. Einstein to Gustav Bucky, July 20, 1935, AEA, [35 434].
81. US2058562: Gustav Bucky and Albert Einstein, "Light Intensity Self-Adjusting Camera", 1936.
82. Einstein to Gustav Bucky, [between Dec. 11, 1935, and Oct. 27, 1936], AEA, [35 477].
83. Einstein to Gustav Bucky, Nov. 3, 1936, AEA, [37 436].
84. *New York Times*, Nov. 27, 1936.
85. Sommerich to Gustav Bucky, Nov. 6, 1936, AEA, [35 475]. 在德国的专利申请为 US2058562: Roefinag-Einstein-Bucky, [Dec. 1936], AEA, [35 476].
86. Einstein to Gustav Bucky, Mar. 9, 1936, AEA, [37 431].
87. Gustav Bucky to Einstein, Sept. 8, 1942, AEA, [35 483].
88. Einstein to Gustav Bucky, Oct. 8, 1942, AEA, [35 485].
89. GB523974: Leo N. Schwien, "True Air Speed Indicator", 1940. 另见 "Caltech

Graduate Perfects True Air-Speed Indicator", *Los Angeles Times*, Oct. 27, 1940, B11.
90. Einstein to Gustav Bucky, [before Sept. 19, 1942], AEA, [35 430].
91. Gustav Bucky to Einstein, Sept. 19, 1942, AEA, [35 481].
92. Einstein to Gustav Bucky, [Sept. 21, 1942] Monday, AEA, [35 482].
93. Frank Aydelotte to Vannevar Bush, Dec. 19, 1941, National Archives, College Park, MD, Record Group 227, Records of the Office of Scientific Research and Development, UD Entry 11, S–1 Files, Bush-Conant Files, box 6, folder 72, Einstein, Albert.
94. Vannevar Bush to Harold C. Urey, Dec. 22, 1941, ibid.
95. Frank Aydelotte to Vannevar Bush, Dec. 24, 1941, ibid.
96. Harold C. Urey to Vannevar Bush, Dec. 29, 1941, ibid.
97. Vannevar Bush to Frank Aydelotte, Dec. 30, 1941, ibid.
98. 关于美国联邦调查局对爱因斯坦过往经历的调查以及前者拒绝向爱因斯坦提供在"曼哈顿计划"中工作的安全许可，见Fred Jerome, *The Einstein File: J. Edgar Hoover's Secret War against the World's Most Famous Scientist* (New York: St. Martin's Press, 2002).
99. Harold C. Urey to Vannevar Bush, Jan. 8, 1942, ibid.
100. Vannevar Bush to Harold C. Urey, Jan. 12, 1942, ibid.
101. Vannevar Bush, "Control of Gaseous Content", *Journal of the American Institute of Electrical Engineers* 41 (1922): 627–35.
102. Stephen Brunauer to Einstein, May 13, 1943, AEA, [81 005].
103. Frank Aydelotte to Stephen Brunauer, May 17, 1943, AEA, [81 007].
104. Einstein to Stephen Brunauer, May 17, 1943, AEA, [81 006].
105. Stephen Brunauer, Paul H. Emmett, and Edward Teller, "Adsorption of Gases in Multimolecular Layers", *Journal of the American Chemical Society* 60 (1938): 309–19.
106. Burtron H. Davis and János Halász, "B.E. & T.: Scientists in the Background of Surface Science", *ChemTech* 21 (1991): 18–25; Burtron Davis, "Brunauer, Emmett and Teller-The Personalities Behind the BET Method", *Energeia* 5, no. 6 (1994): 1, 4–5; 6, no. 1 (1995): 1, 3–4.
107. Stephen Brunauer, "Einstein in the U. S. Navy", in Burtron H. Davis, and William P. Hettinger Jr., *Heterogeneous Catalysis: Selected American Histories* (Washington, DC: American Chemical Society, 1983), pp. 217–26.
108. Esther Caukin-Brunauer to Einstein, Apr. 22, 1938, AEA, [52 603]; Einstein to Esther Caukin-Brunauer, Dec. 18, 1938, AEA, [52 622].

109. Stephen Brunauer to Einstein, May 13, 1943, AEA, [81 005].
110. Stephen Brunauer, "Einstein and the Navy ... 'an Unbeatable Combination'", *On the Surface* 9 (Jan. 24, 1986): 1–2.
111. Ibid.
112. Irvin Stewart, *Organizing Scientific Research for War: The Administrative History of the Office of Scientific Research and Development* (Boston: Little, Brown, 1948), p. 85.
113. Stephen Brunauer to Einstein, May 21, 1943, AEA, [81 008].
114. Stephen Brunauer to Einstein, June 11, 1943, AEA, [81 009].
115. Frederick J. Milford, "US Navy Torpedoes. Part Two: The Great Torpedo Scandal, 1941–43", *Submarine Review* (Oct. 1996), www.geocities.com/Pentagon/1592/ustorp2 htm?20075.
116. Einstein to Stephen Brunauer, June 18, 1943, AEA, [81 025].
117. William H. P. Blandy to Einstein, June 22, 1943, AEA, [81 011].
118. Lillian Hoddeson and Vicki Daitch, *True Genius: The Life and Science of John Bardeen* (Washington, D.C.: Joseph Henry Press, 2002).
119. Conference between Naval Ordnance Laboratory Representatives and Dr. Albert Einstein, July 2, 1943, AEA, [81 024].
120. Stephen Brunauer to Einstein, Aug. 12, 1943, AEA, [81 016].
121. Stephen Brunauer to Einstein, July 14, 1943, AEA, [81 013].
122. Einstein to Stephen Brunauer, July 16, 1943, AEA, [81 014].
123. Stanislaw Ulam, "John von Neumann, 1903–1957", *Bulletin of the American Mathematical Society* 64 (1958): 1–49.
124. Einstein to Stephen Brunauer, July 30, 1943, AEA, [81 027].
125. Stephen Brunauer to Einstein, Aug. 19, 1943, AEA, [81 017].
126. Einstein to Stephen Brunauer, Aug. 22, 1943, AEA, [81 032].
127. Roy W. Goranson to Einstein, Aug. 20, 1943, AEA, [81 018].
128. Frederic D. Schwarz, "Einstein's Ordnance", *AmericanHeritage.com History's Homepage. Invention & Technology Magazine* 13, no. 4 (1998).
129. Stephen Brunauer to Einstein, Aug. 28, 1943, AEA, [81 020].
130. Einstein to Stephen Brunauer, Sept. 1, 1943, AEA, [81 019], [81 029].
131. Einstein to Stephen Brunauer, Aug. 13, 1943, AEA, [81 028].
132. Stephen Brunauer to Einstein, Aug. 19, 1943, AEA, [81 017].
133. Einstein to Finkelstein, Oct. 27, 1943 (typed copy of the original), AEA, [78 939].
134. Schwarz, "Einstein's Ordnance".

135. Einstein to Stephen Brunauer, Jan. 1, 1944, AEA, [81 022].
136. Einstein to Stephen Brunauer, Jan. 4, 1944, AEA, [81 031].
137. Einstein to Stephen Brunauer and George Gamow, Oct. 15, 1944, AEA, [81 030].
138. George Gamow, *My World Line: An Informal Autobiography* (New York: Viking, 1970), pp. 149–50.
139. Brunauer, "Einstein and the Navy ... 'an Unbeatable Combination'".
140. Stephen Brunauer to Einstein, Aug. 19, 1943, AEA, [81 017].
141. Einstein to Stephen Brunauer, Aug. 22, 1943, AEA, [81 032].
142. Stephen Brunauer to Einstein, Aug. 12, 1943, AEA, [81 016].
143. Einstein to Stephen Brunauer, Aug. 13, 1943, AEA, [81 028].
144. Brunauer, "Einstein and the Navy ... 'an Unbeatable Combination'".
145. Ibid.

索 引

A

Abraham, Max　亚伯拉罕，马克斯　29
accelerated motion and magnetism　加速运动与磁性　40
Ackeret, Jakob　阿克雷特，雅各布　14
Aeromultiplex　航空立体测图仪　91
aircraft　飞机
　　horizon indicator　～地平指示器　202
　　Speedometer　～速度表　226，228
　　See also altimeter　另见测高仪部分
airfoil　翼型
　　Albrecht Fölsing on　阿尔布雷希特·弗尔辛论～　112
　　Carl Seelig on　卡尔·泽利希论～　112
　　Peter M. Grosz on　彼得·M. 格罗斯论～　112
　　See also cat's back airfoil; test pilots　另见猫背翼型、试飞员部分
Allgemeine Elektrizitäts-Gesellschaft　德国通用电力公司　76-78，169，173-175
　　electrodynamic pump of　～的电动泵　174
Allgemeine Gesellschaft für Chemische Industrie　通用化学工业有限公司　2
All-Union Society for Cultural Relations with Foreign Countries　苏联国家对外文化交流协会　94
Alpher, R. A.　阿尔弗，R. A.　19
altimeter　测高仪　192，193
American Association of University Women　美国大学妇女协会　236
American Geological Survey　美国地质调查局　91
Ampère's molecular currents　安培分子电流　29，31，33，34，40，53
angle of attack　迎角　113，115，117，120，121
Anschütz, Reta　安许茨，雷塔　126，136，138
　　as surrogate mother of Einstein　～作为爱因斯坦的代理母亲　138
Anschütz-Kaempfe, Hermann　安许茨-肯普费，赫尔曼　1，2，38，60，122，124，125，127，129，130，132，262
　　cooperation with Einstein　～与爱因斯坦的合作　1，2，38，122
　　legal opinions in favor of　对～有利的证词　61-74

Arco, Georg, Count von　阿尔科伯爵，格奥尔格　78，79
Army Corps of Engineers　美国陆军工程兵　91
Atlas Works　阿特拉斯公司　80，82
automatic correction of measured data　测量数据的自动校正　200
Axhausen　阿克斯豪森　186
Aydelotte, Frank　艾德洛特，弗兰克　231，233，235，237

B

Baer's law　贝尔定律　15-17，19，20
Bainbridge, Kenneth T.　班布里奇，肯尼思·T.　174
Bamag-Meguin Co.　巴马格-梅古因公司　147
Bardeen, John　巴丁，约翰　241，242
Batsel, Max. C.　巴策尔，马克斯·C.　208-213
bearing rollers　轴承滚子　96
Ben-Gurion University　本-古里安大学　216
Bergeson, Lloyd　伯格森，劳埃德　15
Bergmann, Peter　贝格曼，彼得　50
Bernoulli's law　伯努利定理　12，76，109
Besso, Michele　贝索，米凯勒　107，113，114
B. E. T. (Brunauer-Emmett-Teller) method　B. E. T.（布鲁诺尔-埃梅特-特勒）方法　236
Bihaly, László　比豪伊，拉斯洛　169
Blandy, William H. P.　布兰迪，威廉·H. P.　241
Bleistein, Walter S.　布莱施泰因，瓦尔特·S.　200，205
Bleston, Walter S.　布莱斯顿，沃尔特·S.　205，206
Bloland, Per　布洛兰，佩尔　90
Bohr, Niels　玻尔，尼尔斯　34，42，154
　　electron orbits of　～的电子轨道　54
Born, Max　玻恩，马克斯　3，18，43，46，53
　　and Hedwig Born　与黑德维希·玻恩　46
Borsig GmbH　博尔西希有限公司　146
Bos, Marinus G. van den　范登博斯，马里尼斯·G.　60，61，62
Bothe, Walther　博特，瓦尔特　44，48
Bowker, Kent A.　鲍克，肯特·A.　19
Briesen & Schrenk　布里森与施伦克律师事务所　204，207-210
Broelmann, Jobst　布勒尔曼，约布斯特　1，4

Brown, Frank　布朗，弗兰克　241, 242
Brownian motion　布朗运动　4, 102
Brunauer, Stephen　布鲁诺尔，斯蒂芬　235-240, 242-250
bubble point measurement　泡点测量　144
Bucherer, Alfred　布赫雷尔，阿尔弗雷德　29
Bucky diaphragm　布基隔膜　192
Bucky, Gustav　布基，古斯塔夫　192-203, 205-209, 214, 216-221, 223, 225, 227-232
　　cooperation with Einstein　～与爱因斯坦的合作　192-195
Bund "Neues Vaterland"　"新祖国联盟"　78
Burchard, John E.　伯查德，约翰·E.　238
Bureau of Ordnance of the Navy Department　海军部军械局　235
　　See also Naval Ordnance Laboratory　另见海军军械实验室　241, 242
Bush, Vannevar　布什，万尼瓦尔　231, 233, 234, 247

C

Cabrera, Charles T.　卡布雷拉，查尔斯·T.　199, 200
California Institute of Technology　加州理工学院　174, 230, 238
camera　照相机
　　aerial stereophotography　航拍立体摄影　90, 91
　　light-adjusting automatic　光强自调整～　222, 223
cat's back airfoil　猫背翼型　75, 109, 115, 120
　　test flights　试飞　83, 115, 121
　　wind tunnel test　风洞测试　115
　　See also airfoil; test pilots　另见翼型、试飞员部分　109, 111-117, 120, 121
Caukin, Esther　考金，埃丝特　276
City College of New York　纽约市立学院　235
Columbia University　哥伦比亚大学　233, 235
Committee on Intellectual Cooperation of the League of Nations　国际联盟智力合作委员会　139
Compton, Arthur　康普顿，阿瑟　48-50
Compton effect　康普顿效应　50
Comstock, Daniel F.　科姆斯托克，丹尼尔·F.　175
conducting chains　导电链　54
Cook, Elsworth D.　库克，埃尔斯沃思·D.　209, 213
Coriolis force　科里奥利力　15, 18, 20

Cornell University 康奈尔大学 237，238
Crocker-Wheeler Electric Manufacturing Company 克罗克-惠勒电气制造公司 175
Curie-Langevin law 居里-朗之万定律 30

D

daylight telescope 观察白昼近日现象的望远镜 93
Debye, Peter 德拜，彼得 49
Delano, Andy 德拉诺，安迪 155
Det Tekniske Fors gsaktieselskab 技术实验公司 86，179，181
Deutsche Kabelwerke 德国电缆公司 92
Dietrich, Jane 迪特里希，简 iv
Diogenes Ton 第欧根尼木桶 140
Dongen, Jeroen van 范东恩，耶罗恩 53
Doppler effect 多普勒效应 44，48
Doppler shift of canal rays 极隧射线的多普勒频移 44
drag coefficient 阻力系数 117
drawings 画作
    copying of 复制～ iii
    polar diagram 绘制极坐标图 115-117
Drexler, Franz 德雷克斯勒，弗朗茨 68，70，72，73
Dukas, Helen 杜卡斯，海伦 195，216
Dunn, Gano 邓恩，加诺 175
dynamic pressure 动压 117，228

E

Eckert, Michael 埃克特，米夏埃尔 1，4
Edison, Thomas A. 爱迪生，托马斯·A. 8
Ehrenfest, Paul 埃伦菲斯特，保罗 46-48，52
Ehrhardt, Paul G. 埃尔哈特，保罗·G. 112，113，115，120，121
Einstein, Albert 爱因斯坦，阿尔伯特
    on everyday conveniences ～论日常生活用的便利设施 4
    at German University of Prague ～在布拉格德语大学 308
    on giving up scientific career ～谈放弃科学事业 46，48，102，175
    Nobel Prize nomination ～的诺贝尔奖提名 5
    poem to Rudolf Goldschmidt ～写给鲁道夫·戈尔德施密特的诗 181，182

problems in science 　　　～在科学方面遇到的困难　37，143，222
　　　against publicity 　　　～反对用自己的名望进行宣传　112，141
　　　in Swiss Patent Office 　　　～在瑞士专利局　6，58
　　　in Swiss Polytechnic laboratory 　　　～在瑞士联邦理工学校的实验室　107
　　　technological interest 　　　～在技术方面的兴趣　1，3-8
　　　at University of Bern 　　　～在伯尔尼大学　59，106，107
　　　at University of Zurich 　　　～在苏黎世大学　4，112
　Einstein, Albert, cooperation with others 　　阿尔伯特·爱因斯坦与其他人的合作
　　　with Hermann Anschütz-Kaempfe 　　　与赫尔曼·安许茨-肯普费　2，3，38-39，60-74，122-127，131-143，206
　　　with Walther Bothe 　　　与瓦特·博特　44，48
　　　with Stephen Brunauer 　　　与斯蒂芬·布鲁诺尔　235-250
　　　with Gustav Bucky 　　　与古斯塔夫·布基　192
　　　with Hans Geiger 　　　与汉斯·盖革　43，44，48
　　　with Karl Glitscher and Max Schuler 　　　与卡尔·格利切尔及马克斯·舒勒　39，40，123，126，136，212
　　　with Rudolf Goldschmidt 　　　与鲁道夫·戈尔德施密特　2，7，85，86，177-189
　　　with Eduard Grüneisen and Erich Goens 　　　与爱德华·格林艾森及埃里希·根斯　38
　　　with Wander de Haas 　　　与万德·德哈斯　29-33，35-37
　　　with Conrad Habicht 　　　与康拉德·哈比希特　102，103，105-107
　　　with Paul Habicht 　　　与保罗·哈比希特　102，105-107
　　　with Heike Kamerlingh Onnes 　　　与海克·卡末林·昂内斯　54，56
　　　with Hermann Mark 　　　与赫尔曼·马克　40，41
　　　with Hans Mühsam 　　　与汉斯·米萨姆　143，144，147
　　　with Walther Nernst 　　　与瓦尔特·能斯特　144，146，147
　　　with Peter Pringsheim 　　　与彼得·普林斯海姆　37，42，43，48
　　　with Emil Rupp 　　　与埃米尔·鲁普　52，53
　　　with Leó Szilárd 　　　与莱奥·齐拉　1，2，7，147-165，169-175
　Einstein, Albert, experiments of 　　阿尔伯特·爱因斯坦的实验
　　　Ampère's molecular currents 　　安培分子电流　29，31，33，34，40，53
　　　Compton effect 　　康普顿效应　50
　　　electron mass 　　电子质量　26
　　　ether wind 　　以太风　24，25
　　　geodynamo 　　地球电机　38
　　　nature of light 　　光的本质　50
　　　proportionality of inertial and gravitational mass 　　惯性质量与引力质量之间的成

正比性　25，26
superconductivity　超导性　53，54，56
velocity of gas reactions　气体反应速率　37，38
Einstein, Albert, inventions of　阿尔伯特·爱因斯坦的发明
　　aircraft speedometer　飞机速度表　226
　　altimeter　测高仪　192，193
　　automatic camera　自动照相机　222，231
　　cat's back airfoil　猫背翼型　75，109，115，120
　　data correction　数据校正　200，201
　　electrostatic microphone　静电麦克风　206，207，210
　　fluid level indicator　液位指示器　216，218，219
　　gyrocompasses　陀螺罗盘　39，40，60，61，65，67，68，70，122，131，133，137，138，142，143，193，202
　　hearing aid　助听器　186-189
　　heat-insulating vessel　隔热容器　198
　　horizon indicator　地平指示器　202
　　ice machine　制冰机　146，147
　　liquid filtering　液体过滤方法　199，200
　　planimeter　求积仪　107-109
　　potential multiplier　电势倍增计　104，106
　　refrigerators　冰箱　144，147-150，155-157，159，160，162，166，168，169，174-176
　　sound reproduction　声音再现　178，179，184，188
　　steel tape recording　钢带录音　225
　　timer　计时器　230-232
　　torpedo blast　鱼雷爆炸方式　238，240，241，243，245-248
　　uranium enrichment　铀浓缩　231
　　virus filtering　病毒过滤　143
　　waterproof clothes　防水衣服　196-198
Einstein, Albert, opinions on inventions of　阿尔伯特·爱因斯坦对他人的发明的意见
　　Richard Eisenmann　里夏德·艾森曼　87
　　Rudolf Goldschmidt　鲁道夫·戈尔德施密特　7，85，177，183，185
　　Paul Hausmeister　保罗·豪斯迈斯特　86
　　Otto Henselman　奥托·亨塞尔曼　96
　　Ivan N. Kechedzian　伊万·N. 克切占　93
　　Walter Kocherthaler　瓦尔特·科赫塔勒　95

索　引

Heinrich Löwy　海因里希·勒维　83
Ignacy Moscicki　伊格纳齐·莫希齐茨基　58
Einstein, Albert, opinions on legal case of　阿尔伯特·爱因斯坦关于诉讼案件的看法
　　Anschütz v. GNI　安许茨诉导航仪器公司案　62-67
　　Anschütz v. Kreiselbau　安许茨诉陀螺仪制造公司案　61，66-69，71-74
　　Anschütz v. Sperry　安许茨诉斯佩里案　61，62，137，205，206
　　Inag v. Optikon　国际航空测地公司诉奥蒂孔公司案　91
　　Mercur Flugzeugbau GmbH　墨丘利飞机制造股份有限公司　75
　　mixing tubes　混合管　74
　　Sannig v. Osram　桑尼希公司诉欧司朗公司案　76
　　Siemens-Halske v. Standard Telephones　西门子-哈尔斯克公司诉标准电话与电缆公司案　92
　　Signal v. Atlas　信号公司诉阿特拉斯公司案　80，82
Einstein, Albert, remuneration for　阿尔伯特·爱因斯坦借以获得报酬的发明、研究
　　gyrocompass　陀螺罗盘　39，40，60，61，65，67，68，70，122，131，133，137，138，142，143，193，202
　　naval research　海军研究　237
　　refrigerators　冰箱　144，147-150，155-157，159，160，162，166，168，169，174-176
Einstein, Eduard (son)　爱因斯坦，爱德华（儿子）　139
Einstein, Elsa (second wife)　爱因斯坦，埃尔莎（第二任妻子）　3，134，137-140，214，216
Einstein, Hans Albert (son)　爱因斯坦，汉斯·阿尔伯特（儿子）　4，139，146，147
　　technical interest　～在技术方面的兴趣　4
Einstein, Hermann (father)　爱因斯坦，赫尔曼（父亲）　1
Einstein, Jacob (uncle)　爱因斯坦，雅各布（叔叔）　1
Eisenmann, Richard　艾森曼，里夏德　88-90
Eisner, Bruno　艾斯纳，布鲁诺　186，189
Eisner, Olga　艾斯纳，奥尔加　186-188
　　hearing problems　～的听力问题　186-188
electron mass　电子质量
　　Max Abraham on　马克斯·亚伯拉罕论～　29
　　Alfred Bucherer on　阿尔弗雷德·布赫雷尔论～　29
　　Walter Kaufmann on　瓦尔特·考夫曼论～　27
　　Hendrik A. Lorentz on　亨德里克·A. 洛伦兹论～　26

  longitudinal　纵～　26-28
  transversal　横～　26-28
  measurement of　对～的测量　26
electron theory　电子理论　29，30，49
Emmett, Paul H.　埃梅特，保罗·H.　235
energy distribution in electric field　电场中的能量分布　43
Eötvös experiment　厄缶实验　24
Erich F. Huth GmbH　埃里希·F.胡特有限公司　79

F
Fisher, J. W.　费希尔，J. W.　35，37
Flettner, Anton　弗莱特纳，安东　10-14
Flettner ship　弗莱特纳船　10，13
flight　飞行
  characteristics of　～的特点　111-115
  theory of　～的理论　73，111
Flugzeugmeisterei der Fliegertruppen　德意志帝国飞行队飞机部　112，115
fluid-level indicator　液位指示器　216，218，219
Fölsing, Albrecht　弗尔辛，阿尔布雷希特　112
Freeman, John R.　弗里曼，约翰·R.　17，18

G
Galison, Peter　加利森，彼得　34，306，307
Gamow, George　伽莫夫，乔治　248-250
gas　气体
  production of high pressure　～产生高压　86
  and uranium enrichment　与铀浓缩　231
  velocity of reactions　～反应速率　37，38
Gasser, Adolf　加塞尔，阿道夫　103
Gasser, Max　加塞尔，马克斯　91，92
Geiger, Hans　盖革，汉斯　43，44，48
Geiger-Bothe experiment　盖革-博特实验　48
geodynamo　地球电机　38
geomorphology　地貌学　19，20
German Air Force　德国空军　112
Gesellschaft für nautische Instrumente　导航仪器公司　62，63，65-67

索　引

Gestapo　　盖世太保　50，189
Gilmore, C. P.　　吉尔摩，C. P.　14
Glitscher, Karl　　格利切尔，卡尔　39，123，126，134，135
　　cooperation with Einstein　　～与爱因斯坦的合作　39
　　opinion on Einstein　　～对爱因斯坦的看法　134-136
Gockel, Albert　　戈克尔，阿尔贝特　59，105，106
Goens, Erich　　根斯，埃里希　38
Gołąb-Meyer, Zofia　　戈翁布-迈尔，索非娅　iv，58
Goldschmidt, Rudolf　　戈尔德施密特，鲁道夫　ii
　　cooperation with Einstein　　～与爱因斯坦的合作　85，86，177-189
　　opinion on invention of　　对于～的发明的看法　179，181
　　poem to Einstein　　～写给爱因斯坦的诗　182
Goranson, Roy W.　　戈兰森，罗伊·W.　245，247
Gore, Wilbert, and Robert　　戈尔，威尔伯特与罗伯特　198
Gore-Tex　　戈尔特斯　198
Göttingen Model Test Station for Aerodynamics　　格丁根空气动力学模型实验室　111
Goudie, Andrew S.　　古迪，安德鲁·S.　19，20
Graff, Wolfgang　　格拉夫，沃尔夫冈　i，146，147
Grammel, Richard　　格拉梅尔，里夏德　66，73
gravel sorter　　砾石筛分机　60
Great Torpedo Scandal　　鱼雷大丑闻　238
Grenz ray therapy　　跨界射线疗法　192
Grosz, Peter M.　　格罗斯，彼得·M.　112，117，119，121
　　on Einstein's airfoil　　～对爱因斯坦翼型的看法　121
Grünberg, Josef　　格林贝格，约瑟夫　iii
Grüneisen, Eduard　　格林艾森，爱德华
　　cooperation with Einstein　　～与爱因斯坦的合作　38
　　on velocity of gas reactions　　～论气体反应速率　38
gyrocompass　　陀螺罗盘　39，40，60，61，65，67，68，70，122，131，133，137，138，142，143，193，202
　　Einstein's opinion of　　爱因斯坦对～的看法　39，40
　　Einstein's reasons for working on　　爱因斯坦从事～研究工作的原因　61，143
　　of Gesellschaft für nautische Instrumente　　导航仪器公司的～　63-65
　　measuring　　测量用～　133，144
　　ring electromagnet for　　用于～的环形电磁铁　126，142

of Elmer Sperry　埃尔默·斯佩里的～　60-62，205，206
transfer of position　～位置转移　123
gyroscopes　陀螺仪　34，35，39，61，63-68，72，73，122，123，126，131，134，135，195，202，205，206，237

H

Haas, Wander de　德哈斯，万德　29-33，36，37
Haber, Fritz　哈伯，弗里茨　ii
Habicht, Conrad　哈比希特，康拉德　106
Habicht, Paul　哈比希特，保罗　102，103，105-107
Hall effect　霍尔效应　56
Hall votage　霍尔电压　56
Hanuschke　哈努施克　121
Hastings, W.　黑斯廷斯，W.　14
Hausmeister, Paul　豪斯迈斯特，保罗　86，87
hearing aid　助听器　186-189
heat-insulating vessel　隔热容器　198
Hebeluftschiff　直升式飞船　75
Hebrew University of Jerusalem　耶路撒冷希伯来大学　13，16，28，31，33，36，45，47，51，69，71，110，114，127-130，132，135，145，183，194，197，204，211，219，221，229，232，240，244，246，249
Heisenberg, Werner　海森伯，维尔纳　53
helical flow　环流　15-20，168，170
　　diagnostic kit based on　基于～的检测试剂盒　20
　　James Isaachsen on　詹姆斯·艾萨克森论～　18
　　Irvin Langmuir on　欧文·朗缪尔论～　19
　　Harold Mott-Smith on　哈罗德·莫特-史密斯论～　19
Henselman, Otto　亨塞尔曼，奥托　96-99
Herman, R.　赫尔曼，R.　19
Holden, Frank　霍尔登，弗兰克　170，172
Holton, Gerald　霍尔顿，杰拉尔德　8
Hopf, Ludwig　霍普夫，路德维希　112
Hornbostel, Erich M.　霍恩博斯特尔，埃里希·M.　82

I

Internationale Aerogeodätische Gesellschaft　国际航空测地公司　91

索 引

Isaachsen, James　　艾萨克森，詹姆斯
 on meandering of rivers　　～论河流蜿蜒曲折的现象　18
 on secondary motion　　～论二级运动　18

J

Jaeger, Melanie　　耶格尔，梅拉妮　176
Janowitz, Julius　　雅诺维茨，尤利乌斯　176
Johns Hopkins University　　约翰斯·霍普金斯大学　235

K

Kaiser Wilhelm Institute of Physics　　威廉皇帝物理研究所　139，146
Kamerlingh Onnes, Heike　　卡末林·昂内斯，海克　54
Kármán, Theodore von　　冯·卡门，特奥多尔　84，85
Kaufmann, Walter　　考夫曼，瓦尔特　27
Ketchedzhan, Ivan N.　　克切占，伊万·N.　94，155
Keutel, Friedrich　　科伊特尔，弗里德里希　38
Kiernan, Joseph　　基尔南，约瑟夫　14
Kirkwood, John G.　　柯克伍德，约翰·G.　237，238，245，247
Klein, Felix　　克莱因，费利克斯　61
Kocherthaler, Walter　　科赫塔勒，瓦尔特　95，96
Konrad Sannig & Co.　　康拉德·桑尼希公司　76-78
Kornfeld-Korodi, Albert　　科恩菲尔德（科罗迪），阿尔贝特　169，176
Kossel, Walther　　科塞尔，瓦尔特　iii
Kowalski, Joseph　　科瓦尔斯基，约瑟夫　59，60，105
Kreiselbau　　陀螺仪制造公司　68，69，71，74
Kubierschky, Konrad　　库比尔施基，康拉德　ii
Kühn, Ludwig　　屈恩，路德维希　79
Kutta, Wilhelm M.　　库塔，威廉·M.　111

L

Langmuir, Irving　　朗缪尔，欧文　19
Laub, Jakob　　劳布，雅各布　106
Laue, Max von　　劳厄，马克斯·冯　46
Lautenschläger, Aloys　　劳滕施莱格，阿洛伊斯　187
Leipzig Technological Exhibition　　莱比锡技术展览会　159
Licht, Hugo　　利希特，胡戈　72，73

Liebisch, Theodor　利比施，特奥多尔　84
lift coefficient　升力系数　117
light　光
　　corpuscules or waves　～是粒子或是波　41-52
　　deflection by gravitation　引力导致的～的偏折　5，44，46，94
liquid filtering　液体过滤　199
Liszt, Franz　李斯特，弗朗茨　89
Lohmeier, Dieter　洛迈尔，迪特尔　i
Longacre, A.　朗埃克，A.　41
Lord Rayleigh　瑞利勋爵　12，14
Lorentz force　洛伦兹力　56，161，164，165，170
Lorentz, Hendrik A.　洛伦兹，亨德里克·A.　26，27，29，30，34，42，56
　　electron theory of　～的电子理论　29
　　on electron mass　～论电子质量　26
Los Alamos Scientific Laboratory　洛斯阿拉莫斯科学实验室　242
Löwy, Heinrich　勒维，海因里希　83-85
Luftverkehrsgesellschaft　空中交通公司　111-113，117，120，121

M

Mach, Ernst　马赫，恩斯特　102，308
magnetic cores　磁芯　92，93，123
magnetic field　磁场
　　from heated rotating body　产生自被加热的转动物体的～　39
　　induced by acceleration　由加速度感生的～　40
magnetomotive force from mechanical rotation　机械转动产生的磁通势　35
Magnus effect　马格纳斯效应　12，13
Magnus, Heinrich　马格纳斯，海因里希　12，13
makeup mirror　化妆镜　95，96
Mari, Mileva (first wife)　马里奇，米列娃（第一任妻子）　25
Mark, Hermann　马克，赫尔曼
　　cooperation with Einstein　～与爱因斯坦的合作　40，41
　　on geodynamo　论地球电机　38
Martienssen, Oscar　马丁森，奥斯卡　65，66，68
Martinez-Frias, Jesus　马丁内斯-弗里亚斯，赫苏斯　19
Marx, Otto　马克思，奥托　112，113，120
Maschinchen　"小机器"　102，103，105-107

索引 / 299 /

Mayer, Emil　　迈尔，埃米尔　193，195-200
meandering of rivers　　河流蜿蜒曲折　15，17，18，20，21
　Einstein on　　爱因斯坦论~　15-21
　James Isaachsen on　　詹姆斯·艾萨克森论~　18
　Ludwig Prandtl on　　路德维希·普朗特论~　18
Meissner, Alexander　　迈斯纳，亚历山大　78，79
Mendelssohn, Mrs.　　门德尔松女士　186，187，279
Mercur Flugzeugbau GmbH　　墨丘利飞机制造股份有限公司　75
Messter, Oskar　　梅斯特尔，奥斯卡　91
meteorological station　　气象站　60
Michelson interferometer　　迈克耳孙干涉仪　52
Michelson-Morley experiment　　迈克耳孙-莫雷实验　24，25
Mises, Richard von　　米泽斯，里夏德·冯　84，85
Molotov, Vyacheslav　　莫洛托夫，维亚切斯拉夫　215，216
Moscicki, Ignacy　　莫希齐茨基，伊格纳齐　58-60，105
Morrison, John T.　　莫里森，约翰·T.　202，203
Mott-Smith, Harold　　莫特-史密斯，哈罗德　19
Mozart, Wolfgang Amadeus　　莫扎特，沃尔夫冈·阿马多伊斯　136
Mühsam, Hans　　米萨姆，汉斯
　on acceleration and magnetism　　~论加速度与磁性　40
　cooperation with Einstein　　~与爱因斯坦的合作　144，147
Müller, Arthur　　米勒，阿图尔　112
Munters, Carl　　蒙特斯，卡尔　148-150，152

N

National Defense Research Committee　　国防研究委员会　231，236，238，247
Naval Ordnance Laboratory　　海军军械实验室　241，242
Nernst, Walther　　能斯特，瓦尔特　144，146-147
Neumann, John von　　诺伊曼，约翰·冯　中文版序言2，238，242，243，245，309
Neupert　　诺伊珀特　187

O

Optikon GmbH　　奥普蒂孔公司　91
Orlik, Emil　　奥尔利克，埃米尔　iii
Osram concern　　欧司朗公司　76
Ostwald, Wilhelm　　奥斯特瓦尔德，威廉　5，102

Otto, Wolfgang　　奥托，沃尔夫冈　133

P

Pasadena, Einstein in　　爱因斯坦在帕萨迪纳　175
patents　专利
 DE182855　60，262
 DE236200　60，61，263
 DE241673　62，263，264
 DE269498　76，264，265
 DE297015　76，265
 DE301669　80，82，266
 DE341678　92，93，269
 DE34513　61，263
 DE390178　92，93，269
 DE394667　142，275
 DE562300　161
 DE590783　179，180，278
 US1386329　86，267
 US1743526　280
 US1951214　95，269
 US224199　82，266
Pearl Harbor　珍珠港　236
Petersen, Aage V.　彼得森，埃格·V.　207
piano, electrophonic　电声钢琴　87，88，207
Pincock, Stephen　平考克，斯蒂芬　20
planimeter　求积仪　107-109
Platen, Balthazar von　普拉滕，巴尔塔扎·冯　148-150，152
Porter, Walter　波特，沃尔特　239
potential multiplier　电势倍增计　104
practical occupation, benefits of　实践性职业的好处　6
Prandtl, Ludwig　普朗特，路德维希　12，14，18，73，111，255
 on Flettner ship　论弗莱特纳船　14
 on Magnus effect　论马格纳斯效应　12，13
 on meandering of rivers　论河流的蜿蜒曲折　18
pregnant duck　怀孕的鸭子　120，121
Pre Vue Mirror　"检妆镜"　95，96

Princeton University 普林斯顿大学 238
Pringsheim, Peter 普林斯海姆，彼得 37，42，43，48
    cooperation with Einstein ～与爱因斯坦的合作 42，43，48
prospecting for water and ore 勘探矿石和水 83
pump 泵
    annular linear induction 环形线性感应～ 174
    refrigerator with capillary 带毛细～的冰箱 147，148
    See also pump, electrodynamic 另见电动泵部分
pump, electrodynamic 电动泵
    Allgemeine Elektrizitäts-Gesellschaft 德国通用电力公司 76-78，169，173-175
    Kenneth T. Bainbridge 肯尼思·T. 班布里奇 174
    Frank Holden 弗兰克·霍尔登 170
    refrigerators with 使用～的冰箱 159，160，174
    Millard C. Spencer 米勒德·C. 斯潘塞 173
    Leó Szilárd 莱奥·齐拉 176
    See also pump 另见泵部分

Q
quadratic Doppler effect 二次多普勒效 48

R
Radio Corporation of America 美国无线电公司 208，213-215
Rathenau, Walther, assassination of 瓦尔特·拉特瑙遇刺 139
Rayleigh, Lord 瑞利勋爵 12，14
refrigerator 冰箱 144，147-150，155-157，159，160，162，166，168，169，174-176
    with absorption cycle 使用吸收式循环的～ 147-150，152，154，157，159
    with capillary pump 带毛细泵的～ 147，148
    of ejector type 喷射泵型的～ 148，159，175，177
    with electrodynamic pump 使用电动泵的～ 159
    people's fridge "人民冰箱" 159
    with water steam jet 使用水蒸气喷射的～ 147-150，152
Reichert, Otto 赖歇特，奥托 121
Reid, Engbert S. 里德，恩伯特·S. 216
Roberts and Ferriter inventions 罗伯茨和费里特的发明 207

Roefinag Research Corporation　勒菲纳格研究公司　223
Rosen, Nathan　罗森，内森　215，216
Rosenberg, I.　罗森贝格 I.　ii
rotor boat　转子船
    of Lloyd Bergeson　劳埃德·伯格森的～　15
    of Joseph Kiernan and W. Hastings　约瑟夫·基尔南与 W. 黑斯廷斯的～　14
Rupp, Emil　鲁普，埃米尔　52，53，261

S

Saint Gobain glass factory　圣戈班玻璃制造厂　95
Sarnoff, David　萨尔诺夫，戴维　208-216
Scheidegger, A. E.　沙伊德格，A. E.　19
Schell, Bernhardt　舍尔，伯恩哈特　39
Schleusner, Arno　施洛伊斯纳，阿尔诺　112
Schlumbohm, Peter　施伦博姆，彼得　95，269
Schmidt, Adolf　施密特，阿道夫　108，109
Schottky effect　肖特基效应　207
Schuler, Max　舒勒，马克斯　39，40，123，126，136，212
    cooperation with Einstein　～与爱因斯坦的合作　39，40，123，126，136，212
    opinion of Einstein　～对爱因斯坦的看法　39，40，123，126，136，212
Schumm, S. A.　舒姆，S. A.　19
Schwarz, Frederic D.　施瓦茨，弗雷德里克·D.　v，245
Schwien, Leo N.　施维恩，利奥·N.　230
Scientific Information Bureau for Aviation　航空科学情报局　115
Seelig, Carl　泽利希，卡尔　112，121
    on Einstein's airfoil　～论爱因斯坦设计的翼型　121
Siemens & Halske AG　西门子－哈尔斯克股份公司　92
Signal Co.　信号公司　80，82
Sommerfeld, Arnold　索末菲，阿诺尔德　6，43，46，48，61，134，138，259
    against dual nature of light　～反对光的二重性质　48
    on Arthur Compton's findings　～论康普顿的发现　48，49
sound recording　声音记录
    direction ranging　声音方向探测　81
    magnetostrictive reproduction　声音的磁致伸缩再现　177-179，184，188
    mixing tubes　混合管　74

molecular acoustics　分子声学　38
steel tape recording　钢带录音　225
Soviet Patent Office　苏联专利局　94
Speed, James B.　斯皮德，詹姆斯·B.　207
Spencer, Millard C.　斯潘塞，米勒德·C.
　electrodynamic pump　电动泵　173，174
Sperry, Elmer A.　斯佩里，埃尔默·A.　8，60-62，137，205，206
Sperry gyrocompass　斯佩里陀螺罗盘　60-62，137，205，206
Sperry Gyroscope Company　斯佩里陀螺仪公司　60，206
Spinoza, Baruch　斯宾诺莎，巴鲁赫　169，308
stall　失速　117
Stark broadening of plasma　等离子体的斯塔克增宽　42
Stark, Johannes　斯塔克，约翰尼斯　42-44
superconductivity　超导性　53，54，56
Swann, W. F. G.　斯旺，W. F. G.　41
　on geodynamo　～论地球电机　38
Swiss Patent Office　瑞士专利局　6，58
　Einstein in　爱因斯坦在～　58
　Einstein on　爱因斯坦论～　6
Szilárd, Leó　齐拉，莱奥　中文版序言2，i，ii，7，147-177，277
　cooperation with Einstein　～与爱因斯坦的合作　147-177
　electrodynamic pump of　～的电动泵　159，160，169

T

Taub　陶布　239
Taylor, Rowena　泰勒，罗伊纳　198
Technische Berichte　《技术报告》　111，115，117，118
Telefunken　德律风根　78，79
Teller, Edward　特勒，爱德华　235，236
terrestrial magnetism　地磁　37，40，41，108，131，238
test pilots　试飞员
　Paul Ehrhardt　保罗·埃尔哈特　113，115，120，121
　Bruno Hanuschke　布鲁诺·哈努施克　121
　Otto Reichert　奥托·赖歇特　121
Thomson effect　汤姆孙效应　1
timer　计时器　230-232

torpedo blast　　鱼雷爆炸　238，240，244，248
Trainer, Matthew　　特雷纳，马修　i
triodes　　三极管　78，79
tungsten wires　　钨丝　76-78
typewriter electric　　电动打字机　60

U

Underwater Explosives Research Laboratory　　水下炸药研究实验室　238
United States Department of Agriculture　　美国农业部　235
University of Berlin　　柏林大学　42，82，84，89
University of Göttingen　　格丁根大学　73，111
University of Kiev　　基辅大学　216
University of Munich　　慕尼黑大学　6，137，138
University of Prague (German)　　布拉格德语大学　5
University of Rostov　　罗斯托夫大学　215
University of Zurich　　苏黎世大学　4，112
uranium enrichment　　铀浓缩　231
Urey, Harold C.　　尤里，哈罗德·C.　233，234

V

viruses, filtering　　过滤病毒　143
voltage fluctuations　　电压涨落　102

W

Wagner, K. W.　　瓦格纳，K. W.　84
Wankmüller, Romeo　　万克米勒，罗密欧　75
Warburg, Emil　　瓦尔堡，埃米尔　21
waterproof breathable clothes　　防水透气的衣服　196
Weber, Heinrich F.　　韦伯，海因里希·F.　1
Wertheimer, Max　　韦特海默，马克斯　82
Wien, Wilhelm　　维恩，威廉　25，26
Wiener, Norbert　　维纳，诺伯特　234
Wilhelm II (emperor of Germany)　　威廉二世（德国皇帝）　85，140
Wilson, E. Bright　　威尔逊，E. 布赖特　238
Wilson, Woodrow　　威尔逊，伍德罗　85
Wolff, Hans　　沃尔夫，汉斯　74

Y

Yavelov, Boris J.　亚韦洛夫，鲍里斯·J.　i，235
Yeo, Leslie　约，莱斯利　20

Z

Zangger, Heinrich　灿格，海因里希　4，5，43，254
Zeeman, Pieter　塞曼，彼得　iii
Zehden, Alfred　策登，阿尔弗雷德　75，76
Zeppelin Works　策佩林公司　84
Zhukovsky, Nikolay E.　茹科夫斯基，古拉·E.　111

译后记

本书作者约瑟夫·伊利（József Illy, 1933—　）经过多年的研究，系统挖掘并整理了爱因斯坦在理论之外的诸多贡献，包括他参与的实验、对专利的鉴定以及涉及的广泛的发明领域。通过这些研究，可以看出爱因斯坦的实践活动异常丰富多彩，他在寻找技术解决方案方面的参与程度极其深入，在其闻名的领域之外，他的物理学知识也十分广博。这些研究丰富了人们对爱因斯坦的认识，展示了他在科学实践中的多方面才能。本书是一本填补空白之作。

一

事实上，爱因斯坦一生与技术的紧密联系不仅反映了他个人的兴趣，也映射出他所处的那个时代对技术的重视。爱因斯坦的成长深受其家族从事电气工程行业的影响。他的父亲赫尔曼·爱因斯坦和叔叔雅各布·爱因斯坦共同经营一家电气设备制造公司，年幼的阿尔伯特早早接触到技术概念和机械装置。这种环境可能培养了他对技术的好奇心和理解力，为他的理论兴趣奠定了实践基础。

在瑞士联邦理工学院（现苏黎世联邦理工学院）求学期间，爱因斯坦对实验物理学表现出浓厚兴趣。尽管更倾向于理论研究，但他在实验方面也投入了大量时间，这源于他对实验验证和技术进步的高度赞赏。这种对理论与实验的双重关注，反映了他所处时代更广泛的科学文化特征——在那个时代，技术进步与科学发现密切交织在一起。

众所周知，在经历了两年的失业困境后，经大学同学马塞尔·格罗斯曼（Marcel Grossmann）的父亲的介绍，爱因斯坦在瑞士联邦专利局工作了七年。他的工作是审查各种发明的专利申请，这要求他深入理解各种技术创新及其实际应用。这段经历不仅提高了他的分析能力，还让他紧跟当代技术进步的步伐，间接影响了他的科学思维和解决问题所采取的方法。

爱因斯坦的许多重大理论突破，如狭义相对论，都是在技术发挥关键作用的背景下取得的。例如，验证相对论所需的时间和空间的精确测量，只有在时钟和测量技术进步的情况下才有可能实现。同样，他在光电效应方面的研究也是受到与光和电磁辐射性质相关的技术挑战的启发，从而推动了量子理论的发展。

20世纪初是科学、技术与工业飞速发展的时期。这种环境促进了科学家、工程师和工业家之间的密切合作。爱因斯坦的工作经常与当时的技术创新相互交织。例如，他参与陀螺仪的开发及其在导航中的应用，以及他与工程师和技术专家的讨论，都反映了其工作的跨学科性质。

科学史学家彼得·加利森（Peter Galison）广泛讨论了爱因斯坦时代技术与科学发展之间的相互作用。加利森的著作强调了技术背景如何影响科学研究，反之亦然，强调在理解爱因斯坦的贡献时，注意技术进步与科学成就密不可分。①

二

约瑟夫·伊利1933年出生于匈牙利东南部琼格拉德-乔纳德州（Csongrád-Csanád）的小城霍德梅泽瓦沙海伊（Hódmezővásárhely）。1956年在匈牙利塞格德大学（Szegedi Tudományegyetem）获文学硕士，1956—1958年在匈牙利栋博堡中学（Gymnasium Dombóvár）任物理和数学教师，1958—1967年在布达佩斯匈牙利科学院中央物理研究所先后任翻译、资料员、文献部主任、助理研究员，1968—1993年在布达佩斯匈牙利科学院同位素研究所先后任研究秘书、高级助理研究员。工作期间，在接近50岁时（1982年）在职攻读博士学位，5年后获得博士学位。之后于1987—1990年在布达佩斯技术大学兼职任科学史副教授。1993年（60岁）正式退休。退休前两年（自1991年起），开始参与《爱因斯坦全集》（*Collected Papers of Albert Einstein*）的编辑工作，担任《爱因斯坦全集》第四卷和第六卷的特约编辑，第七卷至第十卷、第十二卷至第十七卷的主要编辑之一。

他关于爱因斯坦的研究绝大部分都是在退休后进行的。他的

---

① Peter Galison. *Einstein's Clocks, Poincaré's Maps: Empires of Time*. New York: W.W. Norton, 2003.

第一部英文著作是2006年在约翰斯·霍普金斯大学出版社出版的《阿尔伯特遇见美国：爱因斯坦1921年旅行期间记者如何对待天才》(Albert Meets America. How Journalists Treated Genius During Einstein's 1921 Travels)。《爱因斯坦全集》现任主编戴安娜·科莫斯-布赫瓦尔德（Diana Kormos Buchwald）为此书写了导读。本书出版于2012年，同样由约翰斯·霍普金斯大学出版社出版。

在此之前，他用匈牙利文、俄文、捷克文、德文、英文发表了一些论文，涉及科学史和科学哲学的诸多话题，如"科学史中的一些方法论问题"（1966）、"爱因斯坦与斯宾诺莎"（1966）、"关于闵科夫斯基四维世界的诞生"（1974）、"狭义相对论的诞生"（1975）、"爱因斯坦脱离实证主义"（1975）、"广义相对论的诞生"（1976）、"爱因斯坦与运动物体的电动力学"（1979）、"阿尔伯特·爱因斯坦在布拉格"（1979）、"列宁、电磁世界观和相对论"（1981）和"马赫、洛伦兹和爱因斯坦论以太"（1989）等。

值得一提的是，他在博士论文基础上改写的英文文章：Revolutions in a Revolution. Studies in History and Philosophy of Science, 1981, 12(3): 175-210，早在1984年就被译成中文，发表在《自然科学哲学问题丛刊》（1984年第1期，34—40页）上，译者为傅志强，标题为"一场革命中的革命"。[①]

此外，他还发表过多篇书评文章，也曾将俄罗斯著名的物理学史家弗拉基米尔·帕夫洛维奇·维兹金（Владимир Павлович

[①] 作者珍藏着这个译本，并很高兴地将扫描件传给我。尽管并没有访问过中国，但正因为这篇译文，他由此对中国好感倍增。他在给我的电子邮件中，总是说"你们伟大的祖国""伟大的中国"等。

Визги́н, 1936— ）1981年出版的专著《相对论引力理论：其来源和发展，1900—1915年》（Релятивистская теория тяготения. Истоки и формирование, 1900—1915）翻译成匈牙利文出版（1988年）。

三

2023年3月15日，霍德梅泽瓦沙海伊市市长亲自授予90岁的约瑟夫·伊利"终生成就奖"，以表彰他在学术上的卓越贡献。约瑟夫·伊利的两个女儿和大女婿从英国专程赶回来庆祝他获得这一荣誉，增添了这次庆典的喜悦。

1990年至2000年这十年间，"爱因斯坦论文项目"（Einstein Papers Project, EPP）在波士顿，约瑟夫·伊利通常会在春天和秋天去探访三个月，因为当时匈牙利和美国之间没有电子联系。自从EPP搬到帕萨迪纳（2000年至今）后，其访问时间用不着那么长了，但两国之间的短期往返是经常性的。与其前辈"火星人"①

---

① "火星人"（The Martians）是指20世纪上半叶一群杰出且极具天赋的物理学家和数学家。所有"火星人"都来自布达佩斯的犹太上层中产阶级，在德语大学里接受了很大一部分科学教育，并随着纳粹的兴起移民到美国。"火星人"的来源颇为有趣。"二战"前夕，一大批才华横溢、智力超群的科学家从匈牙利，尤其是布达佩斯移居美国。大多数美国同僚只是在传闻中听说过匈牙利，对布达佩斯也只有模糊的印象。他们很难理解这一现象。因而有人戏称，一个来自火星的高级外星文明将他们的地球总部设在了匈牙利。著名科学家约翰·冯·诺伊曼认为这一现象的出现与某些特定文化因素的共同作用有关，但无法具体说明这些因素。他认为，这是对中欧这一地区的整个社会施加的外部压力、个人无意识的极度不安全感，以及要么创造卓越，要么面临灭亡的必要性所共同造成的。

伊利(左二)与夫人(左三)、小女儿(左一)、市长(左四)、大女婿(右二)、大女儿(右一)的合照

市长(中)向伊利(左)颁发"终生成就奖"

相比，伊利的"迁出"过程显得更加平和。然而，无论是被动还是主动，人才的流动已经成为我们这个时代的中心主题之一。这一现象背后的因素非常复杂，涉及教育体系、文化影响、社会价值观和个人动机等多方面。

总的来说，人才流动的主要驱动力是寻找包容性强、宽容度高以及提供更好的工作和生活环境的开放社会。这样的社会环境不仅能够吸引人才，还能够激发他们的潜力，推动社会的进步和发展。①

四

本书出版后不久，我就收到了原书。相比于以往有关爱因斯坦的论著，本书让人耳目一新。以前也曾看到过诸如爱因斯坦与冰箱专利的故事，但远没有本书讲得那么详细。清华大学物理系陈难先院士也曾向我推荐此书，并希望能译成中文出版。但仔细读过几章具体内容后，我打了退堂鼓。主要原因是觉得能力不够。本书涉及众多技术领域，专而精，一个没有技术背景的人很难胜任翻译工作。就这样，这本书在书房里躺了七八年。2020年5月，我在深圳的一次会议上简短地介绍了这本书，引起了上海科学技术出版社编辑张毅颖女士的极大兴趣。正是她的坚持、鼓

---

① 例如，Istvan Hargittai, Balazs Hargittai. *Brilliance in Exile, The Diaspora of Hungarian Scientists from John von Neumann to Katalin Karikó*, Central European University Press, Budapest, 2023。

励与信任，让这本书的中译本得以面世。

在最初考虑是否接手这本书的翻译工作时，内心确实有些忐忑，特别是得知合作伙伴何钧因技术事务繁忙而无法参与时。随后，我想起了曾有幸有过一面之缘的上海师范大学冯承天教授，他翻译经验丰富，成果颇丰。于是，我鼓起勇气向他表达了我的想法，他非常爽快地答应了。然而，事情的进展总是充满变数，最终何钧还是做好安排，参与进来。因此，我错失了与冯教授合作的机会，感到非常遗憾。真心希望能够得到冯教授的理解与宽容。

本书的前言、导论、第一章、第五章、注释和索引由方在庆、雷煜翻译，第二、三、四章由何钧翻译；终稿是在互相校对对方译稿的基础上形成的。其间，雷煜在统稿方面下了不少功夫，具有较为广泛的工程技术兴趣和经历的何钧提出了不少有益的修改意见。必须指出的是，由于涉及的内容过于广泛，这本由母语并非英语的作者撰写的英文著作，曾给我们的翻译带来不少困惑。好在作者非常谦逊，总是在第一时间回复我们的疑问，并主动提供了一份"勘误表"，对译文帮助甚大。相关的"勘误"我们已径直吸收，不再一一指出，请读者明察。

作者一辈子勤勤恳恳，兢兢业业。尽管认认真真地做好每一件工作，但直到退休前，在学术界基本上还是寂寂无闻，没有什么影响，但他总是乐观向上，幽默感十足。"人不知而不愠，不亦君子乎？"出于偶然，他在退休前后，加入到了"爱因斯坦研究"的队伍，最终做出了得到学界认可的成就，实在令人钦佩！更让人感动的是，90多岁的他还保留着旺盛的学术追求，从不服老，现在还时常往返于匈牙利和美国之间！

  我们深知，由于水平所限，这个译稿一定还有不少有待改进的地方，希望读者诸君不吝指正！

2024年6月12日